NUNAVUT ᓄᓇᕗᑦ

ヌナブト

イヌイットの国その日その日

テーマ探しの旅

磯貝日月
ISOGAI HIZUKI ᕼᐃᓱᑭ ᐃᓱᒐᐃ

G.PAM COMMUNICATIONS 清水弘文堂書房

■プロジェクト協力／あん・まくどなるど（元カナダ・マニトバ州駐日代表）■

■DTP AD・表紙カバー・デザイン／二葉幾久（創作集団ぐるーぷ・ぱあめ'90）■

■編集・校正／礒貝日月　秋山知之（慶應義塾大学）　桑原康介（東京造形大学）■

■写真／礒貝日月　礒貝　浩■

文中のカットは撮影したデジタル・カメラの映像とイエローナイフ・イカルイトの博物館・観光案内所に展示されていたイヌイットの作品（作者不詳）をアレンジしてコンピューターグラフィック化したものです。文中の昔のイヌイットや探検隊などの写真は、イエローナイフ・イカルイト・ヌークの博物館・観光案内所などに展示されている写真を複写したものです。各写真のキャプションでは、そのことをいちいち明記しなかったことを、あらかじめお断わりしておきます。

序

カナダ大使館参事官（広報・文化部長）　ブルース・L・バーネット

今年初め、ヌナブト準州から16人の学生が日本を訪れたとき、礒貝日月君はカナダ大使館のボランティアとして世話役を引き受けてくれました。盛岡、白老、札幌、函館、東京への10日間の旅に同行して、通訳や案内役をやり、そしてなにより重要なことは、すぐに彼らの友達になったことです。このようなことができたのは、礒貝君がヌナブト準州を訪れた経験からヌナブトの文化や社会を理解しているためでした。

本書の読者は、礒貝日月君がカナダの極北地方の人々に対して抱いている親近感がすぐわかるでしょう。大地や海、景勝地だけでなく、イヌイットの人々の存続にとって根本的に重要な社会的・政治的な問題など、彼はあらゆることに関心をもっています。例えば、文化的なアイデンティティーの維持に対する言語の重要性と、今日、親や祖父母から受け継いできたイヌイット文化の一部である言語を多くの若者が、喪失しつつある問題について論じています。これは、日本に外部から入ってきた多くの文化的慣習が存在するにもかかわらず、日本語が圧倒的な優勢をきわめているため、日本文化の基盤が堅固に維持されている日本の現実とは、かけ離れているイヌイット社会の現状です。

本書の出版に際し、礒貝君を支援させていただく機会がありましたことを嬉しく思います。日本の多くの方々は、彼の著作を通して初めてヌナブト準州とイヌイットの人々について学ぶことができるでしょう。カナダ大使館を代表し、この優れた作品に対して氏と出版社に心からお祝いを申し上げます。

Earlier this year, Hizuki Isogai volunteered his services to the Embassy to help us with the visit to Japan of a group of 16 students from Nunavut. He accompanied them on their 10 day trip to Morioka, Shiraoi, Sapporo, Hakodate and Tokyo and quickly became their interpreter, their guide, and most important, their friend. He was able to do this because of his understanding of their culture and their society which he had because of his previous visits to Nunavut.

Readers of this book will soon see for themselves the affinity that Hizuki Isogai has for the people of Canada's far north. Everything is of interest to him; not only the land and ocean and related sightseeing locations, but also the social and political issues that are fundamental to the continued existence of the Inuit people. For example he discusses the importance of language to the continuation of cultural identity and the problem in present day Nunavut where so many young people have lost their linguistic tie to the Inuit culture of their parents and grandparents. This is an issue that is far removed from the Japanese reality, where, in spite of the presence of many cultural traditions from outside Japan, the overwhelming predominance of the Japanese language ensures that the fundamentals of Japanese culture remain strong.

I am pleased to have this opportunity to support Mr Isogai in this book project. Many new Japanese will have an opportunity, through his writing, of learning about Nunavut and the Inuit people. On behalf of the Embassy of Canada, I extend to him and to his publishers our sincerest congratulations for a work well done.

BRUCE L. BARNETT
Counsellor and Consul of Canadian Embassy

表紙　エルシー・アナギナク・クレンゲンバーグ
Original stencil print by Elsie Anaginak Klengenberg

『生と死のサイクルの誕生を寓話的に説明した「ウバユックの伝説」を描いたもの。』——グレンゲンバーグは、「キイルニック」極北地方に在住。（2001年9月にカナダ大使館地下2Fで開かれた版画展の説明文から抜粋）

ヌナブト ᓄᓇᕗᑦ

イヌイットの国その日その日　テーマ探しの旅

もくじ

↑カナダ国旗（上）とヌナブト準州旗

PART 1 ヌナブト はじめての冬

PART 2　ヌナブト　ふたたび　231

はじめての本格的なひとり旅

ヌナブト

イヌイットの国その日その日　テーマ探しの旅

礒貝日月

清水弘文堂書房

←SFC受験のために記入しなければならなかった書類の一部。

はじめに

この本は、2000年2月17日（木）から3月15日（木）までと、2001年2月12日（月）から3月18日（日）まで合計63日間、2回にわたって極寒のヌナブト（注1）準州Nunavut（カナダ）を中心にノースウエスト準州（北西準州）Northwest Territories（カナダ）とグリーンランドGreenland（デンマーク）を私が彷徨《さすら》った記録である（注2）。現地で〝その日、その日〟に書いた日記を活字にしたものである。

私は、東京都がはじめてつくった総合高校——都立晴海総合高校を1期生として卒業して1年間浪人したあと、AO試験（注3）を受けて慶應義塾大学総合政策学部（以下、SFC［湘南藤沢キャンパス］と表記）に入った。今（2001年4月）、2年生になったばかりである。

「ヌナブト準州」がAO入試の私のテーマだった。

『私はC・W・ニコルさん（注4）と父（注5）に連れられて、小学校4年生のときに北極圏にあるバフィン島Baffin I.のパグニアタングPangnirtungという村に、しばらく滞在したことがある。』という書き出しで始まる『志望理由書』（注6）に『1999年4月にイヌイットの自治権が認められたカナダのヌナブト準州研究の基礎を学ぶために御大学に入りたい』という趣旨の文章を書いた。

SFC（湘南藤沢キャンパス）のAO入試というのは、この『志望理由書』のほかに、『入学志望者願書』『自

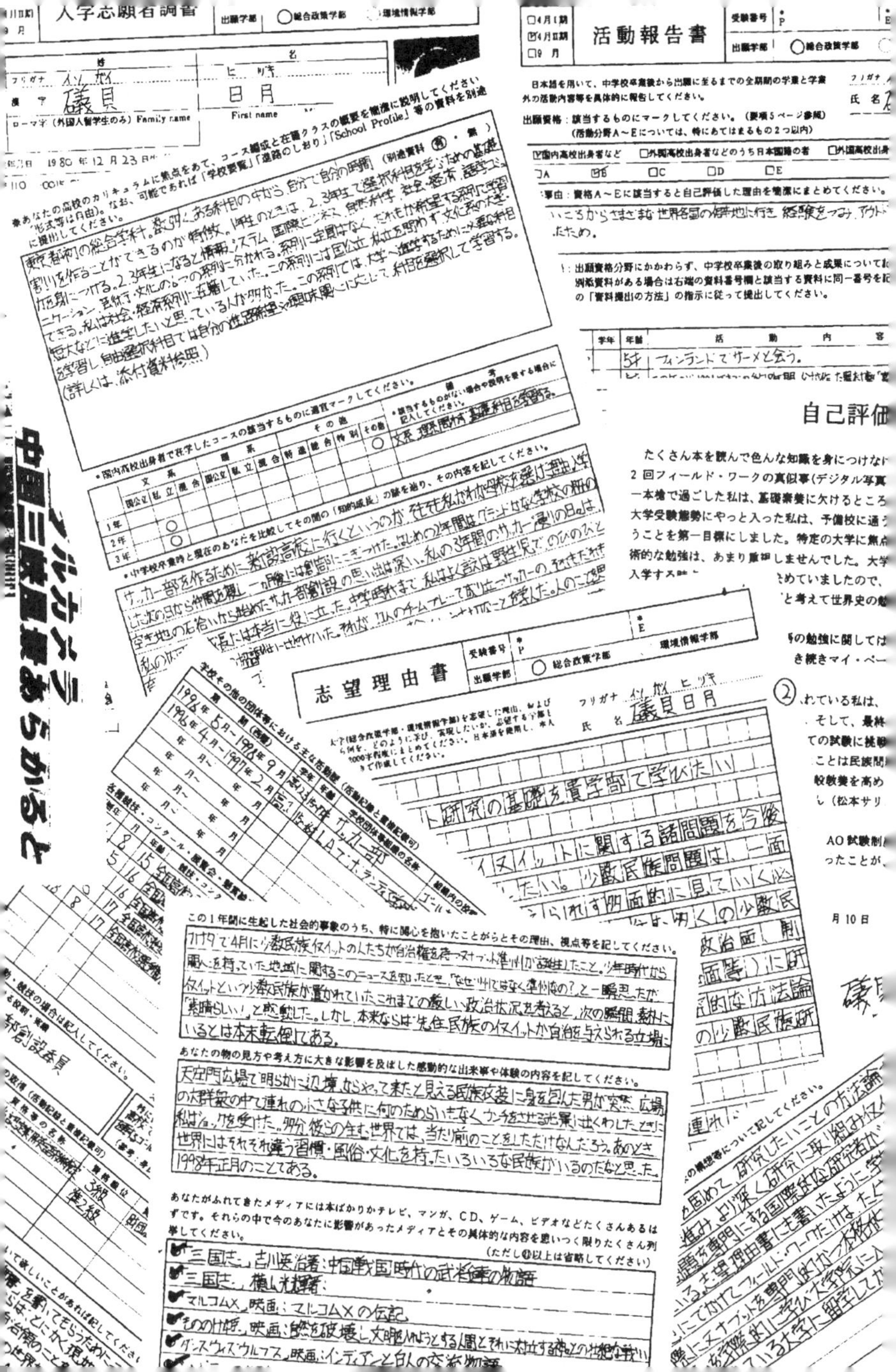

入学志願者調書
出願学部 ○総合政策学部 ○環境情報学部
フリガナ イソガイ ヒヅキ
漢字 礒貝 日月
ローマ字（外国人留学生のみ）Family name First name
生年月日 1980年12月23日
＊あなたの高校のカリキュラムに焦点をあて、コース編成と在籍クラスの概要を簡潔に説明してください（形式等は自由）。なお、可能であれば「学校要覧」「進路のしおり」「School Profile」等の資料を別途に提出してください。
東京都初の総合学科。数多くある科目の中から、自分で自分の時間割を作ることができるのが特徴。1年生のときは、2、3年生で選択科目を学ぶための基礎を身につける。2、3年生になると情報システム、国際ビジネス、自然科学、社会・経済、語学コミュニケーション、芸術・文化の6つの系列に分かれる。私は社会・経済系列に在籍していた。この系列には国公立、私立を問わず文化系の大学、短大などに進学したいと思っている人が多かった。この系列では、大学へ進学するために必要な科目を学習し、自由選択科目では自分の進路希望や興味関心に応じて科目を選択して学習する。（詳しくは、添付資料参照）
＊国内高校出身者で在学したコースの該当するものに適宜マークしてください。
文系 国公立 私立 混合 ／ 理系 国公立 私立 混合 ／ その他 特進 総合 特別 その他
備考 文系 理系問わず 基礎科目を学習。
＊中学校卒業時と現在のあなたを比較してその間の「知的成長」の跡を辿り、その内容を記してください。
サッカー部を作るために新設高校に行くというのが、猪突猛進な私が高校を選んだ理由。入学した次の日から仲間を集め……
活動報告書
出願学部 ○総合政策学部
日本語を用いて、中学校卒業後から出願に至るまでの全期間の学業と学業外の活動内容等を具体的に報告してください。
出願資格：該当するものにマークしてください。（要項5ページ参照）
☑国内高校出身者など □外国高校出身者などのうち日本国籍の者 □外国高校出身者
□A ☑B □C □D □E
理由：資格A〜Eに該当すると自己評価した理由を簡潔にまとめてください。
いころからさまざまな世界各国の僻地に行き、経験をつみ、アウトドア……したため。
出願資格分野にかかわらず、中学校卒業後の取り組みと成果について記入してください。別添資料がある場合は右端の資料番号欄と該当する資料に同一番号を記入し、「資料提出の方法」の指示に従って提出してください。
学年 年齢 活動内容
5才 フィンランドでサーメと会う。
自己評価
たくさん本を読んで色んな知識を身につけなければ……
2回フィールド・ワークの真似事（デジタル写真……
一本槍で過ごした私は、基礎教養に欠けるところ……
大学受験態勢にやっと入った私は、予備校に通う……
うことを第一目標にしました。特定の大学に焦点……
術的な勉強は、あまり重視しませんでした。大学……
志望理由書
出願学部 ○総合政策学部 環境情報学部
フリガナ イソガイ ヒヅキ
氏名 礒貝日月
学校その他の団体等における主な活動歴（活動記録と受賞記録可）
1996年5月〜1998年9月 高1 16才 サッカー部
1996年4月〜1997年2月 高1 16才 LAでボランティア
この1年間に生起した社会的事象のうち、特に関心を抱いたことがらとその理由、視点等を記してください。
カナダで4月に少数民族イヌイットの人たちが自治権を持つヌナブット準州が誕生したこと。少年時代から関心を持っていた地域に関するこのニュースを知ったとき、「なぜ州ではなく準州なの？」と一瞬思ったが、イヌイットという少数民族が置かれていたこれまでの厳しい政治状況を考えると「素晴らしい！」と感動した。しかし、本来ならば先住民族のイヌイットが自治を与えられる立場にいることは本末転倒である。
あなたの物の見方や考え方に大きな影響を及ぼした感動的な出来事や体験の内容を記してください。
天安門広場で明らかに辺境からやって来たと見える民族衣装に身を包んだ男が突然、広場の大群衆の中で連れの小さな子供に何のためらいもなくウンチをさせる光景に出くわしたときに私はショックを受けた。多分、彼らの住む世界では、当たり前のことをしただけなんだろう。あのとき世界にはそれぞれ違う習慣・風俗・文化を持ったいろいろな民族がいるのだなと思った。1998年正月のことである。
あなたがふれてきたメディアには本ばかりかテレビ、マンガ、CD、ゲーム、ビデオなどたくさんあるはずです。それらの中で今のあなたに影響があったメディアとその具体的な内容を思いつく限りたくさん列挙してください。（ただし⑩以上は省略してください）
三国志 吉川英治著：中国戦国時代の武将達の物語
三国志 横山光輝著
マルコムX 映画：マルコムXの伝記
もののけ姫 映画：自然を破壊し文明を入れようとする人間とそれに対立する神々との壮絶な戦い
ダンス・ウィズ・ウルブズ 映画：インディアンと白人の交流物語
アルカディア 中国三峡国家あらがると

己評価書』『活動報告書』『志願者評価書』などなど、うんざりするくらいたくさんの書類（A4の用紙で16枚の調書のほかに資料類）を提出しなければならない。一万字をはるかに越える「字」を丁寧に手書きで書く作業は、普段、パソコンを使っていてあまり紙に直接「字」を書くことのない私たちの世代には、かなりつらいことだった。締め切り5分まえに願書を出したときには、

――これで、入っても入らなくても、もういい。すべてをやりとげた。

という充足感があるくらい、それは大変な作業だった。

膨大《ぼうだい》な願書のなかに『「志願者調書」の各項目では示すことができない「あなたの全体像」を自由に表現してください』という、いわば〝おまけ〟の提出書類があったので、そこに『ヌナブットまで』と題した、こんな一文も書いた。**（このSFC〔湘南藤沢キャンパス〕に提出した一連の書類では、ヌナブトを、ヌナブットにしているのは、書類出願当時、この地名の発音を何度聞いてもヌナブットに聞こえたのでこの表記を使った）**

『私の原・原体験はフィンランド北極圏でのサーメ（ラップ人）との出会いである。ただ、幼児期のことだったので、残念ながら派手な服を着た人たちだということとトナカイの毛皮でできたラーボと呼ばれる木組みのテントのことを、うすぼんやりと覚えているだけだ。

私の原体験は、カナダ北極圏のバフィン島のパグニアタングという村でのイヌイットとの出会いである。このときの記憶は鮮明だ……というよりも強烈な原体験だった。父に連れられて村を訪れた当時、私は小学校4年生だった。この村には、ひとりの英国人（C・W・ニコルさんの友人）を除いてイヌイットの人たちだけが住んでいた。村の若い村長さんは、目は鋭いけれど優しい人だった。いつも、私にニコニコと笑いかけ

てくれた。私がイヌイットという民族に対して興味を持つようになったのは、このときからである。

探検家でノンフィクション作家である父は、赤ん坊のときから、高校時代まで私を世界じゅうの僻地に連れ歩いた。アラスカからメキシコまでの北アメリカ、旧ソ連、ヨーロッパ、中国など世界各国さまざまな僻地へ父と一緒に旅をした。どの旅も地を這って歩く旅。

それぞれ印象深い想い出はある。でも、あの原体験以上に強烈なものはない。

私は小学生から中学生になり、外国の僻地に出かけない休みのほとんどの時を、黒姫（長野県）の『富夢想野塾《とむそうや》』の最年少塾生として過ごした。父がつくった農村塾である。そこで、丸太小屋造りや無農薬野菜の栽培を手伝ったり、放し飼いのニワトリに餌をやったり……というのは建前で、ほとんどの時を、山野を自由に駆けめぐって楽しく過ごした。そんなある日、あのパグニアタングの村長さんが黒姫にニコルさんを訪ねてやってきた。

英語がほとんどわからなかった私には、正確な内容は把握できなかったが、ニコルさんと村長さんと父が、真剣にイヌイットの独立問題を話していることだけは理解できた。

高校生になった。東京では、はじめてできた総合高校に１期生として入学して、仲間たちとサッカー部をつくり、サッカーだけに熱中した。そんなある日、ニコルさんが悲壮な顔でこう話すのを聞いた。

「あの村長、暗殺されちゃったよ。独立問題の内輪もめでね。自治権を獲得したら知事になる男だったのに……」

……そして、今年、1999年4月、北極圏のバフィン島を中心としたカナダ北部においてはじめてイヌイットに対して自治権が認められ、ヌナブット準州が誕生した。知事には、故パグニアタング村長の親戚の人が就任した。』

……こんなふうに「ヌナブット」「ヌナブット」と大騒ぎをして、私はSFC（湘南藤沢キャンパス）の学生になった。設定したテーマがたまたま受け入れられて慶應ボーイになったが、一般入試だったら慶應大学のなかでも最難関学部のひとつであるSFC（湘南藤沢キャンパス）に入れる可能性は、まず私の学力では限りなくゼロに近かったと思う。高校3年生のときに着任した新任国語教師に睨《にら》まれていたせいもあったと思うが、3年生のときの現代文の成績などは、なんと1（5段階評価）だったのだ！（もちろん、私の怠慢さのせいもあったのだが、彼の授業に批判的で反抗心をむき出しにしていた私の気持ちが伝わったせいもあったのだろう。今、思い返してみても、彼の授業はいいものだったとは思えない）。しいて負け惜しみをいえば、一般受験に挑戦した場合、英語だけは、ほかの受験生と互角に戦えたと思うけど（あくまで、「日本の受験英語」という枠内での話である）。

……こんな過去の話は、脇に置いておいて、ひとつだけ、はっきりいえるのは、合格発表の日に掲示板に自分の番号を発見したときの喜びを、私は一生忘れないだろうということだ。

その感動はいいのだが、たくさんの「字」を書いた願書のなかに、調子に乗ってつぎの一文を書いたことで、私は自分自身を縛ってしまった。

『1999年11月14日、黒姫に『志願者評価書』を書いてもらうためにニコルさんを訪れた。彼は「ヌナブットのことを研究するのならば、とにかく現地に行け！」と私に強調した。ニコルさんは、イヌイットの新しい自治領のことをいろいろ教えてくれたが、彼は最後に、「北極は厳しい。死と隣りあわせの世界だ。まずサバイバルの技術を身につけろ」とヌナブットの首都IqaluitにあるARCTIC COLLEGEの1か月コースの電話番号を教えてくれた。もし貴学部が私を受け入れてくださったら、新学期が始まる前の3月までに、私は高校時代の3年間、コンビニのアルバイトでためた資金を使って冬の北極圏の過ごし方を学んできたい。』

——こんなふうに大風呂敷をひろげてSFC**（湘南藤沢キャンパス）**に入った以上、さっそくヌナブト準州**（以下、準州を取りヌナブトと表記）**に行かなきゃなんないな。

と思っているところに、事務局から1通の手紙が届いた。AO入試でSFC**（湘南藤沢キャンパス）**に入った学生は、入学式までにテーマはなんでもいいから8000字のレポートを提出する義務があるという主旨をしたためた手紙である。「慶應大学は、そんなに甘くないぞ、一般入試が始まるまえに、ほかの受験生を出し抜いていち早く〝バリア〟を突破した学生を、何か月も遊ばしておく気はない」というのである。

私は「宣言」どおりヌナブトに出かけて、毎日、日記**（タイトル『ヌナブト、その日その日』）**を書いて、それを提出することに決めた。そして、実際にそうした。提出レポートは、大学が指示した字数を、はるかに越えるものになってしまったが、

——字数が多いからといって、文句をいわれる筋合いはないだろう。

と自分で勝手に判断して、6万7362字（400字詰め原稿用紙換算で168枚強）の〝雑文〟を郵送したのである。

――この本の『PART 1』は、この提出レポートに少し手を加えたものである。はじめに書いたように『PART 2』は、2回目の北極圏彷徨《ほうこう》日記。いずれの記録も、友人の力を借りてかなりの分量を削りはしたが（このことの詳細は『EPILOGUE』に書いた）、文章そのものに関しては、気がついた誤字脱字以外は、あまり直していない。このやり方で本を出すのだったら、現地の〝生の感想〟を、そのまま読者のみなさまにお届けしたほうが、いいのではないかと思ったからである。ただし、インターネットの情報を中心に集めたデータに関しては、あとでつけ加えた部分もある。

この二度の〝北のさすらい旅〟に必要だった経費は、1回目は願書に書いたように基本的には高校時代にファミリー・マートの深夜のアルバイト（校則では禁止されていた）で稼いだお金でまかなった（基本的にはという注釈つきなのは、父が現地で一緒のときには、父が諸経費を払ったから）。2回目の旅は、育英会の奨学金制度をフルに利用させてもらって、そこから借りたお金でやった。それでも足りない分（20万円）を父から借りた。どちらも〝出世払い〟の借金である。

さて、ここで『はじめに』の結論を書けば、ようするに、この私の処女作は、教養課程を終えて、専門課程に進み願書に書いたテーマを専門的に研究するまえに、私が私なりの方法でやった「テーマ探しの旅」の記録である。

なぜ極寒期に「テーマ探し」をやったのか？　その理由は簡単である。イヌイットたちがいちばん〝イヌイットらしい〟のは、いちばん厳しい季節ではないかと思ったからである。

この本の出版の話が具体化する段階で、「テニヲハでたらめな文章だが、それなりにおもしろい。うちの出版社で本にしよう」といってくれた父と私とのあいだに、ちょっとした〝いさかい〟があった。

どこの親子もおなじだと思うが、子は父を越えることをテーマに生きているところがある。私もその例外ではない。そんな私は、たまたま父が出版社のオーナーであることで、特別に便宜が計られ安易に父の会社から、はじめての自著が出版されることに抵抗感があった。けっこう見栄っぱりな私は、世間から、「あいつ、おやじのおかげて、ろくでもない作文を本にしてもらった」とか、「専門家のおやじやその部下に、どうせリライトしてもらったんだろう」といわれるのがイヤだった。たしかに、極北の厳冬期の過酷な自然のなかを彷徨《さすら》いながら、ときには明け方まで、毎日毎日、平均して5～6時間もラップトップに向かってキーをたたく作業は自分的にはしんどいものだったが、客観的に見て、現場で書きなぐった日記（メモ）をそのまま本にすることに抵抗感もあった。私の日記は、ナマママでは、本などになるレベルの文章ではない。

ラップトップを検索していたら、つぎのような一文が目に止まった。1回目の旅の3月3日（金）の日記の一部である。

『日記を書く。この日記、かなり時間をかけて書いている。私が文章（こんなもの文章といえないという人もいるだろうが）を書くのに慣れていないせいもあるが、他人から見れば、

——こんなこと書く必要ないよ。

というようなことまで書いている。こんなことを今さら書くのはなんだが、文章を書くのってむずかしい。いつも書くとき悩みながら書いている。自分では理解していても、それを言葉（もちろん言葉で人に意志を伝えるのも大変なのだが）ではなく、文字で人に伝えることの大変さがよくわかる。そしてそれを相手にわかりやすく伝えようとすればするほど余計な〝かざり〟が増えてくる。この日記を書いている理由は〝デー

タを忘れないためにも記録として残しておく〟ってこともあるけれども、〝私の文章力養成・文章を書くのに慣れる〟っていう目的もある。この毎日の日記が、私の文章力向上につながればいいのだが。』

……私がこのように試行錯誤しながら、生まれてはじめて書いた長い〝試作文あるいはメモ〟を本にするなんて……。

私としては、この〝試作文あるいはメモ〟をもとに、あらためて「紀行文」あるいは、「ルポルタージュ」に書き直して、父の会社ではない出版社に持ちこみ、赤の他人のベテランの編集者にきびしい注文をつけられながら何度か書き直して本にしたいという希望があった。基本的には、あと何回か現地に足を運んで、大学を卒業するまでに一冊の本になれば御の字だと思っていた。

そんな初夏のある日、父がいった。

「おれの古い友人の石毛さん（注7）のところ（国立民族学博物館／通称みんぱく）で『21世紀最初の企画展』と称して、おまえのおじいちゃん（注8）が同人だったアチック（注9）の採集した民具の展示会『大正昭和くらしの博物誌――民族学の父渋沢敬三とアチック・ミューゼアム』を開催してるぜ。いってみるか？アン（注10）も誘って……久しぶりに、松原さん（注11）、や石毛さんや梅棹先生（注12）にもお会いしたいし」

アンことアン・マクドナルドさんは、私がSFC（湘南藤沢キャンパス）の願書のなかでちょっと触れた『富夢想野《とむそうや》塾』の第一号卒塾生（私は最後の卒塾生）である。コーカソイド系（類白色人種群）Caucasoid（注13）カナダ人。まえから梅棹先生と、じっくり話したがっていた。ちょっと神経質ですぐにカリカリするところはあるが、姐御《あねご》肌で人の面倒をよく見てくれる人だ。私にとっては姉貴分であり先生でもある。

国立民族学博物館には、私が若手ではカナダ・イヌイット研究の第一人者だと思っている先端民族学研究部助教授岸上伸啓先生もいらっしゃる。マッギル大学（カナダ）の人類学博士課程で学んだ人だ。あの先生に教えを乞いたいと、かねてから思っていた私は、無条件にこの父の提案に乗った。

父とアンさんと私は、大阪万博の跡地にある国立民族学博物館に出かけた。石毛国立民族学博物館館長とささやかな酒宴を張った翌日、館長にご案内いただいて、『大正昭和くらしの博物誌』の特別展示場（祖父が、渋沢敬三をかこんだ、ほかの同人たちといっしょの写真の何点かと、祖父が採集した民具も展示されていた）を拝見した（石毛館長、休館日に押しかけた無神経な私たちを、丁重に案内してくださり、ありがとうございました）。松原教授にお昼ご飯をご馳走になり、館長に紹介してもらって岸上先生にもお会いして、いろいろ有意義なお話をうかがったうえに先生のお書きになった本とたくさんの論文をいただいた（先生、役に立っています。本当に、ありがとうございました）。このことの詳細は、ここでは省略する。

話をもとに戻せば、まえの晩の酒宴の席で私は石毛館長に聞いた。

「文化人類学ってなんですか？　友だちからよく聞かれるんですよね。経済学とかは社会の役に立っているけど、文化人類学って役に立っているのかって……イヌイットの研究をやって、なんになるのって」

「別に学問に意味なんてないんですよ。興味があるからやる。知りたいから、やるんです。それが文化人類学じゃないですか」

「あのー、今度、ぼく、本を出そうとしているんですが……所詮は学生が書きなぐった文章なんです。そんな文章を本にしていいのかっていう気持ちが自分のなかにあるんですよね」

「そんなもの、本人が出したきゃ、出せばいいんです」

若いころから父が師と仰いでいる梅棹先生にもお目にかかった。

父はよく、「おれは梅棹忠夫の弟子のひとりだ」と私のまえでも自慢していた手前、そのことを息子のまえで証明したかったのか、いわずもがなのことをいった。

「先生、あらためて確認しておきたいんですが、ぼく、先生の弟子をおおやけに名乗っても、かまいませんですよね？」

「もちろん、かまいませんとも。最近は本多勝一も素直に私の弟子だといっているようですが……」

と梅棹先生は、笑いながらお答えになった。

私は小さな声で、

「じゃあ、ぼくは孫弟子ですね」

といったら、これはみんなに無視された。

こんなやりとりのあと、私は梅棹先生に聞いた。

「本を出そうかどうか、今、悩んでるんです。青春日記なんですが……こんなものを本にしていいのかって。もし出したら世間はどう評価するのだろうかって。こんなもの読んでもおもしろくないんじゃないかって」

先生は、ゆったり、にっこりと答えてくださった。

「そんなこと、気にすることじゃない。それに本の評価なんてものは読者が決めるもの。筆者が決めるものじゃない。出してみなきゃわからんでしょ。青春の記録というものを残しておくことは、いいものですよ。やってみりゃいいんです」

そういえば、梅棹先生にも青春の記録（といいきってしまうのは失礼かな？）として1956年9月に発行された『モゴール族探検記』（岩波書店）がある。

——梅棹先生と石毛館長、おふたりのこのご発言が私が最終的に納得して本の出版に踏み切る決心をする決め手となりました。アドバイス、ありがとうございました……出したいから出すんだ。その気持ちさえあればいい。青春の記録を残しておくのはわるくない。そうか、そういうことか。

目からうろこが落ちた。

……というわけで、この本が世に出ることになったのです。

2001年4月1日　エイプリル・フールの日に（7月1日加筆）　　礒貝日月

補記　文中の写真は、実験的な意味も含めてSONY Digital Mavica 2X MVC-FD81と10X MVC-FD7で撮ったデジタル映像を中心に構成してみた。不足分を通常のカメラ（Nikon F90X　4台。ズーム・レンズ AF NIKKOR 24〜120mmと70〜300mm各2本〔父が現地に持っていった分も含む〕）撮影による写真でおぎなった。ときに、マイナス40度まで気温がさがる現地では、通常のカメラよりもデジタル・カメラのほうが寒さに強かった。

注1　ヌナブト　ヌナブットという日本語表記は、インターネット上でも、その使用頻度が高く、『大辞林』（三省堂Web辞典）』も採用しているが、この本では、カナダ大使館周辺が使っているヌナブトという片仮名表記を使う（これをヌナヴトという表記にしている学者もいるが私はブを使いたいと思う）。ほかの地名も、どうしても納得できない表記以外は、カナダ大使館が使っている表記に準じたい。

注2　カナダ極北の準州　カナダの極北には3準州ある。あとひとつのユーコン準州Yukon Territoryには、小学生時代にいったことがあるが、この2回の北極彷徨《ほうこう》では足を踏み入れることができなかった。今回はアラスカにもいけなかった。

注3　AO入試　『総合政策学部・環境情報学部のAO（アドミッションズ・オフィス）入試は、一定の資格基準を満たしていれば自分の意志で自由に出願できる公募制の入試です。日本国内高校出身者だけでなく、外国高校出身者をも対象としてあわせて実施するもので、4月入学と9月入学があります。筆記試験の結果による一面的な能力評価でなく、高校入学後から出願に至るまでの全期間にわたって獲得した学業と、学業以外の全ての成果を書類選考と面接試験によって多面的、総合的に評価します。』（SFC　慶應義塾大学湘南藤沢キャンパス・ホームページより抜粋　http://www.sfc.keio.ac.jp/）

注4　C・W・ニコルさん　『1940年、イギリス南ウェールズに生まれる。17歳で、高校卒業と同時に恩師に同行してカナダへ渡り、北極地域の野生生物調査を行う。19歳でイギリスへ戻り、大学へ進学するが北極への思いが断ち切れず、20歳で退学。以後カナダ政府漁業調査局、環境局の技官として12回に及ぶ北極地域の調査を行う。この間、1962年に来日、2年半の間日本で空手の修行をする。1967年から2年間、エチオピア政府の依頼により、国立公園建設のため技術顧問としてエチオピア・シミアン高原で活動。革命によって計画が中断されたためカナダへ戻る。この間に「ティキシー」「アフリカの屋根から」等の著作を行い、アメリカ、イギリス、カナダ、メキシコなどで出版される。1975年沖縄海洋博にカナダ館副館長として、来日。長編小説の取材にあたる傍ら「冒険家の食卓」を執筆。1981年からは、長野県黒姫山の麓に住み、「ぼくのワイルドライフ」「北極探検12回」「C.W.ニコルの青春記」等を出版。自然とのかかわりを大切にしながら執筆活動に専念している。』

（あとむ劇団ホームページより抜粋　http://www.atomw.co.jp/index.htm）

注５　父　礒貝浩（いそがい・ひろし）　１９４０年生まれ。上智大学外国語学部イスパニア語科卒業。同大学文学部新聞学科、マドリード大学などでも学ぶ。株式会社清水弘文堂書房社主。上智大学学士探検会会長。富夢想野《とむそうや》舎舎主。ノンフィクション作家・写真家・ＤＴＰ（最新のコンピューター編集）エディター&アート・ディレクター。イラストも描く。『ホロニガ』（朝日麦酒ＰＲ誌）編集長を皮切りに、おもに朝日新聞出版局と平凡社で活躍。『アサヒカメラ』アートディレクターをはじめ、『週刊朝日』『Ａｓａｈｉジャーナル』（廃刊）『アサヒグラフ』教育雑誌『のびのび』（廃刊）『ＹＵＹＵ』（廃刊）などの編集（おもにレイアウト関係と写真）とアート・ディレクティングにたずさわる。［１９６０年］山登りや探検・冒険が好きな〝自然愛好派〟（今ふうにいえば〝環境保護派〟）の若者が集う同人サロンとして、創作集団ぐるーぷ・ぱあめを結成。大学在学中に、上智大学アドベンチャラーズ・クラブを創部（のちに探検部と改名）。［１９６１年～６２年］ヨーロッパから中近東・アジアの、約５０か国のおもに僻地（農村・山村・漁村）をヒッチハイクで回る。［１９６３年］その経験をまとめ、『ヨーロッパをヒッチる』（朝日新聞社）『山の男失格物語』（朋文堂）を発表。［１９６３～６４年］ヨーロッパ・南米諸国数１０か国を、ふたたびヒッチ・ハイクで放浪。［１９６５～８５年］平凡社『太陽』特派員などの取材記者あるいは、フリーのルポ・ライター兼カメラマンとして、世界約１００か国を陸づたい・海づたいに回る。この時代のおもな仕事としては、『東西国境線ルポ』（のちに単行本になる）『地球音楽ルポ』（シシリアの漁民の漁の歌、アルジェリアの農民の歌など）『南米ルポ』（ペルーの農村やアルゼンチンの牧場主（ガウチョ）、アンデス奥地の先住民に密着したルポ）など多数。［１９８６年］創作集団ぐるーぷ・ぱあめの本拠地を東京より信州の黒姫（信濃町）に移し、富夢想野《とむそうや》舎と命名。同地に、富夢想野《とむそうや》塾を開塾（１期生アン・マクドナルド、特別塾生ジェーン・マクドナルド、

アンドリュー・レリーブラ、最終卒塾生礒貝日月など)。同地を塾生とともに開墾し、ログハウス、サウナ小屋を建て、鶏を飼い、無農薬農法で畑を耕しながら、創作に励む。以後、10年間、新・田舎人として同地に住む。この間、DTP(コンピューター編集)による雑誌・単行本づくりのノウ・ハウを同地で確立する。[1990年]創作集団ぐるーぷ・ぱあめ結成30周年を機に、富夢想野舎《とむそうや》に集まった人たちのなかで、芸術・文化・学術分野とマス・メディア分野の創作者をめざす若者たちと新同人サロン、創作集団ぐるーぷ・ぱあめ'90を結成。この新集団のスタッフたちとのプロジェクトとしては、後述の月刊『農業富民』の編集制作が、代表的な仕事。[1992年1月~94年8月]『農業富民』(富民協会発行・毎日新聞社発売)編集長(この間、財団法人富民協会特別編集委員)。編集部を富夢野舎におき、農村のまっただなかで、農業雑誌を編集し、モデム回線で東京の編集部とつなぎ、DTPによる〝東京に基地をおかなくても、中央の情報を満載することのできる月刊誌づくり〟のノウ・ハウを確立する。[1994年7月中旬~9月中旬]創作集団ぐるーぷ・ぱあめ'90の若い仲間たちとチームを組んで、モーター・ホーム(キャンピング・カー)によるアメリカの農村調査。あちらの〝一般的、ごくごく普通の常民〟の実態を探る。その後、今日まで5回にわたり、アメリカ・メキシコの20数州におよぶ農村実態調査を、おなじ方法で行なう。1996年からは漁村調査も加える。[1995年4月]財団法人21世紀村づくり塾から季刊誌『びれっじ』の誌面刷新を依頼され編集長としてDTP編集による新『びれっじ』を2号編集。この農業関係雑誌2誌の編集長時代の4年間に沖縄から北海道まで日本の農山漁村現場を精力的に探訪。日本の1次産業の実態を肌で知る。[1995年11月~]株式会社清水弘文堂書房取締役社長に就任。[1998年3月]南部アフリカ農村・漁村調査隊に隊長として参加。[1998年7月~]アン・マクドナルドと日本沿岸漁業実態調査。写真撮影を担当。[2001年8月]ミナマタ病に侵されているカナダ(グラシー・ナローズ)のファースト・ネーションズのオジブウェ族調査プロジェクトに参加。著書　『ヨーロッパをヒッチる』『メルヘンの旅』（朝日新聞社）『探検と冒険』（共著　朝日新聞社）『風船学入門』（共著　平凡社）『ブタが狼であったころ』（平凡社／復刻版・清水弘文堂書房）『みんなで月に行くまえに』（共著　山と渓谷社／復刻版・清水弘文堂書房）『東西国境十万キロを行く！』『旅は犬づれ　上・中』『わがいとしの田園777フレンドたちよ！』『じゃーにー・ふぁいたー』（以上、清水弘文堂書房）『BOSTON』『NEW YORK』（写真　講談社インターナショナル）空撮写真集『日本讃歌』（山と渓谷社）『原日本人挽歌』（写真　清水弘文堂書房）ほか多数。（この項、文責礒貝浩）

注6

私が書いた『志望理由書』の全文。（本文にも書いたが、このSFC［湘南藤沢キャンパス］に提出した一連の書類では、ヌナブトを、ヌナブットにしているのは、書類出願当時、この地名の発音を何度聞いてもヌナブットに聞こえたのでこの表記を使った）

『私はC・W・ニコルさんと父に連れられて、小学校4年生のときに北極圏にあるバフィン島Baffin I. のパグニアタングPangnirtungという村に、しばらく滞在したことがある。その村も含むカナダ北部において1999年4月、はじめてイヌイットInuitの自治権が認められ、ヌナブット準州が誕生した。少年時代から関心を持っていた地域に関するこのニュースを知ったとき、「なぜ州でなく準州なの？」と一瞬思ったが、イヌイットという少数民族が置かれていたこれまでの厳しい政治状況を考えると、次の瞬間、素朴に「素晴らしい！」と感動した。お隣のアメリカがリザベーションにネイティブ・アメリカンを閉じこめていることを考えると、いろいろ問題があるにしても、カナダという理解のある国で暮らしているイヌイットは、幸せだと思った。

　ヌナブット準州の誕生をきっかけに、私のなかで次から次へと疑問が湧いてくる。自治を認められてこなかったほかの国の大多数の少数民族が、いかにして政治的権利を獲得していけばいいのか？　日本はどういう態度を取ればいいのだろうか？　などなど。

残念ながら今の私には、なんの答えも出すことができない。私は、あまりにも無知だ。〝基礎〟がなさすぎる。

私は少数民族問題を勉強する決心を固めた。そのためには、少年時代に原体験として強烈な印象を持った北極圏のイヌイットの〝国〟ヌナブットを知ることから始めよう。なにもかもというわけにいかないから、これまた少年時代からの関心事である環境とヌナブットの政策に問題を絞りこもう。


北極と北極圏の環境は、ありとあらゆる意味でセンシティブである。地球の気候変動や温暖化や海洋汚染などの大きな鍵を、あのエリアが握っている（北極のオゾンホールの問題もある）。そして、新しくできた準州ヌナブットは、そのほとんどが北極圏内にあり、世界でいちばん海岸線の長い国カナダの海岸線の3分の2が準州内にある。海岸処理の問題は、海洋の環境に、ありとあらゆる意味でリンクしている。イヌイットの人たちがこれから支配するあの準州が、海岸処理政策も含め、これから打ち出していく政策は、地球全体の環境保全に大きくかかわってくる。大袈裟《おおげさ》にいえば、準州ヌナブットのイヌイットの人たちは、21世紀の地球の環境問題の鍵を握っている。そのへんに視点を据えて、ゼロ・スタートしたばっかりの準州ヌナブットの諸政策（問題）を私は同時進行で観察したい。それも現場主義で、大学が休みのときは、時間の許す限り現地に通ってフィールド・ワークを中心にしてやっていきたい。大学4年生を終わるまでには、なんとかイヌイット語も日常会話ぐらいは、現地でマスターしたい。

……と頭のなかだけで、あれこれ、もっともらしいことを考えてみたが、ここでふたたび、ハタと行き詰まる。父やニコルさんから叩きこまれた現場主義でやるという考え方はいいとして、それをやるための〝基礎〟が、本当に私にはなさすぎる。〝基礎〟を培うには、ちゃんとした大学で学ぶしかない。私は、あっちこっちの大学の『入試要項』を取り寄せて、目を皿のようにしてそれを読み〝基礎〟を学べるであろう大学を探した。

そして『慶應義塾大学ガイドブック　KEIO UNIVERSITY』の64ページのコラム「ゼミナール（総合政策学部）」のなかの小熊英二専任講師（現助教授）の次の一文を発見したとき、私は小躍りした。『同じ「民族問題」でも先進国と発展途上国では事情が全く異なりますし、アイヌや在日韓国・朝鮮人といった日本の「民族問題」の実態も知っておくべきです。』……つづいて、総合政策部国際政策コースの設置科目を見ると、「地域研究論」「国際紛争論」「国際関係法」「開発計画論」などなど、私が〝基礎〟にしたいと思っている科目が、ずらりと並んでいるではないか！

私は、貴学部で学びたい！　これから私がやろうとしていることの〝基礎〟を貴学部で身につけたいと心から願っています。

追記。書かなくていいことを書きます。私は高校時代、サッカー一筋で、英語以外の勉強はあまり熱心にやらなかったので、〝一般教養〟にかけているところがあります。大学に入ったら本を読む習慣を身につけ、専門にしようとしているジャンルだけでなく、一般的な〝基礎〟もつくり直したいと思っています。もちろん、フィールド・ワークに絶対必要な英語力も。』（タイトル『ヌナブット研究の〝基礎〟を貴学部で学びたい』）

注7　石毛直道（いしげ・なおみち）　『文化人類学者。昭和12年、千葉に生まれる。京都大学文学部史学科考古学専

攻。在学中は探検部に所属しトンガ王国などに行ったことを契機に考古学から文化人類学に転向。49年、国立民族学博物館助教授などを経て、61年教授に就任。平成9年館長に。主著に「リビア砂漠探検記」「食卓の文化誌」「食いしん坊の民族学」「文化麺類学ことはじめ」などがある。』(WELCOME TO OBSERAIより抜粋 http://obserai.co.jp/top.htm)。

注8 磯貝勇(いそがい・いさみ) 民俗学者。柳田國男の弟子。日本各地(京都府綾部市、新潟市、名古屋市)に高等学校を設立し、その初代校長に就任。その後、中部工業大学教授。教職員としては理工科系科目が専門。その専門知識を背負子、あしなかなどの民具研究に生かして独自の民俗学調査を行った。星の研究家野尻抱影と親交があり、星の和名の研究も手がけた。故人。著作。『中国地方に於ける砂鉄の研究』(結城次郎と共著)『安芸国昔話集』『丹波の話』『日本の民具』『日本の民具 続』など。

注9 アチック アチック・ミューゼアムAttic Museum。故・渋沢敬三が東京の三田綱町の自宅の車庫の屋根裏部屋につくった郷土玩具・民具を集めた博物館。

注10 アン・マクドナルド SFC(湘南藤沢キャンパス)のAO試験のときに『志願者評価書』をC・W・ニコルさんとともに書いてくれた子どものころからの知りあいであり、かつ富夢想野《とむそうや》塾時代には塾頭としていろいろ教えてくれた人。1965年生まれ。ブリティッシュ・コロンビア大学(カナダ)東洋学部日本語科を首席で卒業。東洋学と政治学専攻。もとマニトバ州駐日代表・作家・県立宮城大学特任助教授・上智大学コミュニティー・カレッジ講師。日本の政府関係の委員なんかも農水産省を中心にいろいろやっている。環境に関しては、環境省でIPCC第三次評価報告書作成の支援および解析業務なんてこともやっている。ラジオ・テレビのコメンテイター、キャラクター、インタビューアーとしても活躍中。高校時代、カナダ人としては、はじめてのAFS(アメリ

カン・フィールド・サービス）交換留学生として河内長野《かわちながの》の清教学園に1年間留学。大学時代にも、日本の文部省の奨学生として、法学・国際政治・日本語を勉強するために熊本大学に1年間留学。そのあと、創作集団ぐるーぷ・ぱあめ富夢想野塾《とむそうやじゅく》（信州・黒姫）に1年間在塾。1991年から1992年にかけて、横浜のアメリカ・カナダ大学連合日本研究センター（ハーバード、エール、プリンストンなどのアイビー・リーグを中心としたアメリカの大学とカナダのブリテッシュ・コロンビア大学などが共同で、博士と大学院生［博士号習得希望者］を中心研究員として組織したもの）に日本の研究をするためにスタンフォード大学の奨学金を受けて、研究員として在籍。政治学・文化人類学（民俗学）などを専攻。この期間、同時に富夢想野塾《とむそうやじゅく》に、ふたたび在塾。前回在塾時同様、信州・黒姫周辺の農村部をフィールド・ワークの場として選び、毎週末、現地に出向き、手で考えて生きてきた田舎のお年寄りたちを主題《テーマ》にした卒論『Days Past —Body and Soul. Japan's Countryside Story』を提出。この卒論に修正を加え、アメリカ・カナダ大学連合日本研究センターの研究論文として提出。これらの論文を編集した作品は、『原日本人挽歌』として、1992年に清水弘文堂書房より刊行。そのほかの著書。『とどかないさよなら』『日本って!?　PART1』『日本って!?　PART2』『すっぱり東京』『泡の中の感動』（アサヒビール会長瀬戸雄三との対談）『アンの風にのって』（以上、清水弘文堂書房）『青春英語キーワード』（岩波ジュニア新書）。訳書。『すごく静かでくつろげて』（清水弘文堂書房）。

注11　松原正毅（まつばら・まさたけ）　京都大学文学部（考古学）卒。在学中は同大学探検部に在籍。京都大学人文研究所助手、国立民族学博物館助教授・教授を経て、1994年より同博物館地域研究企画交流センター長。専攻・専門は遊牧社会論、社会人類学。著書。『遊牧の世界——トルコ系遊牧民ユルックの民族史から』（上・下　中公新書）『青蔵紀行——揚子江源流地域をゆく』（中央公論社）『遊牧民の肖像』（角川選書）など、編著書・論文多数。

注12 梅棹忠夫（うめさお・ただお）『1920年6月13日 京都市生まれ 理学博士 国立民族学博物館顧問 財団法人千里文化財団会長 専攻：民族学、比較文明学。大学では主として動物学を専攻したが、内蒙古の学術調査を通じて民族学に転じ、アフガニスタン、東南アジア、ヨーロッパなどでフィールド・ワークを精力的におこなう。1957年に発表した「文明の生態史観」で、西欧文明と日本文明は、ほぼおなじ歩みで進化したという「平行進化説」をうちだす。国立民族学博物館の創設に努力し、1974年から1993年まで初代館長、その後は顧問となる。1988年に朝日賞、1991年に文化功労者、1994年に文化勲章、1999年に勲一等瑞宝章を受章。』（国立民族学博物館友の会ホームページより抜粋 http://www.mmjp.or.jp/ethno/index.html）著書は、『モゴール族探検記』（岩波書店）『日本探検』（中央公論社）『東南アジア紀行』（中央公論社）『サバンナの記録』（朝日新聞社）『文明の生態史観』（中央公論社）『知的生産の技術』（岩波書店）『地球時代の日本人』（中央公論社）などの初期作品から、『梅棹忠夫著作集』（全22巻 別巻1）『行為と妄想――わたしの履歴書』（日本経済新聞社）『世界史とわたし――文明を旅する』（日本放送出版協会）など最近の著作まで、文字どおり、本当に多数。

注13 コーカソイド系（類白色人種群）Caucasoid いわゆる白人のことを、コーケジアン Caucasianと表現するか、この表現にするか迷ったが、この本では白人を表現するときには、この表記にする。以後、この本でコーカソイド系カナダ人のことは、国立民族博物館の岸上先生が著作で使っておられるヨーロッパ系カナダ人という表現を使おうと思う。カナダに住むイヌイットもファースト・ネーションズ First Nationsもカナダ人であることに変わりはないのだから、深く考えると、いわゆる白人のカナダ人をカナダ人と単純に呼ぶのはおかしな話だと思ったので、あえて、このようなややこしい表記にした。（注のなかで、インターネットのサイトから抜粋した文章に関しては、原文ママとした。以下同様）

資料

ＳＦＣ（湘南藤沢キャンパス）入試願書には、『参考資料提出』という項目があった。私は、高校時代にやった海外フィールドワーク——デジタルカメラの「作品」（中国・三峡ダム建設で消えていく沿岸の自然・文物の記録）と、何冊かの父の著作を選び、私が登場する部分に付箋をつけて提出した。『はじめに』用資料として、そのなかから『旅は犬づれ？　上』（議員　浩著　清水弘文堂書房刊　一二〇〇円）**の、つぎの一節を転載する。あのときの北極圏探訪が、私がヌナブトをテーマにするようになった〃原点〃だったので、出版社の方針に従って、この父の一文を、あえてながながとここに転載した。**

カナダ北極圏。Ｃ・Ｗ・ニコルが息子をチャーリー・ヒヅキと名づけた。

このころ（1990年7月＝著者注）、Ｃ・Ｗ・ニコルがカナダ北極圏のバフィン島にいた。次男坊のテレゴノス・ヒヅキをつれて、ニューヨークから飛行機とチャーター船を乗りついで五日。ニコル訪問。

現地でテレビのドキュメンタリー番組の収録を終えたあと、ニコルはひとりで北の果ての無人地帯でキャンプ生活を楽しんでいた。（中略）

←北極圏の無人島でくつろぐニコルさん（左）と父。

ひさしぶりにガソリンこんろで食事をつくり、テントのなかで寝袋にくるまり、眠くなったら寝るという気ままなアウトドア・ライフを楽しむ。山に登ったり、カヤックを漕いだりしているうちに、あっというまに、四日間が終わってしまう。ヒヅキもこういう生活が性にあうのか、大満足。

ニコルの友人のイヌイットのジョアビが船で迎えに来てくれるというキャンプ生活最後の日、ぼくはニコルに聞く。

「ニック（**父はニコルさんのことを、昔からこう呼んでいる＝筆者注**）、このあと、どうするの？」

「バンクーバーで倉本聡さんと待ちあわせして、テレビのコマーシャルの撮影のためにニュージーランドに行くの。仕事、仕事……でも、ぼく、ほんとうはここにもっといたい。ガイ（**ニコルさんは父のことを、昔からこう呼んでいる＝筆者注**）はこれから、どうするの？」

「アラスカに丸太の別荘を西木正明が買ったんだって……そこも、道がなくて飛行機でしか行けないらしいんだけど……そこに押しかけたあと、アンカレッジからアラスカ・ハイウェーをモーターホームで、とりあえず、カナダのバンクーバーまで走ってみるつもり。ヒヅキもつれてね」

（中略）

「ヒヅキをつれて行くってことは、あいつ」とちょっと離れた海辺で釣り糸を垂れているヒヅキをアゴでしゃくりながら「チャーリー・ヒヅキってわけだ」

わるくない。スタインベックの旅には愛犬チャーリーがいた。ぼくは犬がわりに息子をつれ歩くわけだから……。

——かくして、これからさき、ヒヅキはチャーリー・テレゴノス・ヒヅキと呼ばれることになったのであり

ます。

ここまでは、よかったのです。すべては、順調にことは運んでいたのであります。テンカタイヘイにして波高からず、ヨキカナ、ヨキカナてな具合だったのですが。

ぼくがビッコの子づれ風来坊になったわけ。

事件はニコルが昔から北極探検の基地にしている

←北極圏の無人島のごつごつした見晴らしのいい岩場にはイヌイットのシャーマンのものと思われるお墓があった。そこには、ガイコツが転がっていた。この光景は、小学生だった私に強烈な印象として残った。

当時小学校４年生のやんちゃ坊主だった私は、無人島でトナカイの干肉に食らいついたり、野山を駆けめぐったりして楽しい時間を過ごした。
⬇

無人島における３人のテント暮らし。(前ページ見開き写真)➡

イヌイットの村パングナータング(パグニアタング)に船で帰ってきた直後に起きた。

ぼくは船から岩場に降り立つ。岩はぬれていた。そこでぼくは横転。無人地帯でキャンプ生活をしていたときには、あれだけ用心していたのに、なんてことだ!

三メートルほど岩場を滑り落ちる。あっと思ったときには、左足首を骨折してしまっていた!

起きあがれない。そばで、呆然とたたずむヒツキ。

(中略)

ニコルが聞く。

「これからの計画、どうするの?」

痛さでひきつった笑いを浮かべながら、ぼくが答える。

「予定どおり、やる。左足でよかった。おれのモーターホーム、自動クラッチだから、両手と右足で運転できるから……ビッコの子づれ風来坊なんちゃって、ハハハハ」

⬆無人島からの撤収準備完了!

とカなく笑う。

ぼく以外、だれも笑わない。

午後十時、白夜の北の風景が、まるで墨絵の世界のように診療所の窓の外に広がっている。その風景を窓から眺めているヒヅキのほおにひとしずくの涙が……。

パングナータング（パグニアタング）で眠れない一夜を過ごし、あくる日、飛行機でバフィン島をあとにする。（後略）

[このあと、父と私はウィニペグのマクドナルド家に富夢想野《とむそうや》塾OBのアンさんと妹のジェーンを訪ねて滞在していた母と兄と合流した。大学病院で手術を受けた父は、医者の忠告を無視してそこを3日目に抜け出し、家族4人でアラスカへ。家族づれでアラスカをモーターホームで彷徨《さすら》い、大学は違うが父の「探検部仲間」だった作家の西木正明さんのコテッジに、これまた家族づれで押しかけた。その後、アンカレッジで母と兄と別れた父と私は、そこで合流した池田浩栄さん（当時、父の会社の編集者。現清水弘文堂書房監査役）の3人で、アラスカハイウエーを南下、アンカレッジまでの陸路をたどった。学校を休んだのは、ちょっと気になったが、当時、小学校の4年生だった私に、この旅は生涯忘れられないと思えるほどの強烈な印象を残した。＝著者注]

●

『まえがき』のうしろに『資料編』として、父の著作から抜粋したこの一文を入れることに著者の私は、最後まで反対だった。それが、このようなかたちになったいきさつは……。

「この本の編集には口をはさまない」約束だった父が、その約束を破って2項目に関して口を出した。ひとつ目は、この本に「注」を入れるにあたって、自分の名前の項目の「解説」を自分で書いてきて、これを入れろという。びっくりするぐらい詳細な「略歴」である。

私は、即座に断わった。

「お父さん、いくらなんでも長すぎるよ、これって」

「おまえの本のあっちこっちで、おまえの主観で勝手に書かれる準主役としておれも登場するわけだから、おれとしては〝客観的背景〟としておれの〝実像〟を、しっかり注に入れておいて欲しいわけだ」

……まあ、小さな活字の「注」なんて、よっぽどもの好きな人以外、たいして興味を持たないだろうと思った私は、この一件に関しては、しぶしぶ折れた。しかし、もう一件の〝干渉〟には、正直、まいった。

「おまえがはじめて北極圏を訪れたときのことを、おまえの本に入れておくと深みが増す」という理由で、「長い『資料』を挿入しろ」という〝圧力〟を版元社主としてかけてきたのである。

私は、今もこの『資料編』はこの本には、いらないという立場である。編集を手伝ってくれた友人たち（大学生）も同意見である。

父の書いた長い略歴と父の本から抜粋した文章を掲載するにあたって、私が反対であることを本のなかに、しっかり書くことを条件に父の2件の〝干渉〟を泣く泣く呑んだ私だが、普段の日常生活では、私に似て（？）シャイなところがある父が、こと〝活字〟となると〝自己顕示欲〟の固まりとなるのが不思議でしょうがない。〝もの書き〟をなりわいとしている人というのは、こんなものなのだろうか。そのうち私にも理解できる日がくることを祈るのみ。

PROLOGUE
ヌナブトまで

慶應大学ＳＦＣ（湘南藤沢キャンパス）のＡＯ入試を受けるにあたって
Ｃ.Ｗ.ニコルさんに『志願者評価書』を書いてもらうために
黒姫にいくことから、すべては始まった。

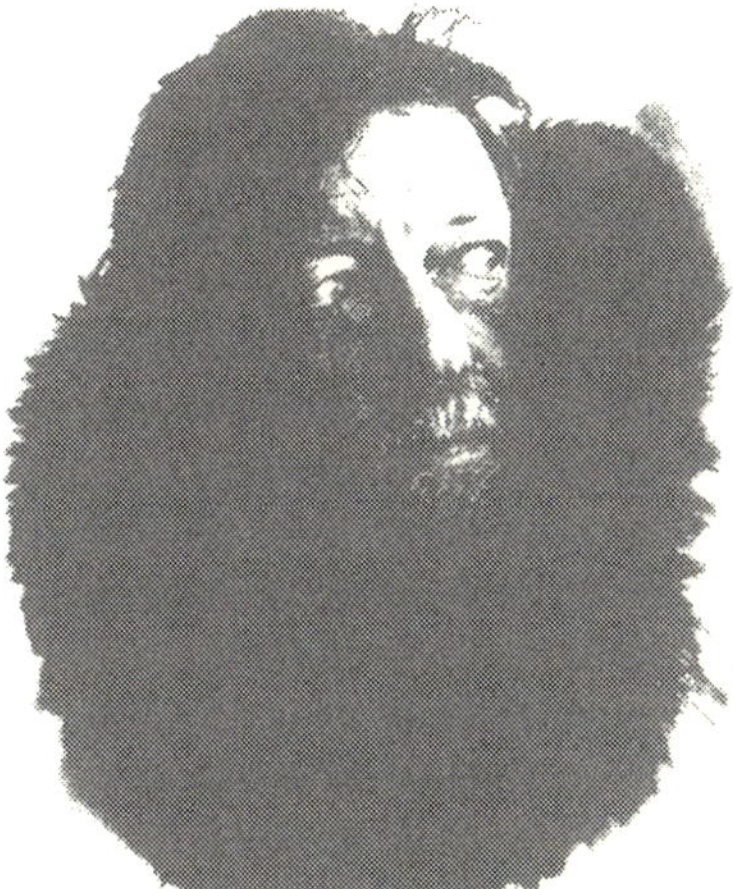

↑極寒の北極圏の自然のなかにいるニコルさんの写真である。ニコルさんは、この写真をあんまり好きじゃないという。でも、私はこのきびしい顔のニコルさんの顔写真が大好きである。
（小説『エコ・テロリスト』［清水弘文堂書房］の表４カバー写真から）

ニコルさんに会うのが憂鬱《ゆううつ》だ。（1999年11月15日〔月〕）

昨日から寝てない。慶應大学に出すAO入試の資料が莫大なために、夜を徹して資料を作成していたためだ。朝から気分が憂鬱《ゆううつ》だ。寝てないからではない。ニコルさんに『志願者評価書』を書いてもらうために黒姫にいくからである。

「ニコルさんに会える！」――ニコルさんのファンの人だったら、こんなに喜ばしいことはないだろう。だが、私の場合は、ちょっと事情が違う。私がAO入試を受けるテーマは〝ヌナブト・イヌイット〟についてだ。おもしろいなと思ったからこのテーマで慶應大学を受けることを決めたのはたしかである。ただニコルさんが40年間以上にわたって取り組んできた北極（イヌイット）に対する気持ちに比べたら、私のヌナブト・イヌイットに対する気持ちなど比べものにならない。この自分の中途半端な気持ちを持って、黒姫にニコルさんに会いにいくのは非常に憂鬱《ゆううつ》である。ニコルさんになにをいわれるか、わかったものじゃない。しかも、今の私にはニコルさんの期待（期待もしてないと思うが）に応える自信もない。『志願者評価書』を書いてもらいたいというのはあるけども、

――はあー、いきたくないなー。

黒姫にいくまえにネガティブな発想で父にいう。

「別にニコルさんに書いてもらわなくてもいいんじゃない。それにニコルさん、書いてくんないよ。やめようよ」

「大丈夫だって。それにニックに書いてもらったほうが、絶対いいって。とにかく黒姫にいこう」

まだ完成していないAO入試の資料と書類を片手にひさびさの黒姫に父と向かう。

――それにしても心配だな……。


上野から長野ゆきの汽車に乗る。

電車のなかでAO入試の書類を作成する。

――本当に、本当に、この書類、大変！

よくみんなこんな大量の書類を書くと思う。いつもは長く感じる長野までの道のりが、とても短いものとなる。長野から各駅停車の電車に乗り換えて黒姫へ。乗り継ぎのあいだ、電車がくるのをホームで待つ。

そのとき、私がまたネガティブな発想でいう。

「本当に、無理に頼みこむのはやめようね。ニコルさんが、ダメだっていったらもういいから」

「さっきニックのマネジャーの森田さんと電話で話したんだけど、ニック、風邪ひいていて調子がすこぶるわるいらしいんだよ。最近、すごいハードスケジュールが、つづいていて忙しかったみたいなんだよね。こりゃ、ちょっとまずいかなー」

と最後に「あはは」と笑いながらいう。

――What？　ちょっと、オッサン、あんた「あはは」じゃないよ。そんな情報、ひとこともおれに伝えなかったじゃないか！

さらに心臓がピクピクと動き出し、緊張感が高まる。そうこうしているうちにホームに妙高高原ゆきの電

か地獄かはわからないけど、自分なりに〝天国ゆき〟の電車に乗ったと思いたい。やっていること、ひとつひとつ、後悔したと思いたくない。そんな大それたことじゃないかな？

そうこうしているうちに、あっという間に黒姫に着く。

――なつかしいなー、何年ぶりだろう。5、6年ぶりぐらいだろうか？

こんなかたちでまたここにくるなんて想像もしていなかった。もう真っ暗で人があまりいなかったから、夜の8時か9時ぐらいだったと思う。父が電話ボックスからニコルさんの娘の美和子さんに電話をする。ニコルさんが、カナダに住んでいたころ結婚していた日本人のまえの奥さんとのあいだにできた娘さんである。国籍はカナダ。ずっとあちらで育ったが、今は黒姫に住んで父親のサポートを、あれこれやっている。その彼女が、車で駅まで迎えにきてくれるという。ニコルさんは仕事が終わって、もう黒姫に着いているが、今は人と会っていて自宅にはいないらしい。寒空のなか、駅で待っていると、1台の4WD車がやってくる。どうやら美和子さんみたいだ。美和子さんに会うの、これがはじめてだ。たぶん子どものころに会ったことはあるのだろうが、よく覚えていない。ふたりで車に乗りこむ。美和子さんと軽くあいさつを交わす。すると美和子さんは、

「どうしたの、突然黒姫にやってきて。お父さん（ニコルさんのこと）になにか重大な用事でもあるの？」

と私たちに聞く。父と私で事情を説明する。すると美和子さんは、

「なるほどね。でもお父さん、風邪気味だし、会えるかどうかわからないわね。機嫌もあまりよくないみた

いだし……」

　という。

　話を聞くと、ニコルさんは、今日ひさしぶりに黒姫に帰ってきたという。全国でニコルさんの嫌いな講演をやってきて、ひさしぶりの休みで心やすらぐ黒姫に帰ってきたというのだ。わるいことに〝風邪〟も悪化しているという。だれがどう見ても状況は最悪だ。しかもこっちの頼みは、ニコルさんが嫌いな〝大学〟への推薦書を書いてくれというものだ。

　……〝講演〟〝風邪〟〝大学〟とニコルさんの嫌いな要素が3つもそろっている……もうこれ以上はないといっていいほど最悪な状況だ。ますます会いたくなくなってきた。ニコルさんに会えない状況を考えて、美和子さんにAO入試の書類のなかから『志願者評価書』と慶應義塾大学の資料を渡す。一応ニコルさんに渡してくれるという。美和子さんも「たぶん無理だろうな」という顔をしながら受け取った。ニコルさんの家ではなく、美和子さんの家に着く（ふたりは、別の家に住んでいる)。

「ここで待ってて。今からお父さんを迎えにいってくるから。ここにくるかどうかはわからないけど……。一応書類も渡してみるわ」

　と美和子さん。

「よろしくお願いします」

　と私。

　美和子さんはニコルさんのところに向かっていった。父と美和子さんの家でふたりになる。父も心なしかちょっと成りゆきを心配している顔。

私がまたまたいいつのる。

「やっぱりまずいよ。絶対、怒るって。おれが嫌なのは〝今回の件（おれのこと）〟でお父さんとニコルさんの仲がわるくなるの嫌なんだけど……こんなくだらないことで、そうなるのって本当に嫌なんだけど……」

すると父が、

――ガキのおまえに、ニックとおれの関係のなにが、わかっているんだ。

という、ちょっとムッとした顔でいった。

「大丈夫だって！　それにここまできたら、もう引き返せないだろ。それにそんな簡単に崩れるような人間関係なんかじゃないよ。それに、もしそんな簡単に崩れるようなものだったら、それまでってこと。なるようになるよ」


ニコルさん、開口いちばん、「おまえ、『ティキシー』読んだのか？」


美和子さんが出かけてからどれぐらいたっただろうか？

覚えてないけど、なにかすぐ車が戻ってきたような気がする。外でエンジン音が止まる。ニコルさんがやってきたのだろうか。

ドアが開く音がする。心臓がバクバクする音が聞こえる。

――もう嫌だ。こんな緊張感、耐えられない。

私たちがいるリビングのドアが開く。人が3人入ってきた。ひとりは美和子さん、ふたり目は美和子さんの旦那のヨーロッパ系カナダ人で、もとシェフのグレッグさん、3人目は赤鬼のような形相をした巨漢——エルメスの紺のマフラーをしたニコルさんが入ってきた。

席を立ってあいさつしようとすると、ニコルさんがおれの目をじっと見つめてひとこと、

「おまえ、『ティキシー』（角川書店）読んだのか？」

『ティキシー』はニコルさんの北極圏を舞台にした代表作である。ニコルさんはヌナブトやイヌイットについての勉強をしたいというのならば、この本は読んでいてあたりまえと思ったのだろう。ところがおれ、この本、読んでいない。名前すらはじめて聞いた。ニコルさんにヌナブトの勉強をしたいから『志願者評価書』を書いてくれというお願いでここにきているのに、おれはニコルさんのイヌイットについての本を読んでいない。こんなとんでもない話はない。それに加えて、ここで私はまた大失態を犯す。ニコルさんの「おまえ、『ティキシー』読んだのか？」を「おまえ、『テキスト』読んだのか？」と聞き間違ってしまう。『テキスト』とは、私が美和子さんにニコルさんに渡してくれるように頼んだ『慶應義塾大学総合政策学部・AO入試の資料』だと思ってしまった。

私は即答した。

「はい、もちろん読みました」

父がおれに小さい声でいう。

「おい、おまえ、『ティキシー』だぜ。読んでないだろ」

おれは慌てて答える。

「すみません、読んでないです」

するとニコルさんは、さらに切りこんでくる。

「じゃあ『北極探検12回』（1987年新潮社刊／1991年新潮文庫）は読んだのか？」

「どっちも読んでないです」

開き直ったわけではない。でも、そうとられても仕方ない感じで答える。ニコルさんが「はー」といったような顔をして、父に、

「ガイ、そりゃないだろう、突然きて。いきなりだよ」

と憤りながら（本当にそうかどうかはわからないが）いう。おれは、

——やっぱりまずかったかな。

と思いながら、もうここから即座に立ち去りたい気持ちとともに、無理やり書いてもらう必要もないと思いながら、人から見たら少しムッとしたような顔をして立ちすくんでいると、父がそのまずい空気に割って入るように、

「もちろん勝手なのはわかっている。だけどこいつが、ニックに頼むのはやめようっていうのを、おれが無理やりつれてきたんだ。まあ、親バカなんだけどね。それにニックに推薦しろっていうわけじゃないんだ。事実を書いて欲しいだけなんだ。ほら、ニックとおれと日月で昔カナダの北極圏（現ヌナブトのパグニアタングという町と近くの無人島）にいったじゃん。あのときに『こいつもいった』という事実だけを証明して欲しいんだ。別にニックにこいつを大学に推薦しろっていうわけじゃない」

とおれをかばうように発言する。ニコルさんも少し落ち着いたのか、ここで私たちが囲んでいた机に座る。

ニコルさんのまえで、おれはもう完璧萎縮《かんぺきいしゅく》状態。

おれはもう完璧萎縮《かんぺきいしゅく》した状態。今思うとよくないなと思いながらも、完全にびびった状態。だんまりを決めこんでいる。

——もうどうでもいいや。

という開き直り状態。

席に座ったニコルさんが、ふたたび話し出す。

「パグニアタングにいったとき、日月とガイは、おれが若いころに北極圏で生活していたときの仲間で、そのあとも、そのままイヌイットの女性と結婚して現地にとどまった英国人に世話になったでしょ。彼に息子いたの覚えてる？　日月のひとつ年上かな。去年死んだんだよ、彼、川に落っこちて。知らなかったでしょ！　それなのにヌナブトの勉強をしたいなんて……」

と顔を真っ赤にしながらいう。たしかに私たちはその事実を知らなかった。私はその子のことをかすかに覚えている。彼の家に泊まったことは鮮明に覚えている。そういえばファミコンを一緒にやったかな？　ふたたびニコルさんがおれを睨《にら》みながら、

「でもガイ、いくらなんでもこれはないでしょう。いきなりだよ、なんの連絡もなしで。それでいきなりこんな資料や書類を渡されて書けっていわれてもこんなの書けないよ」

という。おれは、

「だからもういいです！　はじめから、ぼくは無理だっていってたんです。ニコルさん、風邪ひいてるって聞いてたし……だから、もうそれは書いてもらわなくてもいいんです。すみませんでした」

といった。それに父が口をはさんで、

「ニック、本当に失礼だってことはわかってる。でも、突然の思いつきというか、4、5日まえに慶應のAO試験のことを知って、応募するって息子がいうんで……もう、今日しかなかったんだよね。もう、明日が書類の提出期限でさー。だからさっきもいったように……」

と私をかばってくれる。

「本気でヌナブトの勉強をしたいんなら、現地の学校でやれ！」

するとニコルさんも、少しいいすぎたと思ったのか、

「おれ、別に日月の『志願者評価書』書くのが嫌とか、そういうわけじゃないんだ。実際に日月とは北極圏にもいったし……でもこれ〝大学〟への推薦書だよ。しかも慶應大学の。ガイさー、おれは大学にいってないんだよ。もし日月が本気でヌナブトやイヌイットの勉強をしたいならば、現地の学校で勉強すればいい。日月が中学卒業するとき、勧めたじゃない。それをいまさらこんな慶應大学なんて……もし本当に勉強したいならば現地の学校を紹介するよ」

といい、美和子さんが持ってきたヌナブトの資料を見ながら、現地の学校の電話番号を書いてくれた。やはりニコルさん、ただ者じゃない。〝私たちの意図〟を見抜いている。とくに、打算的な私の意図を。日本

では、今や今までの価値基準にあった〝大学にいかなければ……〟っていう考え方は崩れかけている。でもまだ完全に崩れてはいない。大学にいくことなんて……とは思いながらも〝保険〟をかける意味で、「大学に一応いっとけば……」っていうずるい考え方が私のなかにある。どうせ〝保険〟をかけるならば、最高の保険をかけたい。しかも慶應義塾大学AO入試というのは最高の保険だろうということで、この入試を選び、その合格をより確実にするために、ニコルさんに『志願者評価書』を書いてもらおうというスケベ心を持って、〝親バカ〟を自認している父とともに黒姫にきたわけだ。とてもじゃないが一般入試で慶應に入ることなんて考えられないけど、AO入試ならば受かる可能性がある。私の周辺の環境・人脈とそれに面接に強い私の個性（自分ではそう思っている）と、今までのさまざまな経験（北極圏にいったことも含めて）からいって……。

話をもとに戻すけど、

――「大学にいくな！」ってなにを根拠にいうのだろう？

おれの人生に責任を持ってくれるわけでもないのに……。そりゃーおれだってニコルさんみたいに、ありあまる才能とバイタリィティーを持っているならば、大学になんていかない。ニコルさんは天賦の才があったから成功した〝ほんのひと握り〟の人だ。ニコルさんだってそれは自分でいちばんわかっているはず。それなのに、なにを根拠に大学否定論を展開するんだろうか？　もし仮に大学にいかないで、ニコルさんのいうとおりやって成功する人がたくさんいるとするならば、ニコルさんの今のポジションはないはずである。それをいちばん、いちばん、いちばん自分がわかっているはずなのに……。

――世のなか、あんたみたいに才能のある人であふれているんじゃないんだよ（こんなことニコルさんには絶対いえないけど)。

と思いながら、じっと話を聞く。1時間か2時間、説教じみた話がずっとつづく。

私も一生懸命いい返そうと、

「でもニコルさん、大学で勉強するっていう方法も……」

というが、そんなこと〝大学コンプレックス〟を持っているニコルさんに通用するはずがない。

娘の美和子さんの助け船……ニコルさんは、ドタコン?

ときどき、美和子さんが口をはさむ。

「ねぇー、お父さん、日月君にとってはお父さんと一緒にいった北極圏が強烈な印象だったんだよ。お父さんにとっては長い一生のあいだのほんの1週間ぐらいだったかもしれないけど、小学生の日月君にとってはとても印象的な1週間だったはずよ。そのへんをわかってあげなよ」

なんか知らんけどニコルさん、娘の言葉には弱い。美和子さんがなにかいうと少し黙る。そしてよくハグ(抱きつく)をして、キスをする。美和子さんの旦那さんのグレッグは、それをニコニコしながら見ている。内心どういうふうに思っているか知らないけど……。おれが旦那さんだったら嫌だ。しょっちゅうハグするんだもの。娘のファザコンとかも(美和子さんは、そんな感じはしないけど)どうかと思うけど、父親のドタコン(ドーターー・コンプレックス)もねぇー!?

……ふと思ったが、美和子さんって、どこかアンさんに似ているところがある。おれの気のせいかな。ニ

⬆ニコルさん（左）と父。（北極圏のバフィン島近くの無人島にて）

コルさん、そうとう酒が入っている。ビールを何杯か飲んだあと、焼酎のボトルをひとりで1本開けて、もう2本目に入っている。レモンをたくさんたくさん入れて焼酎を飲む。時間は2時ぐらいだろうか、よく覚えていない。

すったもんだのすえに、話がひと区切りつく。

大学なんかに推薦する気はないけど、北極圏に一緒にいったという事実だけは、一応書いてくれるという。そのあとニコルさんと父は、元シェフのグレッグがつくったトナカイのステーキのつまみを食べながら、いろいろな話に花を咲かす。ニコルさんの頭が薄くなってきたとか、どっちが今までの人生で死にかけたことが多いだとか（ニコルさんは、おやじのほうが死にかけた回数は多いといってたけど）、ニコルさんが、どれくらい講演が嫌いだという話だとか、もう来年は60歳で、おたがいに年だとか、ニコルさんの北極圏の話だとか、いろいろと話をする。

なにかの拍子に、ニコルさんの新しく出た本、『盟約』（文藝春秋）の話になる。

ここで今度は父が大失態をする。

「ガイ、おれの本どうだった？」

とニコルさんが父に聞く。すると父が一瞬酔いが覚めたのか、「はっ」という顔をして、

「ああ、あれね。それがさー……」

といいかけると、ニコルさんもあれだけ飲んでいて、ほろ酔いふうの顔をしていたのが、まるでまったく飲んでいないかのような顔をして、

「ガイ、まさかあの本、読んでないってことはないよね？　シンジラレナイ。あの本、おれがどれだけ力を入れて書いた本か知っているでしょ！　何年もかけたんだよ、あの本、書くのに」

と大声で罵《ののし》りだす。父があわてて、

「違うんだよ、ニック。読んでないんじゃないんだ。物理的に読めなかったんだよ。ニックの出版記念会にいったときに、帰りに便乗させてもらったアンの車のなかにニックの本を置きっぱなしにしちゃったんだよ。間のわるいことに、おれが本を回収するまえに、彼女、ダイハツに修理に出してしまってさー、それでその車の修理が一か月ぐらいかかったもんでさー。本を車のなかに置きっぱなしにしたのは謝る、ほんとにごめん。でも読まなかったんじゃないんだ、読めなかったんだ」

と弁解するかのようにいう。するとまたニコルさん、この言い訳がさらにカンに障ったのか、

「ガイはおれの本を車のなかに捨てたの？　おれのサインもしてあったよね。よく捨てられるね。本当にシンジラレナイ。あの本には……」

とまたおなじようなことをしつこく繰り返す。そして、また父が、

「だから違うんだよ、ニック。あの本はかならず読むって。ニックがあの本にどれだけ情熱をかけたかも知っているし、どれだけ力が入ってるかも知っている。だから、かならず……」

とこちらもまたまたおなじようなことを繰り返す。この会話が、えんえんと30分ぐらいつづく。

私個人の内心の気持ち。

――おいおい、やめてくれよおやじ。せっかく気分のわるいおれの話が終わって、いい気分でお酒を飲んでたんだからさ。今さら、くだらないことで、ニコルさんを怒らせるなよ。それにしてもこのオッサン（ニコルさんのこと）も小さいことで、ぐだぐだとしつこいな。読むっていってんだから、いいじゃないか。でも、まあいいか、おれに対する説教もなくなるし、矛先がおやじに向いてるし……。

と思っていると、そうは問屋がおろさない。今度はまた私が矢面に立たされる。

「ヒヅキはヒヅキであれだし、このおやじもおやじであれだし……よくそんな安易な姿勢でぼくのところにこれたね。感心するよ」

それから親子ふたりに30分ほど、からむ。ニコルさん、お酒がかなり進んでいるのか、かなり酔っ払っている。それに見かねてか、美和子さんがあいだに入るように、

「はい、今日はこれでオシマイ。お父さんも風邪引いて、もう疲れているでしょ。もう寝ましょ」

という。

心のなかで美和子さんを応援する。

――そうだ、そうだ、もう寝よう。美和子さん、もっといってくれ。おれたちから寝ましょうなんていえ

たもんじゃないし。

すると二コルさん、私たちをちらりと見て、

「そうだなもう寝るか」

と美和子さんにあつい抱擁をして、キスをしたあと、眠りにつく。

グレッグ、美和子さん、われら一同、

——やっと寝たよ！

といった感じで、胸を撫でおろす。夜中の3時ぐらいだろうか。その後少しグレッグ、美和子さんとお話をしたあと、彼らも床につく。私たちも彼らが用意してくれた2階の部屋に向かう。1階には彼ら、2階の隣の部屋ではニコルさんが寝ている。ものすごいいびきをかいて寝ている。父も疲れたのか、すぐに白河夜舟。私はまだ終わっていないAO入試の書類の作成をする。

——もう、今日が提出最終日だろ、本当におれ、これ出せるのかよ。

だんだん不安になってきた。

結局、ほとんど夜中じゅう、書類作成の作業に追われて寝たのは20分ほど。

型破りのニコルさんの『志願者評価書』。

時間は朝9時。父は先にリビングに降りている。昨日の今日で、私はなかなかリビングに降りにくい。リビングからは父、ニコルさん、美和子さんの声が聞こえる。意を決してリビングに降りていく。気まずいな

がらも、ちゃんと挨拶はしようと思い、元気溌剌《はつらつ》（の振りをして）いった。

「おはようございます！」

「××××××！」

というイヌイット語（注1）の言葉がニコルさんから返ってくる。

少し、当惑して、

「え、××××××？　それってなんですか？」

と聞くと、美和子さんが、

「日本語で〝おはようございます〟ってことよ」

という。ニコルさんはそんなことも知らないのかという顔で私を見る。コーヒーを飲んだあと、テレビなどで有名なニコル家へ。私もここには何回もきたことがある。あれは13年まえか14年まえ、おそらくニコルさんの書斎で娘以外に〝おねしょ〟をしたのは、あまり自慢できることではないが、私が最初で最後なのではないかと思う。

ニコルさんが、

「ほんとに、思ったまま書いていいんだね。ぼくが本音を書くと今の日本の大学の批判になっちゃうよ……推薦状どころか、ヒヅキの入試の足を引っ張るようなことになってもいいんだね」

と最終確認をして、書斎に私への『志願者評価書』を書くために向かう。

私はまだふてくされ気味。ニコルさんの家のまえを流れている川にひとりでいく。この周辺は、10年まえとはだいぶ変わった。記憶に新しいが、このあたりで大洪水が起きて川がめちゃくちゃになったため、川岸に新しい石垣がぎっしりと並んでいる。川岸でぼーっとしながら、いろいろなことを現実逃避的に考える。

——この先どうなるのだろうか、早く大学受験なんてもの、終わらないかな。

20分ほどそうしていただろうか。父が私を呼びにくる。どうやらニコルさんが『志願者評価書』を書き終わったみたいだ。無論、学校の指定どおり私には見せてくれない。ニコルさんが、私に向かって、しつこく、

「本当にこんなのでいいの？　ぼく、大学にいくの本当に賛成じゃないから、けっこう、ひどいこと書いてあるよ」

という。ニコルさんは大学指定の紙に指定の様式では書かなかった。もちろん、私はふたつ返事で快諾する。もし『志願者評価書』が、かたちどおりでなかったということで落ちるようならば、それまで。そんなことを重視するような形式ばった大学だったら、いくことはない。本心はいきたいけども……。

封をするまえにもう一度ニコルさんが、さらにしつこく確認する。

「本当にこれでいいんだね？　ぼくはこのなかに、今の日本の大学のあり方の批判をしてるんだよ。ほかの人に書いてもらったほうがいいと思うけど……」

とニコルさんの心の優しさが垣間見える。と同時にまたまた問題が発生。じつはこの『志願者評価書』というのは、ふたりの人に書いてもらうもの。それを、今の発言からわかるように、ニコルさんは知らないし、こちらも、ニコルさんの見幕に押されて、いう暇がなかった。もうひとつの『志願者評価書』というのは、アンさんに頼んである。急なお願いにもかかわらずアンさんは、快諾してくれた。そちらの『志願者評価書』は、たぶん、昨日、書いてくれたと思う。東京に帰れば届いているはずだ。

アンさんというのは、ニコルさんが嫌う人種の代表である。フィールド・ワークを主体とした農山漁村研

⬆熊本大学留学時代に地元のイグサ農家で仕事を手伝いながらフィールド・ワーク調査をしているアンさん。

黒姫で稲刈り中のアンさん。➡

究を専門とするジャパノロジーの専門家で今もニコルさんとおなじように日本で活躍している。とにかく多才な人で、〝いわゆるバリバリのエリート〟。ニコルさんに、「アンさんにも『志願者評価書』を書いてもらうように頼んである」なんて、とてもじゃないが、いえたモンじゃない。

――私は大作家。ヒヅキは唯一の『志願者評価書』をこの北極はおろか、イヌイット実態調査の権威でもある私のところに頼みにきた。

とニコルさんは思っているはず。それを、アンさんとニコルさんが、この書類に関しては同等の位置にいるなんてことは、今の状況では、とてもじゃないがいえたモンじゃない。またまた気分を害し、

「それならば私は書かん。アンにだけ頼めばいいじゃないか」

とすねて怒り出すかもしれない。

——まいったなあ。ことの真相を、いつ、どこで、どうやって、ニコルさんに伝える？

黒姫駅まで送ってくれたニコルさん。

車で駅に向かう。ニコルさんも見送りにきてくれる。時間があるのでニコルさんが、「ここのラーメンは本当に元気が出る」と大絶賛する駅前のラーメン屋へ。ここは比較的新しく、私と父はきたことのない場所だ。なんでもスープに薬膳を使っており、そのことがニコルさんお気に入りの理由。ラーメンと餃子を注文。


食事が終わったあと、ニコルさんと最後は固い握手。

「ヒヅキ、頑張れよ。とにかく、応援してるから」

と私の手を強く握りながら、本心ではないにしても激励してくれる。父と一緒に、電車に乗りこむ。ふたりして大きなため息。

「ふぅー、疲れたね。やっぱり、ニコルさん怒ったじゃないか。だからいってんだ、そこまで無理して書いてもらう必要なんてなかったんだ」

と私が少しげっそりした顔をしていうと、

「たしかに疲れたな。あいつ、やっぱり怒ったな。でも、これでなんとか書いてもらったんだから、よかったということにしておこうよ」

かくして、電車は東京へと向かっていくのであった。

……そして、その夜、東京駅のそばにある中央郵便局に駆けこんで、業務終了5分まえに私はかろうじてAO試験願書を郵送したのだった。「当日消印有効」の願書を。

注1　イヌイット語　イヌクティトゥト語Inuktitut（カナダ大使館公式サイトは、この表記を使用）という表現もあるが、この本ではイヌイット語と統一した。

1次試験合格。勉強嫌い、努力嫌いの私がいちばん勉強した1か月。

（1999年12月18日［土］）

AO入試2次試験（面接）の日。電車でSFC（湘南藤沢キャンパス）に向かっている。すったもんだのすえに書類をやっとの思いで提出した日から約1か月、1次の合格発表から9日間が経っていた。

1次の合格発表通知は12月10日金曜日の朝、速達でわが家に届いた。発表されたのは9日だったのだが、学校が遠いということもあり、私は結果を見にいかず、家で手紙を待つことにしていた。朝8時から起きていて、ポストと自分の部屋を何往復もしたのを覚えている。詳しい時間は覚えていないのだが、速達がきたのが11時くらいだっただろうか。3階の自室で待っているとバイクの音が外でしたので、あわてて1階に降りていった。水色の慶應義塾大学からの通知……持った感じ……ちょっと重くて少し厚みがあるのがわかる。封を開けてみると、何枚かの紙が入っている。白い紙のほかにとくに目立つオレンジ色の紙が……。

この紙を見た瞬間、本能的に、「受かった！」と感じた。


……面接試験に向かう電車のなかで書類を提出した日から今日までの約1か月間を思い出す。勉強嫌い、努力嫌いの私が、大袈裟《おおげさ》に言うならば、あんなに努力し勉強した1か月間はないだろう。とくに1次発表後の9日間は死に物狂いでやった。1次の段階で落ちるのならば、まだあきらめがつくが、2次試験までいって落ちたくないという気持ちが強かった。1次では5〜6倍だった倍率が、2次では「ふたりにひとり」の確率だもの。

――ここで落とされたんじゃ、たまんない。やるぞ！

他大学のAO入試は知らないが、提出する書類の多さに象徴されるように、SFC（湘南藤沢キャンパス）のこの入試を本気で志望すると、いわゆる普通の受験勉強に手がまわらないことから慶應義塾大学のAO入試というのは、〝ハイリスク・ハイリターンの入試〟という定評がある。

この期間、普段、本を読まない私が、とにかく本をたくさん読んだ。提出した書類のなかに『感銘を受けた本の名前を、思いつくかぎりあげよ』という意味の設問があったのだが、かなりの数の本を列記したなかに兄のアドバイスにより、調子に乗って読んでもいない分厚い学術書を何冊か入れてしまった。兄が大学院の勉強用に使っている環境関係の専門書を何冊も列挙したのは、やりすぎだった――というよりも失敗だった。

とにかく、それを読破する必要があった。とてもじゃないが全部は読めないので、ポイント、ポイントに絞って読んだ。

—次の発表後は兄に協力してもらって面接の練習もした。面接で聞かれるかもしれないと想定される〝学術的な質問〟をしてもらい、それに答える。そして、その答えを録音し何度も聞きなおして訂正した（実際には、この模擬面接はあまり役に立たなかった）。

面接日前日に父と母と3人で近所の居酒屋で飲みながら最終模擬面接をした。

父は、いつものように生ビールをグイグイ飲みながら、一生懸命やってくれたのだが、母は真剣にやっているつもりらしいが、その真剣さが、こちらに伝わってこなかったため、ムッとして、「お母さん、もうちょっとまじめにやってくれよ！」と文句をいったものだ。

面接試験の会場で親子づれの受験生を見て「こんなやつには負けたくない！」

そんな一か月間の成果が今日問われる。

湘南台駅から慶應義塾大学藤沢キャンパスゆきのバスに乗りこむ。土曜日のせいもあってか、大学生らしい人はそんなには乗っていない。AO入試の面接を受けにいくらしい学生服の高校生の姿が目につく。親と一緒にきている人も、かなりいる。

——慶應大学が謳《うた》っている自主自立（独立自尊）の精神に反しているんじゃないの。おい、おい、親子づれでお受験？　やめてくれよ。こんなやつらがAO入試、受けてんのかよ。こんなやつらには負けたくないな。

大学に到着。待合室へ。やがて面接会場がある階に案内される。私は午後一番、最初の被面接者だった。面接を受ける際、父からひとつだけアドバイスを受けていた。私の性格には、「こりゃダメだ」と直感すると〝シュンとしてテンションが極端にさがる傾向〟がある。ニコルさんに『志願者評価書』を書いてもらったときも、その傾向は出ていた。そのため、「面接のときにはテンションをあげて、なにをいわれても絶対に途中であきらめるな！　最後まで頑張れ！」と言われていた。しかし、不思議なぐらい落ち着いていた。テンションもあがっていた。わるい開き直りではなく、よい開き直りをしていた。

面接室に入っていく。先生は３人。左が古石篤子助教授、真中が久保幸夫教授（現在慶應義塾大学にはいらっしゃらない）、右が小熊英二専任講師（現助教授）だった。面接は30分の予定だった。しかし、話が盛りあがったのか、私の本来の姿を見透かすためか、１時間にわたって〝品定め〟は行われた。テンションをあげにあげて、体験談を中心に話した。知らないことは、「知らない」と、なんのためらいもなくはっきりいった。ときにはおもしろくて笑われたのか、あきれて笑われたのかは定かではないが、先生たちも何回か笑ってくださった（こういう場面を説明するときって、こんな〝敬語表現〟でよかったっけ？）。そこには、面接を緊張しながらも楽しんでいる私がいた。

いろいろとおもしろいやりとりがあったが、ここでは割愛。ただ、小熊先生に、

「本当に、きみは高校時代、本を読んでないねえ。大学に入ったら、しっかり本を読むことが先決だね」

といわれたひと言が、ずしりと響いた。

——今、先生、うちの大学に入ったらとは、いわなかったよな？

と過敏な受験生は、心のなかで悲観する。

正直いって今の自分にアピールできるものは、一切なかった。これまでスポーツで特別な実績もあげていないし、頭を使った特別な賞ももらっていない。〝未来の自分〟を買ってもらうしかなかった。

「これからの自分は……、大学に入ってからは絶対に……」

などと3流のいいかげんな政治家みたいな根拠のないビジョンを声高に語るしかなかった。

―時間の面接が終わり、部屋をあとにする。ドアの外に、

「いやー、強烈でしたなー」

という真中に座っていた久保先生の声が聞こえてきた。勘違いかもしれないが、私にはそう聞こえた。この一言を私はわるい意味に捉えなかった。このようなAO入試において、個性を認めてもらえるような〝強烈〟といった言葉をもらえた。なにも印象に残らないよりもきっといいはずだ。

この一言を盗み聞き（すみません！）したせいもあるけど、面接後、気分は爽快だった。面接ですべてを出し切った。後悔はない。

帰りのバスのなか。また親と一緒に帰っている女の子を見る。

「○○ちゃん、どうだった？　ちゃんとできた？　なにを聞かれたの？　ちゃんと答えた？」

などと親が子供にしつこく聞いている。私も親に面接の練習につきあってもらったし、兄からもいろいろなアドバイスを受けた。けっして自主自立しているとはいえない。そのことを棚にあげて、基本的に性格のわるい私はこの光景を見ながら、

――こんなやつ、落ちろ！

などと悪魔のような一言を心のなかで吐き捨てるようにつぶやいた……とたんに、ライバルに対する自分の心の狭さを、即、反省した。そして、こうも思った。

――本人はちゃんと自立していても、子離れしていない親が無理やりついてくることだってある。親孝行だと思って親がついてくるのを、しぶしぶ容認している受験生だっているんだろう、きっと。どうもおれは、ものごとを深く考えないで直感でスパスパと切ってしまうわるい癖がある。直さなくちゃあいけないな……。

合格！ うれしい！

翌々日、面接の合格発表の日だ。正直、大学まで見にいく気はなかった。疲れも溜まっていたし、今日1日は、家でゆっくりしていたかった。明日くる郵便で結果を知ればいいと思っていた。でも、家族と話しあった結果、受かっていても落ちていても、しっかり自分の目で発表を見てきて、今後の人生のためにも、〝現実を一刻も早く直視〟したほうがいいということになって、大学の掲示板に結果を見にいくことにした。

大学に午後6時ごろ着く。ほんのわずかにほかの受験生がいるくらいだ。結果が発表されたのは午後4時。2時間遅れで結果を見にくるやつはそうはいない。事務室のまえの掲示板に張り出してある結果を見る。たぶん願書を締め切りギリギリで出したので、自動的にそうなったのだと思うが、私の受験票の番号は最終番号だった。受かっていても、落ちていても最後の番号を見ればいい。思い切って番号を見る……受かっていた！

⬆慶應大学SFC（湘南藤沢キャンパス）。（『2000年度慶應義塾大学大学案内』から転載）

今までの人生のなかで、これほど試験に受かってうれしい試験はなかった。父、母、兄、予備校など〝関係筋〟に電話をする。こと、このAO試験に関しては、―という〝悪魔のような点数〟のついた『内申書』をはじめ、いくつかの必要書類を用意してもらった以外になんの世話にもなっていないという気持ちが強かったので高校には電話をしなかった。電話をして喜びを共有するというよりも、直接、学校に顔を出して結果を示して教師陣の反応を見たいという気持ちが強かった。若干、見返してやろうという気持ちがなかったというと嘘になる。〝受験生の成績表〟に―をつけた現代文の先生に対する〝しこり〟が、私の心の深いところでトラウマになっていた。大学受験にあたって、このことを自業自得とはいえ、私は結構気にしていた。

――おれは、かなりテニヲハでたらめの文章を書くけども、現代文の実力が―なんてことは絶対にない！　その人の母語の能力を越える外国語の習得はありえないと、よくいわれるが、おれに国語の表現力がなければ、なんで英語で5が取れるんだ!? とくに英文和訳なんて現代文1の成績のやつにできるわけがない!

そう、私のエネルギーの根源には、〝リベンジズムrevengism〟（造語。リベンジこそ、わが合言葉——このことについては『EPILOGUE』で触れる）がある。

今年のSFC（湘南藤沢キャンパス）のAO入試から『内申書』の平均点が〝限りなく5に近い人〟以外は、無条件に落とすという条件が取り払われたとはいえ、私は『内申書』に1がある男の入学を認めてくれたSFC（湘南藤沢キャンパス）の〝慧眼《けいがん》〟に我田引水ながら感服し、ただただ感謝感謝の気持ちを深く持つ。

——内申書に1（落第点）があってSFC（湘南藤沢キャンパス）に入れたのは、おれが最初かもしれない…

…待てよ、ひょっとすると番号を見間違えたのかも。

いろいろな人に電話をして、結果を伝えて関係者のみなさまにお礼をいったあと、不安になった私は、もう1回掲示板を見にいった。もう1回番号を見つけ、じわじわとこみあげてくる喜びをかみしめると同時に、

——もう戻れないな。ヌナブトをやるしかないのか。

という複雑な思いが沸き起こった。ニコルさん、アンさんを始め、あれだけいろいろな人に迷惑をかけておいて、今さら「大学に入るためにに、その人たちを利用しただけ」というわけにはいかなくなっていた。

帰りの電車のなか、喜びとともに不安も少しあった。

SFC（湘南藤沢キャンパス）の入学式で「ヌナブト研究宣言」。（2000年4月某日）

（これは後日談）

ヌナブトの1回目の「テーマ探しの旅」から帰国後、ＳＦＣ（湘南藤沢キャンパス）に通い出していた。通い出したといっても、まだそんなに日にちは経っていない。

慶應義塾大学全体の入学式は別に日吉キャンパスであったのだが、ＳＦＣ（湘南藤沢キャンパス）だけの〝入学式みたいなもの〟がある。正確な日にちはおぼえていないが、この〝入学式みたいなもの〟で、この会の執行部の人から、なにか発表するようにいわれていた。この発表というのは、ＡＯ入試で受かったなかの３人が「ＳＦＣ（湘南藤沢キャンパス）には、いろいろなやつがいるんだぞ」というのを見せ、一般受験の〝偏差値超優等生〟と〝下からトコロテン方式であがってきた内部生〟を焦らせるために、自分のテーマ（私の場合ヌナブトについて）を発表するということだった。その1番手を私がやることになった。

講堂みたいなところで式がつづく。私の出番が近づいてくる。

司会者の「だれかここでなんか言いたいやついるか？」の一言に私が手をあげて発言をするという設定になっていた。

私の出番がきた。司会者のかけ声を合図に、しーんとしている会場のなかで手をあげる。まわりからは、ざわめきが聞こえる。壇上にあがり、自分のテーマについて、すなわちヌナブトについての話をする。マイクは故意か偶然か知らないが入らないので大声をあげるしかない。

話の締めくくりに、「今年の冬、学校が始まるまえに1か月、ヌナブトにいってきた」という話をすると、会場から「お——」というどよめきがあがる。

無事に発表は終わる。私の発表後、最初はだれの手もあがらなかった会場から、何人もの手があがる。

どうやら執行部の意図はまんまと図に当たったみたいだ。

その後、大学の友だちによくいわれる。

「いやー、最初、SFC（湘南藤沢キャンパス）にこんなすごいやついるんだなって思ってたよ。あれ聞いて、マジ焦ったよ、なんかやらなきゃって。でも実際、おまえと話してみて、バカだし、たいしたことないし安心したよ」

……とにかく、こうやって、どこにいっても、「ヌナブト、イヌイット」と叫びつづけていた私は学生時代、ヌナブト、イヌイットと離れるわけにはいかなくなっていた。

――さて、具体的になにをテーマにする？　まず「テーマ探し」からだ。

……かくして、〝私のヌナブトものがたり〟が始まる。

PART 1
ヌナブト　はじめての冬

……とにもかくにも、私のヌナブトめぐりが始まった。

航空券販売店は嘘つき?

[2000年2月15日(火)]

カナダにいくための準備を始める。全部で28日間滞在することになった。最初の約10日間はひとり旅。そのあと父と合流してヌナブトの州都イカルイトIqaluit(**私自身は、イカルイットという表記を好むが、カナダ大使館が公式ウェブサイトで使っている表記にしたがった**)にいくことになった。予定としては東京・成田(2月17日発)⬇バンクーバーVancouver(2月17日~2月19日)⬇エドモントンEdmonton(2月19日~2月21日)⬇イエローナイフYellowknife(2月21日~2月25日)⬇イカルイト(2月25日~3月12日)⬇オタワOttawa(3月12日~3月14日)⬇バンクーバー(3月14日~3月15日)⬇東京・成田(3月15日着)となっている。*国内線も国際線もすべてカナディアン航空Canadian Air関連。

航空券は往復もあわせ全部で13万円弱(赤坂にあるエグゼクティブ・トラベルExecutive Travelというところで購入)。これはかなり格安だと思う。参考までに最初にいった大手航空券安売り店ではオタワまで往復6万6000円、そこからイカルイトまで正規の値段で往復14万円といわれた。合計すると20万もかかってしまう。しかもイカルイトまでの飛行機はオタワからしか出ていないという情報だった。ようするに、正確な情報が入手しにくい。イカルイトやヌナブトに対する関心が今の日本では低いことを痛感する。もうひとつ参考までに、「カナダ航空券専門・どこでも手配します」と謳《うた》っている航空券販売店に電話して手配を頼んだら、

「うちではそのようなところはやったことないから、わかりませんねー」

と、あっさり断られた。

ユースホステルの会員代　2500円×2人分■本（ユースホステルについて）2冊　1800円＋800円■ガイドブック（『地球の歩き方・カナダ西部』）　1540円■交通費　300円■昼食代　1000円■デジタルカメラフロッピー・ディスク40枚入り×2箱　3108円■インスタント・カメラ　1449円■メモ帳2冊　672円■計15669円

マイナス30度、体感温度マイナス70度のところってどんなとこ？　［2月16日（水）］

食糧の買出しに上野・アメ横へ。食糧を買ってから家に帰り明日の準備に取りかかる。食糧を詰めこんでいるときにふと思う。日本の食品に対する過剰包装問題だ。異常なまでにぐるぐる巻きになっている。あのスープやカレーが入っている外箱は余計だと思う。リュックサックに詰めるのにいちいち箱を取らなければならない。食品にかぎったことではない。薬とかもそうである。箱があるのとないのではまったくザックに入る量が違ってくる。どうせ捨てるのだから、あんなに包装する必要はないと思う。まったくもって無駄である。

つぎに服をつめる。マイナス30度、体感温度マイナス70度なんて想像を絶する。どのような防寒具にしようか迷っていたら、極地体験者の父からアドバイス。動物の毛でできている服が暖かいということ。とにかく、現地の人が着ているものを下着からすべて着るのがベストとのこと。あと女性がはいているストッキング（パンスト）を持っていけといわれた。母からストッキングを借りる。足りなかったら現地で買おうと思っていたが、その心配はなさそうだ。家に昔、父がヨーロッパやアラスカ・カナダの北極圏にいったときに買った防寒服がたくさんある。ノートパソコンなどこわれやすいものを丁寧につつんで荷物の準備を終わらせる。

食糧代（インスタント・ラーメン、スープの素、米、乾燥物など約10日分）9690円■デジタルカメラのバッテリー充電器　6270円■計15960円

保険金8000万円。「おれが死んだら安定した老後が……」と両親に捨て台詞。

［2月17日（木）］

昨日の夜は遅かったので、ゆっくり正午12時のスタート。父、母双方とも暇ということで、見送りにきてくれる。上野駅スカイライナー乗り場のところで約2万円の保険に入る。死んだら約8000万円が入る保険だ。

「もし、おれが死んだら安定した老後がおくれるね」

と冗談でいうと、ふたりとも顔をしかめる。

とくに父は、

――その程度の金では、おれの老後は過ごせないよ。

といった顔で露骨にいやな顔をしている。

やはり安全なカナダとはいっても、はじめての海外ひとり旅（海外へは何回もいったことがあるが、これまでいつも家族と一緒だった）が、少しばかし心配のようだ（しかしひとり旅といってもはじめの10日間だけで、あとは父がやってくる。僻地にひとりでいくわけじゃないし、たいしたことないと思うけど）。

空港に着く。搭乗手つづきをすませ、お金を両替する。レートは現金1カナダドルが約86円、TC（トラベラーズ・チェック）約76円と10円の差があったため、現金1万円、TC4万円とTCを多めに替える。時間がきたので飛行機に乗りこむ。空席が目立つ。女性のフライト・アテンダントに聞くと、7割ぐらいの乗客率らしい。私が座った席のとなりがふたつともあいていたので、3つの席を使って気持ちよく寝ていく。

バンクーバーに着く。バンクーバーのガスタウンの端にある安宿に泊る。

交通費（上野〜成田スカイライナー）　1920円■保険代　約20000円■電池代　630円■テープ、南京錠2478円■IDD国際テレホン・カード　3000円■飲み物代（ミネラル・ウォーター）　120円（1ドル50セント＝以下、ドルという表記はすべてカナダドル）■電話代　40円（50セント）■交通費（空港〜ダウンタウン）　800円（10ドル）■宿泊代2泊　4000円（50ドル）■計32988円　＊カナダ1ドル＝80円換算・小数点以下切り捨て

バンクーバーでまずマックを食べて……おれ、なにやってんだ!?　［2月18日（金）］

カナダ・プレイスの近くにあるウォータフロントホテルの地下で昼食をとる。いろいろな店があるなか、なににしようか迷う。ふとマックの看板が目に入る。注文の楽さと値段の安さでマックに入ってしまう。私だけではないと思うのだが、どうも日本人（とくに若い人）には、こういったたぐいの日本にもあるようなファースト・フード店に入る傾向がある。海外にいくとこういう店で食事をしている日本人をよく見かける。

別にわるいこととは思わないのだが、なんだか情けない。

——おれ、カナダまでやってきて、なにやってんだ!?

今度食事をするときはもっと違った店に入ろうと変な決心をする。

どこか観光するというよりも町の〝感じ〟を楽しみたいと思ったため、町をぶらぶらする。（バンクーバーの）町を歩いているとかなりの数のイヌイット・ギャラリーを目にする。イヌイットたちの伝統工芸品を売っているようだ。店のなかを覗いて見る。高いものは数1000ドルもの作品があった。路上でもイヌイットらしき人たちが品物を売っている。さきにダウンタウンを見てからあとで話しかけてみようと思って、しばらくしてから、その場所にいってみたら、もういなくなっていた。さっき話しかけとけばよかったと後悔する。

昼食代（マクドナルド）　321円（4ドル2セント）■カナダ・プレイス（IMAXシアター）　960円（12ドル）■飲み物代（ミネラル・ウォーター、ジュース）　305円（3ドル82セント）■計1586円

英語力（語学力）のなさが情けない。

［2月19日（土）］

今回の旅の目的はデータを正確に取ることと決めている。普段、つけもしない〝家計簿〟をつけているのも、そうしておけば、今後のヌナブトの日常の物価の変化を知ることができると思ったからだ。

空港に着きエドモントンいきの飛行機の搭乗手つづきをする。3日目にしてけっこう疲れている。慣れない土地での生活。しかも滞在するのではなく、イカルイトにいくための移動が頻繁につづく。人とのコミュ

ニケーションも大変だ。自分の英語力（語学力）のなさを情けなく思う。エドモントンのYMCAで1泊。

飛行機に乗りこみエドモントンへ。

交通費（ダウンタウン〜空港）　800円（10ドル）■A－F（施設使用料）　800円（10ドル）■飲み物代（ミネラル・ウォーター）　174円（2ドル18セント）■交通費（エドモントン空港〜ダウンタウン往復）　1440円（18ドル）■宿泊代2泊　5280円（66ドル）■計8494円

旅先の小さな出会いが好きである……エドモントン。

［2月20日（日）］

長期滞在の場合はいろいろなところにいって楽しみたいのだが、短期間の場合は〝その町の感じを楽しもう〟というのを私は優先事項にしている。というわけでバンクーバーとおなじように町をぶらぶらしてみることにした。日曜日のせいか歩いていても人をあまり見かけない。ダウンタウンをひととおり見たところでノース・サスカチュワン川にいってみることにする。あんまりきれいではないが、落ち着いた感じのいい川だ。川沿いを歩いていると犬をつれた30代〜40代ぐらいのオジサンに話しかけられる。「どこからきたのか」「これからどこにいくのか」「寒くないか」「オーロラは見たか」などいろいろなことを聞かれる。こういった旅先の小さな出会いが好きである。こうしていろいろなことを話していると心がなごむ。10分ぐらい話したあと、「Have a nice trip」といわれ彼と別れる。

ムタート植物園見物料　340円（4ドル25セント）■飲み物代（ジュース）　80円（1ドル）■昼食代　508円（6ドル36セント）■軽食代（クッキー2個　ミネラル・ウォーター）　320円（4ドル）■計1248円

↑イエローナイフの町中の電工掲示板の示す温度はマイナス13度から14度のあいだを、いったりきたりしていた。

イエローナイフ……マイナス14度。

［2月21日（月）］

朝10時ごろイエローナイフに着く。ノースウェスト準州（人口4万人強）の州都である。

空港に着くと今までに味わったことがない寒さを感じる。この日の日中の温度はマイナス14度。現地の人たちにとっては暖かいらしいが、やはり慣れていない日本人にはこたえる。空港にはファースト・ネーションズ（注1）とイヌイットの人たちとコーカソイド系の人たちが半々ぐらいの割合でいる。デネ族（ファースト・ネーションズ）、イヌビアルイト族（イヌイットの一部族）、メティス（ファースト・ネーションズ／イヌイットとヨーロッパ系カナダ人［フランス人が多い］の混血）などのファースト・ネーションズ／イヌイット系がこの州の人口の48パーセント、非ファースト・ネーションズ（おもに欧米の人）が約52パーセントの割合で、この準州に住んでいる

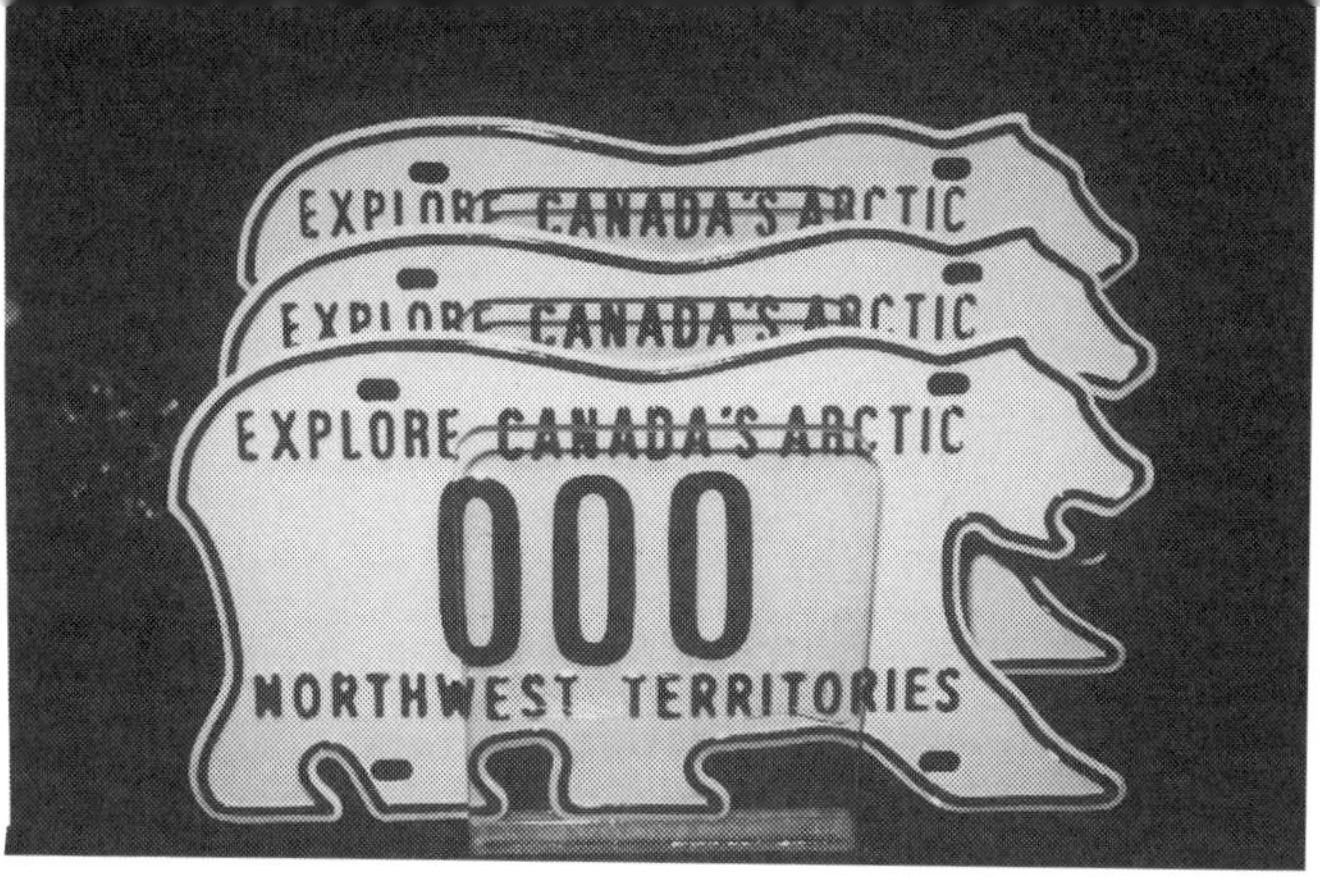

⬆土産物屋で売っているノースウエスト準州の車のプレート。カナダやアラスカの北極圏ではオーロラと並んでシロクマ（北極グマ）は地域のシンボルであり、観光の目玉でもある。

という事実を、あらためて実感する。ちなみにイエローナイフの人口は約1万7000人。そのうちファースト・ネーションズは35パーセントで、イヌイットの人は、ここには、そんなに多くはいないという。

空港で日本語の看板を目にする。

『歓迎日本人旅行者。私たちはあなたたちを歓迎します』

相当日本人観光客が多いのだろう。

タクシーでダウンタウンにある観光案内所にいくことにする。案内所に着くとまた日本語の看板を目にする。『お手洗い』『歓迎します』などあらゆるものが日本語で書かれている。きわめつけは日本語のガイドブック。ホテルの案内、ツアーの案内、店の案内、市長の挨拶などがのっている。日本人はイエローナイフ・ノースウェスト準州にとって最高のカモなのだろう。オーロラを見るだけのために何10万も使ってわざわざこんなところにくる娯楽的で裕福な人種なんて日本人ぐらいしかいない。はっきりい

↑イエローナイフの映画館のまえでポスターを見ている私。けっこう、最新の映画を上映している。

って冬場のイエローナイフには、映画館ぐらいはあるが、観光客にとってはオーロラを見る以外なにもすることがない。おそらくみんな3日から1週間ぐらいいて、昼は寝ていて毎夜寒いなか何時間もオーロラを見るために待っているのだろう。そして「きれいだったね」と仲間と感動に浸りながら帰っていくのだろう。なかには見ることのできない人もいるのだろう。現地の人にとっては自然のもので自然にお金が稼げるのだ。こんな好都合な儲け話はない。

私は過去に1回アラスカでオーロラを見たことがある。小4、10歳のとき、夏の出来事だった。たしかにオーロラはきれいだった。今でも鮮明に覚えている。でもあのときのオーロラは見ようと思って見たオーロラではなく、偶然の産物だった。きれいだからといってお金を払ってまで個人的には見たいとは思わない。

話がどんどんそれていくので話をもとに戻す。

観光案内所で泊まるところを探す。観光地というだけあって、どこも高い。一番安いのでシェアルームで35ドルというのがあったが、もうすでにうまっているらしい。ということで違うB＆B（Bed ＆ Breakfast）を手配してもらう。オーナー夫妻は仕事をしていて4時まで迎えにこれないということだから、町をぶらぶらすることにする。町にはそんなには大きくないが、ふたつのモールがある。だいたい必要なものはここでそろうみたいだ。あとは銀行、ケンタッキー、サブウェイなど、いろいろなものがある。だいだい町の中心街は歩いて30分ぐらいでまわれる。博物館にいってみる。プリンス・オブ・ウエールス博物館Prince of Wales Museumといってなかなか立派な博物館だ。なかにはイヌイットの歴史を中心にさまざまな展示物がある。私にとっては興味深いものがたくさんあった。値段は無料。ちなみにここにも日本語のパンフレットがある。3時ぐらいになったので観光案内所に戻ることにする。4時ごろB＆Bのオーナー夫妻の夫（正式に結婚しているかどうかは不明）のジェームスJamesが迎えにきてくれる。この人は、とっても明るくて一生懸命に仕事をする働き者ジェームス。

部屋はかなりきれい。もう出かけないで寝ることにする。午後6時のかなり早めの就寝。

朝食代　335円（4ドル19セント）■交通費（タクシー代、チップ代）　880円（11ドル）■飲食代（ミネラル・ウォーター2本、コーラ、プリングルス、ガム）　480円（約6ドル）■チップ代（オーナーにピックアップしてもらったから）　160円（2ドル）■計1855円

注1　ファースト・ネーションズ　いわゆる先住民のこと。アメリカではネイティブ・アメリカンというが、カナダではこの言葉を使っている。イヌイットもファースト・ネーションズになるわけだが、カナダでは、昔からいわゆるインディアンと呼ばれてきた人たちを一般的にはファースト・ネーションズと呼ぶ。そして、なぜかイヌイッ

トは別枠でくくって呼ぶことが多いのでややこしい。

ふう、疲れた……ホームステイ先で、だらだらとして……。

［2月22日（火）］

ふう、疲れた。どこにも出かけなかった。B＆Bに残りベッドでだらだらとテレビを見ながら過ごす。オーナー夫妻が用意してくれた朝食を食べる。数種類のパン、数種類のコーンフレイクが机の上に置いてある。飲み物はオレンジジュースからコーヒーまで、ひととおりそろっている。オーナー夫妻は仕事があるようで朝早くから出かけてしまった。とくに書くことがないので、こっちにきてからいろいろ感じたことを書こうと思う。**（このあとに、チップ制度についての私の見解を、いろいろと述べた部分は省略）**

※出費なし。

父がイエローナイフにやってきた。

［2月23日（水）］

今日、父がやってきた。空港まで働き者ジェームスと迎えにいく。

そうそう、ここで今私が泊まっているB＆Bについて書こうと思う。B＆Bの名前はギル・パワー・ベッド・アンド・ブレックファースト Gill-Power Bed and Breakfast（注1）といって普通の家庭を宿泊施設にしているタイプ。働き者ジェームスはジャマイカ人。奥さんのほうはロザリー・パワー Rosalie Powerというヨーロッパ系カナダ人。非常に知的な雰囲気を漂わせた人——インテリ・ロザリー女史。ふたりともそ

⬇インテリ・ロザリー女史。

れぞれ仕事をしている。女史はイエローナイフ市長の秘書をやるかたわら週3回、本屋で働いている。

「市長の秘書は私ひとりよ」

と自慢げに話す。働き者ジェームスのほうは週3回、車の運転手をしていて、週4回、病院の警備の仕事をしている。なんでジャマイカ人の彼がこんな寒い北国にいるのかなと思っていたら、彼は父を迎えにいった帰りの車のなかでいろいろなことを話してくれた。彼がここイエローナイフにきたのは13年まえ。今とは別の彼女（まえの奥さん）に誘われてここにきたという。

「でもまえの彼女には捨てられたよ。彼女は今ごろバンクーバーあたりに住んでいるよ」

と笑いながらいう。

ジャマイカに過去にいったことがある父は車のなかで彼とセマダンとかいうジャマイカの音楽の話で盛りあがる。

なにか新しい感じの町を通る。すると働き者ジェームスが、

「これはニュータウンだよ」

という。（イエローナイフの町には）マクドナルド、ピザハット、ドミノピザ、ドーナツ店などファーストフード店が建ち並ぶ。

――マクドナルドは本当にどこにでもあるな。

と心のなかで思う。そうこうしているうちにB＆Bに着く。ここはダウンタウンから歩いて10分くらいのところにある。まわりは静かでけっこう、いい宿泊先だ。ほかの周辺の家と比べると、きれいで広いような気がする。たぶん奥さんはすごくきれい好き（神経質？）なんだろう。B＆Bに着いたのは午後10時半

⬆イエローナイフにある中華料理屋の窓際の席に座って、外を見る。たくさんの日本人が通り過ぎていく。

中華料理屋の外観。➡

ごろ。少しみんなで話したところで寝ることにする。私のほうはここイエローナイフでゆっくりしたので時差ぼけと疲れがだいぶ取れた。父は今日着いたばかりで、だいぶ疲れているみたいだけど。

※出費なし。

注1　ギル・パワー・ベッド・アンド・ブレックファースト　Gill-Power Bed and Breakfast 4206-49A Ave. Box2491　Yellownife, NT X1A 2P8　867-873-5735ph / 867-873-1532cell / Email : rpower @internorth.com

オーロラ見物の日本人は、みんなおそろいの赤装束。

［2月24日（木）］

父が町を見ていないので、一緒に町にいくことにする。町をぶらぶらし、博物館にいき昼ごろ中華料理店で食事をすることに。窓際の席に座って外を見

⬆イエローナイフの日本人がよく泊まるエクスプローラー・ホテル。市でいちばん格の高いホテルである。

ているとき本当によく日本人を目にする。ここの道はモールと日本人ツアー客（ツアー客にかぎらず、ほかの日本人も）が泊まるエクスプローラー・ホテルExplorer Hotelとを結んでいる道。みんな市でいちばん格の高いこのホテルに泊まっているらしく、そこに向かって歩いているようだ。ご丁寧にこの店のメニューには日本語が書かれている。そのメニューを見ながら注文することに。チャーハン、スープ、野菜炒め、白米を頼む。どれも味は思っていたほどまずくない。しめて46ドル20セント、それなりに満足して店を出ることに。

父と一緒に旅行会社にいくことにする。

「なんで旅行会社にいくの？」

と聞くと、

「どうせここまできたんだからグリーンランドにいきたいんだよ。おれ、アイスランドにはいったことがあるけど、グリーンランドにはいったことないんだよ。いったことがない場所も少なくなってきた

イエローナイフのザ・ブ➡ラック・ナイト・パブは、きどったレストラン兼パブだった。⬇

し、おれももう若くないし。そんなにいける機会もないだろうしさ」

と父、答える。会社のなかに入って社員に相談することに。

「イカルイトからグリーンランドまで飛行機ありますか?」

と聞くと、インド人の社員いわく、

「グリーンランド? どこですかそれは? スコットランドじゃないの?」

ととぼけた回答。なんとか説明して探してもらうも調べつかず。あきらめて会社を出ることに。

グリーンランドまでの道のりは遠そうだ。

町を歩いていると、ザ・ブラック・ナイト・パブThe Black Knight Pubという酒場を見つける。なかに入ってみるとパブというよりも夜以外はレストランのようだ。そこで少しやすんだあと、町のモールにいくことに。そこでやけにおなじ赤い服を着た日本人を見かける。みんなツアー客のようだ。イエローナイフにはレイバン・ツアーズRaven Tourというオーロラを見せるおもに日本人専門にやっているツアーがある。そこで赤いスキーウェアのような防寒具を貸し出しているようだ。イエローナイフにきて赤いウェアーを着ている人が2、3人固まっていたら日本人だと思ってまず間違いない。団体行動している人が多いのですごく目立つ。この服は、現地ではおもに冬の屋外作業用に使われるものだ。赤い労働着でぶらぶらしている人は、全部日本人だと現地の人は思っているのでは。

ヌナブトがノースウエストの土地を持っていったことなど。

B&Bに帰るとちょうどインテリ・ロザリー女史と働き者ジェームスが食事をしているところだった。食事が終わり一段落したところでこれまでの宿泊代を払うことにする。そこでちょっとしたヌナブトについての話をする。

「ヌナブトができて、彼ら、あんたらの土地を持っていったよね。そのへんについてどう思うの?」

と父が聞くと、インテリ・ロザリー女史、少し笑いながら、

「そうね、たしかに彼らは、私たちの土地を持っていったわ。でも、これまでのノースウェスト・テリトリーには、時差が3つあって、ちょっと広すぎた。あっち(ヌナブト)は、収入源がないわ。夏だって私たちには3か月あるけど、あそこは3週間しかない。だから別に持っていってもかまわないわ。あそこでなにができるか知らないけど」

と少し皮肉をこめながらいう。でも少しくやしそうな顔をしたのは気のせいだろうか。

ここでちょっと解説を入れると、ファースト・ネーションズの土地請求権問題が、このノースウェスト準州で起こったのは、1970年代のことである（注1）。

その後、いろんな経緯があって、ノースウエスト準州を分割してヌナブトが生まれた。この分割でノースウェスト準州の面積は、3分の1に減った。すなわち、342万6320平方キロメートルから117万1918平方キロメートルになったのである。インテリ・ロザリー女史がこのあたりのことを、どう思っているか父と私は知りたかったのである。

話が終わって働き者ジェームスは病院のガードマンの仕事に出かける。私たちは少し休んだあとまた出かけることに。

父と私のオーロラ見学は、あえなく挫折。

夜10時ごろ、せっかくイエローナイフにきているのだから、オーロラを見る努力を人並にしようということになって、出かけることにする。このへんは、私たちもやはり日本人である。インテリ・ロザリー女史に歩いていけるビューポイントを教えてもらう。20分ぐらい歩いて湖の近くにある高台にいく。空をふたりして眺めるがいっこうにオーロラは見えない。湖の近くといっても町の近くなのでその灯りのせいもあるだろうが。15分くらいいたところであきらめて帰ることにする。帰ろうとしているとタクシーがちょうど通りかかったので、「もうちょっと遠くまでいってみよう」ということになりタクシーに乗る。運転手に町から少し離れたイエローナイフ川につれていってもらうが、そこでもオーロラは見えなかった。この運転手、おもしろいオジサンでいろいろなことを彼と話す。彼の名前はマイク・ジョンソンMike Jonson。28年間ここに住んでいる。タクシーの運転手をやるまえは15年間バーテンダーをやっていた。バーテンダーをやっていたころは景気のいい時代でチップだけで1日200ドルももらっていたという。

〝動物注意〟の看板があったので私が、

「このへんでなんか動物を見たことある?」

と聞くと、

「このまえこのへんでカリブー（注2）をハンティングしたばっかりだよ。どでかいカリブーをかみさんと一緒に捕まえたよ」

とマイクが答える。

父が聞く。

「熊は見たことある?」

「ああ、2、3年まえに見たことあるよ。車で走っていたらいきなり目のまえに立っていやがってさ。小さい熊だったからよかったけど、けっこう、びっくりしたぜ」

あれこれと話しているうちに小さな村のなかを通る。するとマイクが、

「この村、インディアンの村でデネ村っていうんだ」

という。家のなかでファースト・ネーションズたち（インディアンという言葉は〝インドに住む人びと〟という蔑称なので私はあまり使いたくない。アメリカを発見したとされているコロンブスが生涯アメリカの大地をインドだと思っていたので、先住民である彼らにこの名前がついた）が、カード・ゲーム（たぶんポー

カーだろうというマイクの話）をやっているのが見える。ここを通りすぎると今度は広い道路に出た。

「今走っているのは湖の上だぜ」

とマイクがいう。この湖の上を走れるのはおもに12月～4月のあいだらしい。湖の上からゴールド・マインというダイヤモンド鉱山の高い建物が見えた。湖を通って町に戻り、マイクが働いていたというこの町でいちばん古いゴールド・レンジGold Rangeというラウンジ・バーにつれていってもらうことにする。このラウンジは1942年オープンで、ファースト・ネーションズの溜まり場らしい。ラウンジのまえまでつれてきてもらう。

「おれ、なかに入れるかな？」

と私が聞くと、

「19歳以上なら入れるぜ」

とマイクがいう。このノース・ウエスト準州では19歳以上ならばお酒が飲めるという。ここでは合法的に私の年でもお酒が飲めるというわけだ。明日空港までのピックアップをマイクに頼んで、タクシーを降ろしてもらう。降りてから思うけど、マイクは帰りの道を遠まわりしていた気がする。お金でいうと5ドル～10ドルぐらいだろうか。

――まあ、いろいろな話が聞けたからいいか。

と気軽に考える。5ドル、10ドルぐらいならまだましなほうだ。中国やアメリカのわるいやつなんてメーターもつけないで平気で大金を騙し取る。それに比べたら、かわいいものだ。

ラウンジに入ることにする。たしかにマイクがいっていたように地元のファースト・ネーションズたちが

↑イエローナイフのゴールド・レンジというラウンジ・バーで、ファースト・ネーションズの女性が、私に「1杯おごってくれ」と話しかけてきた。しつこかったので、そうそうに退散。

ほとんどだ。その人たちをお得意客として経営している様子が、一目でわかる。あまりイヌイットの人たちはいないようだ。なかはけっこう広い。バンドマンたちの演奏にあわせてダンスを踊っている人もいる。ヨーロッパ系カナダ人はあまりいないようだ。座って少し経つとひとりのファースト・ネーションズの女性が話しかけてきた。ずいぶん酔っ払っているようだ。名前は……聞いたのだけれども忘れてしまった。誕生日だから1杯お酒をおごってくれという。最初は普通に話していたがあまりにもしつこいので店を出ることにする。昼間にいったザ・ブラック・ナイト・パブにいくことにする。あっちのラウンジとは対照的にこっちのバーには、ヨーロッパ系カナダ人しかいなく、ファースト・ネーションズの人たちはいない。彼らのコミュニティーは分かれているようだ。店を出てB＆Bに戻ることにする。ちなみにゴールド・レンジ・バーの上の階にあるホテルでは、ほかの地方からきたファースト・ネーションズがよく泊まるのだとか。一か月400ドル~500ドルで部屋を貸すらしい。今度きたときはぜひ泊まってみたい。

宿泊代4泊（1泊3600円/45ドル）　14400円（180ドル）。父の分とあわせて21600円（270ドル）+電話代800円（10ドル）■自宅に資料を送る費用　2448円（30ドル60セント）■昼食代（中華料理レストランにて）　1840円（23ドル）＊ふたり分で3690円（46ドル20セント）■計28544円

注1　ファースト・ネーションの土地請求権問題　　1984年には、イヌビアルイト族（北極地方西部に在住）とカナダ政府のあいだで最終的合意案が成立して、約2500人のイヌイットに土地（9万1000平方キロメートル）を〝カナダ政府は、もとの持ち主に返し（これは私の解釈）〟、狩猟権、社会開発資金、補償金が与えられた。それにともなって、野生生物の管理や保護と環境保護についての発言権も拡大された。

1992年、カナダ政府とグイッチン族との間で合意にいたった総合的土地請求権問題では、ユーコンの土地（2万2422平方キロメートル）を〝もとの持ち主に返し〟、『地下利用権、マッケンジー河流域の資源ロイヤルティの分与、非課税の資本移転、狩猟権、野生生物・土地・環境管理の役割拡大、野生生物をめぐる活動に関して第一拒否権を認めることになった。』（在日カナダ公館公式ウェブサイトから引用　http：www.canadanet.or.jp / offices / tokyo.page.shtml）

1993年（この年は国連の決議で国際先住民年とされた）には、ヌナブト土地請求権合意が結ばれた。これは、カナダのあちらこちらで起きていた土地請求権問題の解決としては、最大規模のものである。『合意内容は、土地35万平方キロメートル（うち3万6000平方キロメートルは鉱業権を含む）、14年かけて支払われる

140億カナダドル超の補償金、土地・資源の管理運用に関する決定への参加保証をイヌイットに与えるものだった。この合意に従って1999年4月、旧ノースウェスト準州が分割され、新しくヌナブト準州が誕生した。』(在日カナダ公館公式ウェブサイトから引用　http：www.canadanet.or.jp/offices/tokyo.page.shtml)

注2　カリブー　caribou　北アメリカ産のトナカイ（シカ科）。そのステーキは美味。イヌイットがたんぱく源として重宝している。アラスカ・カナダの北極圏に広く分布して、短い夏のあいだは子育てのために数万頭から、ときには10万頭にも及ぶ群れをつくることで有名。近年、気候変動による数の減少が話題になっている。カナダの科学者アン・グン博士Dr Ann Gunnによれば、ビアリーカリブーの数は95パーセントも減少しているという。

ランキン・インレット経由でヌナブトの首都イカルイトへ……。　[2月25日（金）]

朝10時ごろマイクがB＆Bに迎えにくる。もうインテリ・ロザリー女史と働き者ジェームスはいない。彼らは毎日仕事で家を出るのが早い。『4日間ありがとう』のメモと電話を使った代金10ドルを残してB＆Bを出る。空港までの車のなかでの話。

「マイク、ヌナブトができたことについてどう思う？」

「ああ、おれはあまりああいう政治的なことは関係ないね。イヌイットでここにいる何人かの女を知っているけど。おれはとにかく女が好きでね。女がいれば問題ないね」

とマイクは、大きな声で笑いながらいう。空港に着く。マイク、別れぎわに、

「ここにまたきたらおれを呼んでくれ。おれのカーナンバーは98番だからな。いい旅しろよ。じゃあな」

⬆ランキン・インレットの空港の待合室。ここまでくると、ヨーロッパ系カナダ人にまじって、イヌイットの人たちの姿がちらほらと……。

空港でイエローナイフ〜イカルイトの正規の値段を聞く。往復で20万8000円（2600ドル）もするのだとか。現地の人たちはいったいどれくらいの値段で航空券を買っているのだろうか。すごく気になる。とてもじゃないが20万円なんてお金は出せない。きっと日本とおなじように安い航空券があるのだろう。今度きたときにぜひ調べたい。飛行機に乗りこむ。

女性のフライト・アテンダントが聞く。

「どこまでいくの？　オタワまで？」

「イカルイトまでだよ」

「あそこは寒いわよ」

とちょっとびっくり顔。

この飛行機はエドモントン〜イエローナイフ〜ランキン・インレットRankin Inlet〜イカルイト〜オタワというさまざまな場所に停まる飛行機だ。オタワまでいく日本人はたくさんいるのだろうが、イカルイトで降りる日本人はそんなにはいないのだろう。

↑ランキン・インレットの空港の外にでてみる。
寒い！ イエローナイフとは段違いの寒さだ。

1時間30分ほど乗るとランキン・インレットに着く。この町は1996年のカナダの統計によると、人口2058人（イヌイット76パーセント、イヌイット以外24パーセント）らしい。おそらくヌナブトのなかでは州都のイカルイトのつぎに大きいのではないかと思う。ヌナブトの州都を決めるときにイカルイトと最後まで争った町だ。この町はイカルイトのあるバフィン島にはなく、大陸のほうにある町。この町から看板にイヌイットの文字のイヌイットの言葉が加わる。ここに30分ほど停まったあと、イカルイトに向かう。飛行機から外を見るとすごく曇っている。フライト・アテンダントが「寒いわよ」というわけだ。

安いホテルがない！

1時間30分ほど乗ってヌナブトの州都イカルイトに着く。

↑やっと見つけたトゥヌニク・ホテル。

空港に降りてもあまりなつかしさを感じない。どうやら空港が新しくなったようだ。フライト・アテンダントがいったようにやはり寒い。時間は午後5時。外はもう真っ暗だ。私がベルト・コンベヤーから荷物を取っているあいだ、父はホテルの手配をする。この時間だともう観光案内所は閉まっており、こっちで買ったガイドブックを参考にしながらホテルを探すしかない。どこのホテルもみな高い。だいたい相場はシングル110ドル～140ドル、ダブル130ドル～160ドルといったところだろうか。約15日間の長期滞在をするから安くして欲しいと頼んだが、なかなか安くしてくれるホテルが見つからない。仕方ないから電話したなかでいちばん安いホテルにいくことにする。空港からタクシーで2、3分ぐらいのところにこのホテルはある。名前はトゥヌニク・ホテル／インズ・ノース Toonoonik Hotel／Inns North（ヌナブトのコミュニティーのほとんどに、この系列のホテルがある）。このホテルは

↑イカルイトの高いホテルのひとつナビゲーター・イン。

おなじように高いホテルのディスカバリー・インの看板。➡

シングルで107ドル95セント、ダブルで134ドル95セントだ。とりあえずここに泊まることにする。マネジャーはけっこう、いいかげんでダブルの部屋を117ドルにしてくれた。長期泊まるならもっと安くするという。ほかの部屋を見るとひとつも埋まってない。安くするから長く泊まって欲しいという気持ちがわかる。部屋はバス、トイレ、テレビがついていてそんなにはわるくない。部屋に着き、荷物を置いてすぐ外に出る。外に出るとなんか見たことがあるようなホテルがある。10年まえにきたときに泊まったディスカバリー・ロッジ・ホテルDiscovery Lodge Hotelだ。このへんの景色はよく覚えている。とてもなつかしい。そこからしばらく歩くと比較的新しい建物がある。ナビゲーター・インNavigator Innと書いてある。10年まえにきたときにはたぶんなかったと思う。どうやらホテルのようだ。なかに入ってみることにする。フロントの横に今日の気温の書いた紙が貼ってある。『イカルイト、マイナス31度』――どうりで寒いわけだ。ここのホテルのラウンジ（バー）に入ることにする。なかはけっこう賑わっていて、人がたくさんいる。ほとんどがイヌイットの人たちで、そのなかにヨーロッパ系カナダ人が2、3人いる。みんながいっせいにこっちを見る。どうやらこんな寒い時期に日本人がくるなんてめずらしいみたいだ。店員はひとり。ヨーロッパ系カナダ人の20歳前後のかっこいい男である。ビールを2本注文する。小瓶《びん》1本472円。かなり高い。グラスをもらいにいくときひとりのイヌイットに英語で話しかけられる。

「Welcome to Iqaluit.」

私には、「Where are you from?」と聞こえたので、

「Japan.」

と答えたらラウンジにいるほかの人に、

――なにをいってるんだこいつは。

というような感じで笑われて恥ずかしかった。自分の英語力のなさを悔やむ。

ホテルのバーで父の60歳の誕生日をふたりで祝う。

そうそう、今日2月25日は父の誕生日だ。とりあえずふたりでビールで乾杯をする。父は、還暦なのにあいかわらず元気だ。

父がバーの写真を撮っていると、ひとりのイヌイットがやってきて、

⬆イカルイトのホテルのバーで父の誕生日をふたりで祝う。

「おれの写真を撮るな」

といった。どうやら写真が嫌いみたいだ。最初に話しかけてきたイヌイットがまたやってきた。彼の名前はナカシュというらしい。ナカシュとしばらく話したあと写真を撮ろうというと、彼は快くOKしてくれた。しかし彼は、

「イヌイットのなかには写真が嫌いなやつもいる。だからバーの外で撮ろう」

といった。写真を嫌いなのはきっと私たちのような人間のせいなのだろう。10年まえはあまりそのようなことはなかったような気がする。ヌナブトができてから私たちのように調査や取材にくる人がきっと増えたのだろう。その連中が、あちらこちらで写真をやたら撮りまくる。それがきっと彼らに嫌な思いをさせたのだろう。でも相手のなかに入り相手のプライバシーを侵すのが取材である。取材ってむずかしいとあらためてこのとき感じる。

「ヌナブトができてまだ1年も経ってないから、彼

はじめて写真撮影を承諾してくれたイヌイットの若者ナカシュ。➡

らもきっとナーバスになってるんだろう。昔は、こんなことは、なかったんだけどね」
と父がいう。
しばらくそのあとナカシュと話してホテルに戻る。

イカルイトの人口は４２２２人（１９９６年 Census of Canada）。まずデータを。

ホテルが決まって、バーで１杯飲んで落ち着いたところで、ヌナブト・イカルイトについて、まず書こうと思う。イカルイトの人口は４２２２人（１９９６年のデータ／Census of Canada）で、そのうちイヌイットは61パーセント（１９９６年）である。１９９１年の調査では３５５２人だった。この間、増えているということは２０００年の今は５０００人を超えているのではないかと思う。ヌナブト全体でいうと2万７２１９人（１９９９年）で、そのうち

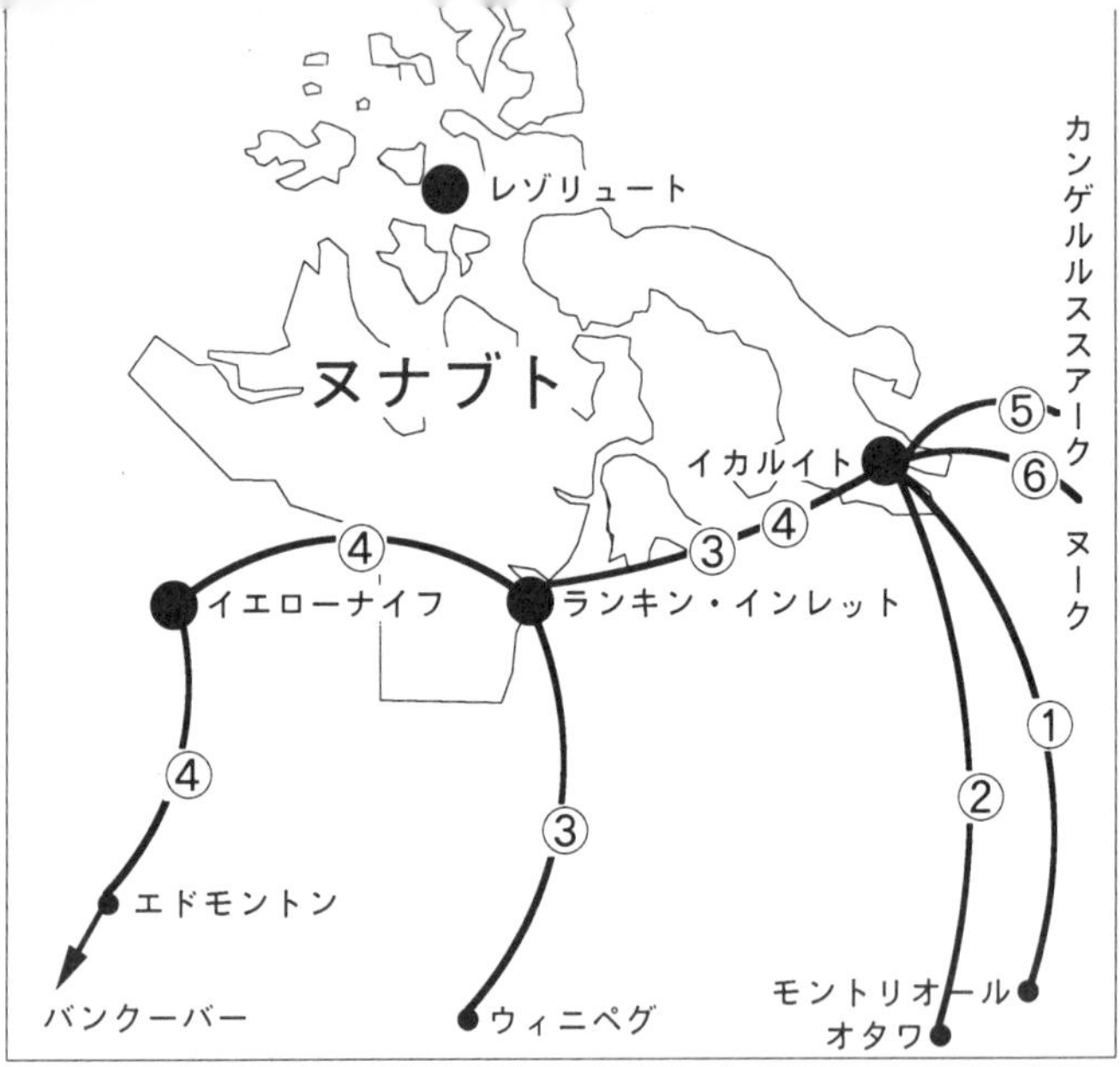

⬆イカルイトまでの全ルート。

イヌイットは2万3136人（85パーセント）である。この数字を見てもわかるとおりイカルイトにはヨーロッパ系カナダ人が多い。町を歩いていてもよく見かける。店の経営者のほとんどがヨーロッパ系カナダ人ではないかと私は思っている。イカルイトの名前の由来はイヌイット語を英語に翻訳すると〝Place of many fish〟という意味。日本語で〝大漁の地〟とでもいうところだろうか。1987年までは冒険家のマーティン・フロビッシャーMartin FrobisherにちなんでフロビッシャーFrobisher・ベイFrobisher Bayと呼ばれていた。このイカルイトの空港はヌナブトのほかの町と、カナダの他州の町を結びつけるハブ空港的役割を果たしている。ヌナブトの東の地域にある町はイカルイトから飛行機が出ている。西の地域にある町はノースウェスト準州のハブ空港であるイエローナイフから出ている。

　航空会社はイカルイトからヌナブトのほかの町へのルートに関してはファースト・エアーFirst Airが

ほぼ独占している。イカルイトにくるには6つのルートがある。

①モントリオールMontreal〜イカルイト②オタワ〜イカルイト③ウィニペグ〜ランキン・インレット〜イカルイト④エドモントン〜イエローナイフ〜ランキン・インレット〜イカルイト⑤カンゲルルスアークKangerlussuaq（グリーンランド）〜イカルイト⑥ヌークNuuk（グリーンランド）〜イカルイト（この便は経由でここに停まるだけ）の6つのルートである。

今度はヨーロッパからグリーンランド経由でイカルイトに入るルートの値段も調べてみたいと思う。

イカルイトは2月がもっとも寒い。平均マイナス26・8度。

つぎは気温について。

平均気温は2月がいちばん寒くマイナス26・8度。最高平均気温は7月の7・7度。平均気温で10度をうわまわる月はない。12か月のうち平均気温がマイナス20度をしたまわる月が4か月もある。とにかく、大変なところだ。これじゃ、イエローナイフにいるときお世話になっていたインテリ・ロザリー女史が、

「あんなところ、だれも住みたがらないわよ」

といっていたのがわかる。ヌナブトの州都に選ばれたのは1995年の12月。まえにも書いたがランキン・インレットと争って投票の結果、州都に選ばれている。

この州都決定については、いろいろと、おもしろい話があるのだが、今度機会があったら書きたいと思う。

ちなみに日本との時差はマイナス15時間である。

〃若く希望にあふれた〃ヌナブトの25歳以下の人口比は56パーセント。

今度はヌナブトについて。

州面積は、カナダ全土の5分の1もある。カナダの最大州である。人口はさっき書いたので割愛。このヌナブトに住む人はとにかく若い。25歳以下の人口がカナダ全体でいうと33パーセントなのに対して、この州は56パーセントを占めている。〃若く希望にあふれたこれからの州〃といったところだろうか。その割には失業率が高いと聞く。これはいったいどういうわけだろうか。このへんの事情も、そのうち調べてみよう。

コミュニティーの数について。

カナディアン・ジェオグラフィック・マガジンCanadian Geographic Magazine（Jan.／Feb. 1999）によると、全部で28の市町村があるらしい。いちばん北はグリス・フィヨルドGrise Fiordというところ。いちばん南はサニキルアックSanikiluaqというところ。いちばん大きい町は今いるイカルイト。いちばん小さい村はバサースト・インレットBathurst Inletというところで、人口は18人しかいないらしい。村というより集落というべきか。

ざっと簡単に書くとこんなところだろうか。日本ではこの程度の情報すら入手するのがむずかしい。どんな情報でも私にとっては新鮮である。これからもどんどん情報量を増やしていきたい。

タクシー代（前日の分と今日の飛行場分とあわせて）　5600円（70ドル）＊チップ代含む■電話代（ホテル手配のた

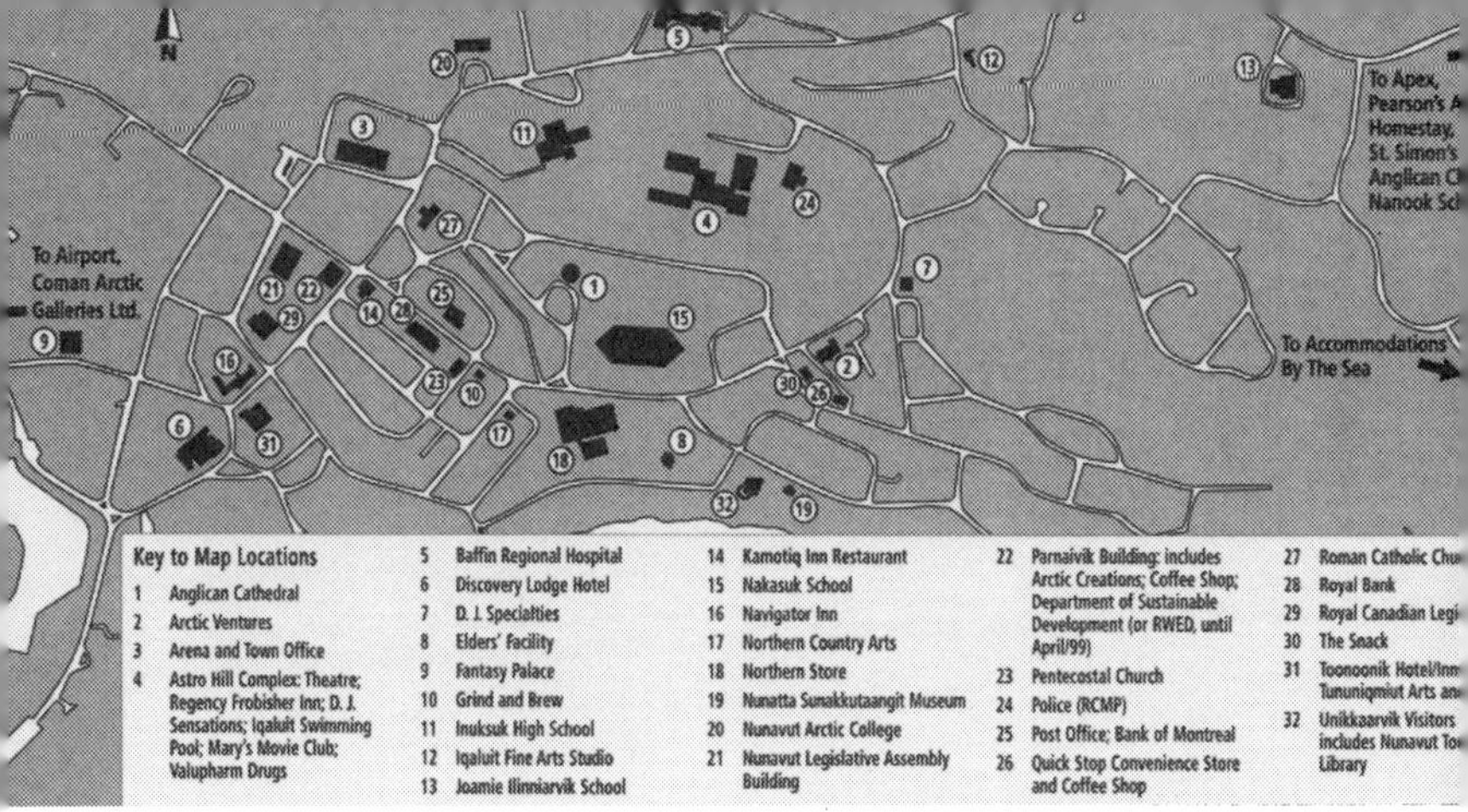

⬆イカルイトの地図。（今、私が日本語版を編集中の『Nunabut HANDBOOK』［深澤雅子訳］より）

め） 160円（2ドル）■タクシー代（イカルイトの飛行場〜ホテル） 720円（9ドル）＊チップ代含む■飲食代（ビール2本） 944円（11ドル80セント）。1本472円 イカルイトのホテル・ナビゲーター・インのバーにて■ホテル代（1泊分／ダブル） 9360円（117ドル）■計16784円

イヌイットの国には
ハンバーガー・ショップも、
ちゃんとあります。

［2月26日（土）］

天気がわるい。雪がちらちら舞っている。

とりあえずイカルイトに唯一ある観光案内所ウニックアーベック観光案内所Unikkaarvik Visitors Centerに、地図をもらいにいくことにする。この観光案内所にいく途中に大きなスーパーがある。名前をノーザン・ストアNorthern Storeという。このスーパーのある場所になんか見覚えがある。でも建

↑イカルイトには大きなスーパーがある。名前をノーザン・ストアという。

←ミーン・ジェーンズというバーガー・ショップを併設している。

物には見覚えがない。10年まえにきたときに寄ったスーパーが、このへんにあった気がするが、なんか雰囲気が違う。しかもこのスーパーに併設してミーン・ジェーンズMean Gene'sというバーガー・ショップがある。少なくとも10年まえにはこんなバーガー・ショップなんてなかった。建物も青色に塗られている。どうやらこの10年のあいだに改装して、バーガー・ショップを併設してつくり直したようだ。

店のなかに入ってみる。なかのつくりを見て確信する。やっぱり10年まえにきたときに、洋服を買ったのはこのスーパーだ。このスーパーの品ぞろえは豊富で、食品、衣服、大工用品、などなど書ききれないほどの物をここで売っている。だいたいここで欲しい物はそろうみたいだ。品物の値段を見てみるとどれも高い。東京とおなじぐらいだ（カナダで東京とおなじぐらいというと相当高いと思う）。

品物を見たあとちょっとおなかが減ったので、バーガー・ショップで軽く食事をする。このバー

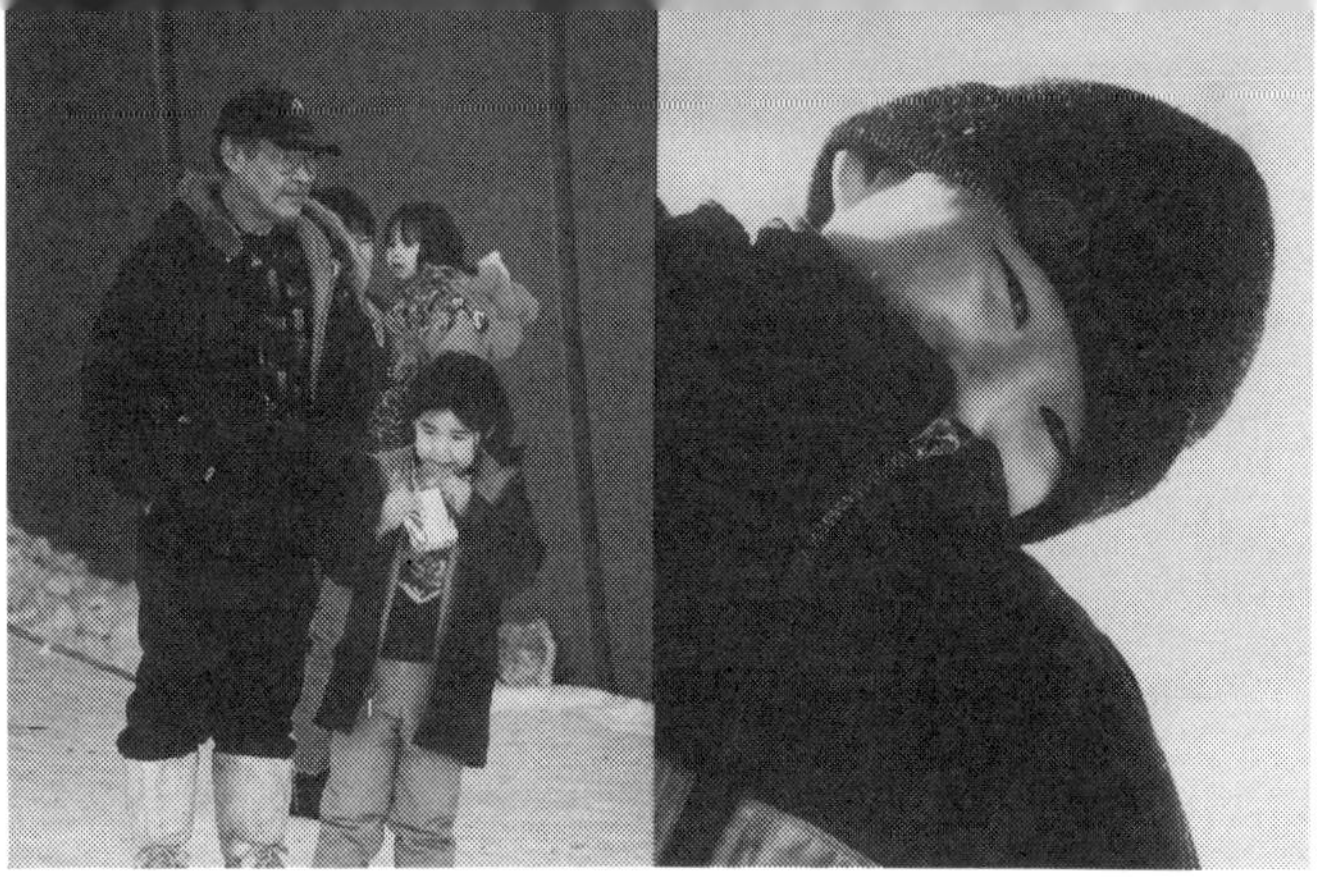

⬆かわいい北国の子どもたち。

ガー・ショップは日本よりも高かった。ポテトとジュースとハンバーガーのセットで720円（ちなみに日本のマクドナルドでこのようなセットを頼むと500円～600円ぐらい）。しかし高いわりにこのハンバーガー・ショップ、意外と流行《はや》っている。イヌイットの人もそうでない人もたくさんいる。ここで軽く食べたあと店を出る。

店を出ようとしたとき、ふたりの小学生ぐらいのイヌイットの少年が話しかけてくる。

「中国人なの？」

「違うよ、日本人だよ」

「ードルくれよ」

「ダメだよ、あげられないよ」

と答えると、少し悔しそうな顔をして笑う。代わりにデジカメで写真を撮ってあげて見せてあげると、それを見ながらうれしそうな顔をする。彼らの名前はキリとカシ。彼らはそんなに写真を嫌いではなさそうだ。彼らに別れを告げてふたたび観光案内所を目指す。

スーパーから歩いて10分くらいのところにあり、たいした距離ではないのにけっこう疲れる。寒さのせいだろうか。あいにくウィークエンドで観光案内所は閉まっている。明日も閉まっているみたいだ。

仕方がないからあきらめてもうひとつのスーパーにいく。ここの名前はアークティック・ベンチャーズArctic Venturesという。このスーパーには覚えがない。このなかはイカルイトで唯一の本屋がある。ここのスーパーでヌナブトに関する本とガスバーナー（セパレート・タイプ）を買う。ガス・バーナーを買った理由は、ホテルの部屋にはキッチンがないので、これを代わりに使うためである。ここで買っておけばまたつぎにきたときにガスだけ現地で購入すればいいので便利だ。

店を出たあとザ・スナックThe Snackというレストランに寄る。ここでコーヒーを飲みながら少し休む。この時点で時間は午後3時半。もう日が沈み始めた。冬は太陽が出ている時間が短い。いやでも行動できる時間がせばめられる。

太陽が完全に沈むまえにノーザン・ストアに寄って適当に買い物をすませてホテルに帰還。

バスルームがキッチンに早変わり。

ホテルに着いたのが午後5時くらい。もうこの時点で外はほとんど暗くなる。

ホテルでこのホテルのマネジャーと値段交渉をする。1泊10ドル65セントにしてくれた。とりあえず1週間分のお金を払ってしまう。これで1週間は落ち着ける。安心した。

郵 便 は が き

料金受取人払

港北局承認

1953

差出有効期間
平成15年2月
12日まで
(切手不要)

2 2 2 8790

横浜市港北区菊名3－3－14
KIKUNA N HOUSE 3F
清水弘文堂書房ITセンター
「ヌナブト」編集担当者行

Eメール・アドレス (弊社の今後の出版情報をメールでご希望の方はご記入くださ

ご住所

郵便No. □□□-□□□□ お電話 ( )

(フリガナ) 芳名	男・女	明・大・昭 年生まれ	年齢 歳

■ご職業 1.小学生 2.中学生 3.高校生 4.大学生 5.専門学校 6.会社員 7.役
8.公務員 9.自営 10.医師 11.教師 12.自由業 13.主婦 14.無職 15.その他(

ご愛読紙誌名	お買い上げ書店名

ヌナブト　イヌイットの国その日その日「テーマ探しの旅」磯貝日月著

●本書の内容・造本・定価などについて、ご感想をお書きください。

(誤字・脱字のご指摘、大歓迎です。もしあれば、版を改めるときに訂正させていただきます)

●なにによって、本書をお知りになりましたか。

A 新聞・雑誌の広告で（紙・誌名　　　　　　　　　　　　　　　　　　）

B 新聞・雑誌の書評で（紙・誌名　　　　　　　　　　　　　　　　　　）

C 人にすすめられて　D 店頭で　F 弊社からのDMで　G その他

●今後どのような企画をお望みですか？

←バスルームで買ってきたバーナーを使ってラーメンを調理する。⬇

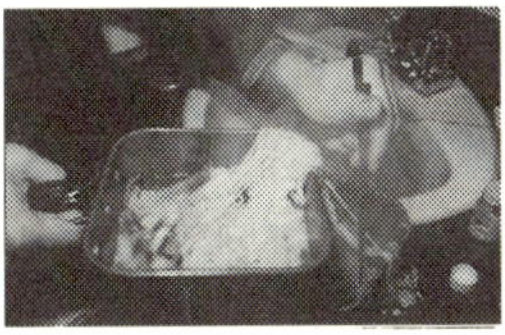

部屋に帰って夕食をつくる。さっそく買ってきたガスバーナーでラーメンを調理。ガスバーナーは火事になると怖いから、バス・ルームのタイルのところで調理をする。このガスバーナー、火力が強くて予想以上に使える。ラーメン用に買ってきたタマネギ・ネギ・卵を入れて食べる。お腹いっぱいになり、日記を書いて寝ることにする。

今日一日歩いて思ったのだが、店で働いている人ってヨーロッパ系カナダ人が多い。ほとんどがヨーロッパ系カナダ人の人といってもいいだろう。イヌイットの人は、ほんのたまにしか見かけない。

——やっぱり経済はまだコーカソイドが支配しているのかな。

とふと思う。

ヌナブトは失業率が高いと聞いたけれども、これはイヌイットの人にだけ当てはまることなのかもしれない。このへんのことはもっと調べる必要がありそうだ。

⬆小さなコンビニ。⬇ケンタッキーとピザハットを併設。その内部。⬇

それにしても物価が高い（カナダ南部よりも平均2・3倍）のにはまいった。物価のことだけでいうと、東京にいると思ったほうがよさそうだ。

それと最後にもうひとつ。この町にはケンタッキーとピザハットがコンビニに併設されてある。ハンバーガー・ショップにケンタッキーにピザハット。

――このような種類の店とコカコーラって、ほんと、どこにでもあるな。われら若者好みのジャンク・フードが、世界の食文化を滅ぼすのか。

とつくづく思う。どうやらマックはないみたいだ。ちょっと変な安心をした。

昼食代（ハンバーガー、ホットドック、ジュース2本）　1080円（13ドル50セント）＊ふたり分■ガスバーナー（セパレート・タイプ　Single Burner Propane Stove　single 75000BTU burner./baked enamel finish on stell/rugged. light and compact/instant flame adjustment/wights only 1 lb.6oz.624g WORLD FAMOUS/OUTDOOR BASICS Fait en chine our World Famous Sales of Canada Inc. Concord.Canada L4K 4S1）　4192円（52ドル41セント）■資料代（ヌナブトに関する本3冊）　3208円（40ドル11セント）■飲食代（コーヒー2杯）　160円（2ドル）■食糧代（パン、タマネギふたつ、ネギ、ハム、塩・コショウ、セブンアップ2本、コーラ2本、マーガリン、ポテトチップス、ツナ缶、6個入り卵）　2448円（30ドル61セント）■宿泊代（7日分・ダブル）　56924円（711ドル55セント）＊1泊101ドル65セント■計68012円

氷の大海原……スノーモービルが走る。犬ぞりが走る。

［2月27日（日）］

快晴。この季節でこんなに天気がいいのはめずらしいのではないかと思う。朝食にハム・エッグとパンを食べる。ハム・エッグをつくっている最中にいきなり部屋の火災報知器が鳴り出した。リンリンとうるさくて少し焦る。少し部屋を換気したら、やっとベルの音が止まる。

バス・ルームの部屋を締め切って調理してみる。そうすると報知器が鳴らない。バス・ルームは煙でいっぱいになるけれども報知器が鳴らないので、この方法を採用。

朝食を食べたあと出かけることにする。

少し海岸線を歩いてみる。しかし海岸線といっても見分けがつかない。なぜならばまわりは全部氷だからである。だいたいの予想をつけて歩くしかない。

⬆氷の大海原をスノーモービルがいく。

日曜日のためかスノーモービルに乗ってレジャーを楽しんでいる人が多い。レジャーじゃなさそうな人たちもいる。2、3台で氷の大海原に出ていく人たちもいる。近くにある集落にでもいくのだろうか。それにしてもすごい光景だ。まわりは全部氷、氷、氷……。こんな光景、はじめて目にする。すごいところにきたなとあらためて感じる。スノーモービルには小学生か中学生ぐらいの子どもたちも乗っている。ここでは免許は必要ないのだろうか。

犬ぞりに乗っている人たちはいないのだろうか。犬ぞり用の犬は、たくさん見かけるのだが。何犬かという正式名はわからない。このへんにいるのは、ちょっとこぶりなので、おそらくシベリアン・ハスキー（体長50〜60センチ、体重15〜28キロ）だと思う。北極圏にはほかにアラスカン・マラミュート（体長58〜64センチ、体重45〜55キロ）やサモエドなどの大型犬が活躍しているので、素人の私には見分けがつかない。

↓スノーモービルで凍った大海原に乗り出していく人々。

⬆イカルイトの海岸線の流氷の上に落ちているゴミを調査中の私。目につく全部のゴミをデジタル・カメラで１点ずつ丁寧に撮影した。

⬅イカルイトの海岸線に落ちていたゴミの一部。

おっ！　1台（どういう数え方をしたらいいかわからないが）の犬ぞりが走ってきた。6、7頭の犬が引いている。けっこう迫力がある。でもこの犬ぞり、海には出ていかないみたいだ。うしろにだれかを乗せて海岸線沿いに走っている。子どもだろうか観光客だろうか。ちょっと離れているのでよくわからないが遠くにいくのではなさそうだ。

海岸線のゴミ調査――成果なし。

海岸線を〝ゴミ調査〟をしながら歩く。

ところどころにゴミは落ちているが、氷と雪に覆われていて海岸線がどこからどこまでかがわからないし、ゴミの詳しい出所がわからない。

海から流れ着くゴミとイカルイトから出ているゴミの分別ができないと私が考えている〝ゴミ調査〟の意味がない。というのは、海岸線に流れ着くゴミをとおして、私は北極圏の海の汚染度を知りたかっ

⬆雪道でスタッグしている車を、自然体でみんなが助けるのは、ここでは、あたりまえの行為。

たのである。この調査は冬（海が凍っているとき）には、あまり意味がなさそうだ。夏にきたときにもう一回チャレンジしてみたい。

町に戻ろうとすると一台の車が、雪にはまって身動きがとれない状態でいる。3人で一生懸命に車を出そうとしているが3人では無理そうだ。助けることにする。するとほかの人たちも集まってきた。雪国（というよりも〃氷の国〃）では〃困っているときには、おたがいに助けあう〃のが鉄則だ。最終的に助っ人は、10人ぐらいになり、みんなで力をあわせて車を押すことに。4WDの車でかなり重かったけれども、なんとか車を出すことに成功した。

終わったら、みんなにもいわずに去っていった。あたりまえのことなのだろうけれども、もくもくとこのような助けあいを実行するのはむずかしい。

日本でおなじ状況だったら、どれくらいの人が手助けをするのだろうか。

この光景を見てまえにカナダのバンフにいったと

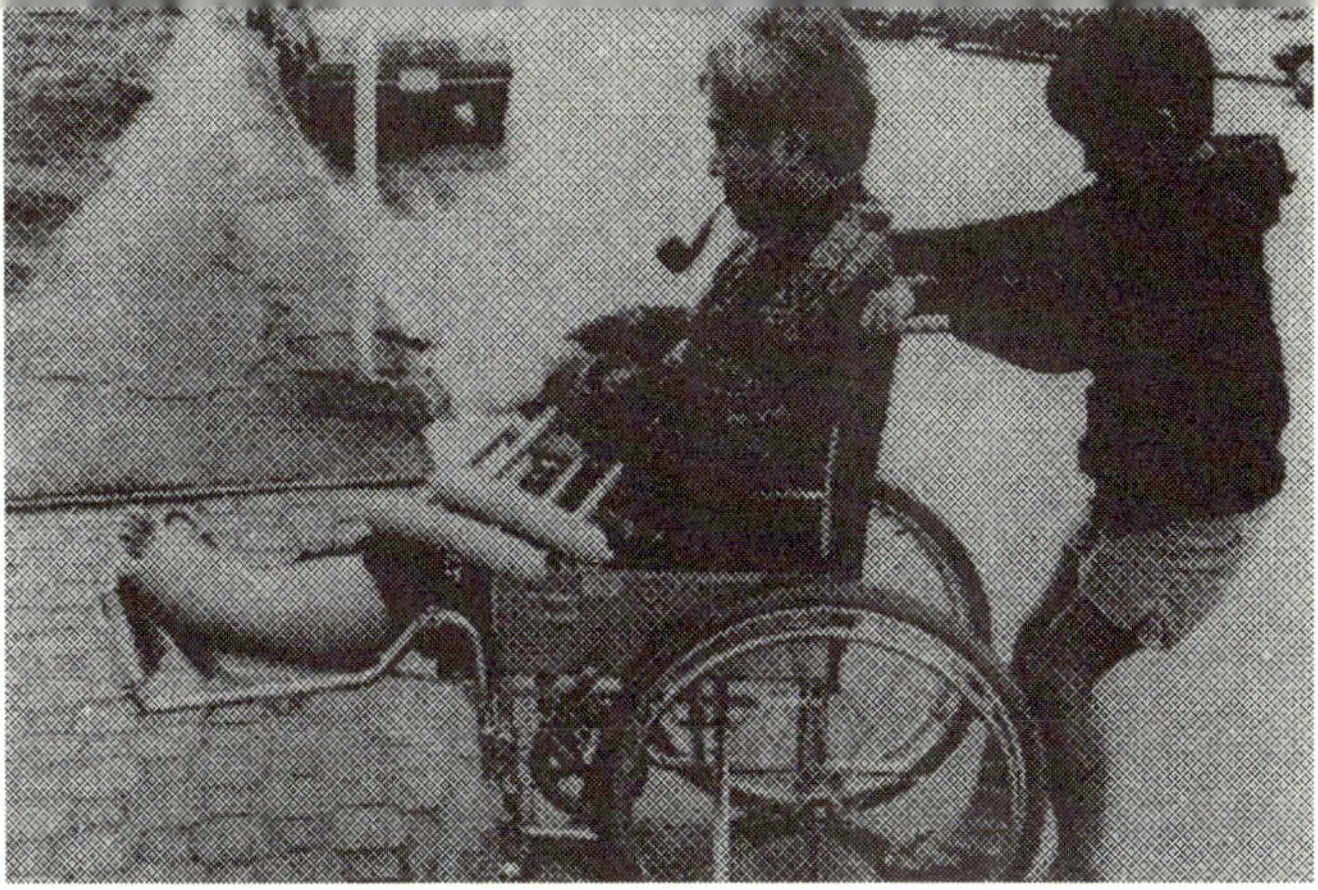

⬆私が小学校４年生のときに、アラスカのアンカレッジからカナダのバンクーバーまで、父と一緒にキャンピングカーでアラスカ・ハイウェーを旅したとき、父は骨折していた。私が車椅子を押す係だった……。

きのことを思い出す。

私が小学4年生のときだった。父は足を折っていて車椅子で移動をしていた。私がその車椅子を押していたときに坂道のところで車椅子を倒してしまった。そうしたらいっせいに5、6人のヨーロッパ系カナダ人が助けるために駆け寄ってきた。日本人も何人かいたけれども、ただ見ているだけでだれも駆け寄ってはこなかった。とても印象的な出来事だった。自分だって例外ではない。今回は手助けできたけれども、まえのバンフのときのようなことが起こったときに、とっさに助けることができるだろうか。いろいろなことを考えさせられる。

このまえいったザ・スナックにいく。足の感覚がない。靴下を2枚履いてくるのを忘れた。しかも私は運動靴だ。イエローナイフで極寒地用の長靴を買おうと思っていたのだけれども、寒さをたいして感じなかったので買わなかった。イカルイトではそういうわけにはいかないみたいだ。

↑いきつけのザ・スナック。

足の感覚が戻ったところでまた外に出る。町の高台にある大きな建物にいく。ホテル、映画館、プール、政府関係の事務所などが同居する集合ビルだ。日曜日なのでホテルしかやっていない。このホテル、今は工事中。この建物を出てまた歩く。時間は4時ごろ。もう暗くなってきた。

お腹がすいたのでコマティック・インKomatik Innというレストランに入る。

カリブー・ステーキを食べようと思ったがあいにく品切れ。ほかにはあまり食べたいものがないのでラージサイズのピザを注文する。

ピザを待っているとひとりのイヌイット人の女性が話しかけてきた。なにか紙を持っている。その紙には英語と漢字とイヌイット語が書いてある。どうやら漢字があっているかどうかチェックして欲しいみたいだ。太陽、雲、雨、空など基本的な漢字が10個ほど書いてある。太陽は間違っていたけれども、ほかは全問正解だ。

↑ラージサイズのピザを食べる。

彼女はこの町で高校の先生をやっているという。こういった漢字などの文字に興味があるそうだ。私たちが日本人なので話しかけてきたのだろう。学校のことを聞いたら今学校は休みで、学校に生徒はいないという。残念だ。

そうこうしているとピザがきた。

今度はピザを持ってきたウェイターのヨーロッパ系カナダ人が話しかけてきた。彼はどうやら父が持っているニコンのカメラに興味があるみたいだ。カメラを覗いている。どうやらこのタイプのカメラが欲しいみたいだ。

ピザを食べ、店を出る。

外はもう真っ暗で星が出ている。

飲食代（アップルジュース、野菜ジュース）　260円（3ドル25セント）■軽食代（オレンジふたつ）　188円（2ドル35セント）■夕食代（ラージサイズのピザ1枚、ビール2本、紅茶）　2992円（37ドル40セント）

■計3440円

⬆話しかけてきた高校の先生。

犬ぞりと犬のチームが氷の海に点々と……なんか、すごい風景 ［2月28日（月）］

天気がわるく、少し雪が降っている。昨日とおなじように海岸線を歩いているのだが、ものすごく寒い。

急いで観光案内所にいくことにする。観光案内所はちょっとした博物館になっている。なかを少し見たあと、受付のオネエサンに話を聞く。ここのオネエサン、まったく役に立たない。地図とホテルの電話番号を教えてくれただけで、あとはなにも役に立つ情報を得られない。あとB＆Bのリストももらったのだが、オフィシャルにイヌイットの人がやっているB＆Bはないみたいだ。ホームステイをするならば、どうせならイヌイットの人のところに泊まりたい。でも今の私にはツテもコネも全然ない。この調子ではここにいるあいだにホームステイ先を探すのは大変そうだ。ここを出たあと昨日の残りの

⬆海岸線を２日かけて歩いた。

海岸線を歩いてみる。凍った海を見ると何頭かの犬がつながれているのがわかる。どこかこの近くの集落からやってきて、凍った海の上に犬ぞりをとめて町に買い物にでもいっているのだろうか。2、3台の犬ぞりと犬のチームが海に点在している。なんかすごい光景である。海を見ていると犬ぞりの一チームがこっちに向かって走ってくる。

海岸線をまたしばらく歩く。ひととおり町に面している海岸線を2日かけて歩いた。距離にして約3、4キロぐらいだろうか。これなら夏にきたときに〝ゴミ調査〟をするのにちょうどいい距離だ。町に戻る。

北極海の魚・カリブー・クジラの専門店——イカルイト・エンタープライズ。

イカルイト・エンタープライズ Iqaluit Enterprisesという店に入る。ここはさまざまな魚や

⬆北の海でとれるさまざまな魚やカリブーの肉の冷凍食品を売っているイカルイト・エンタープライジズの商品。

その店のきさくなご主人。➡

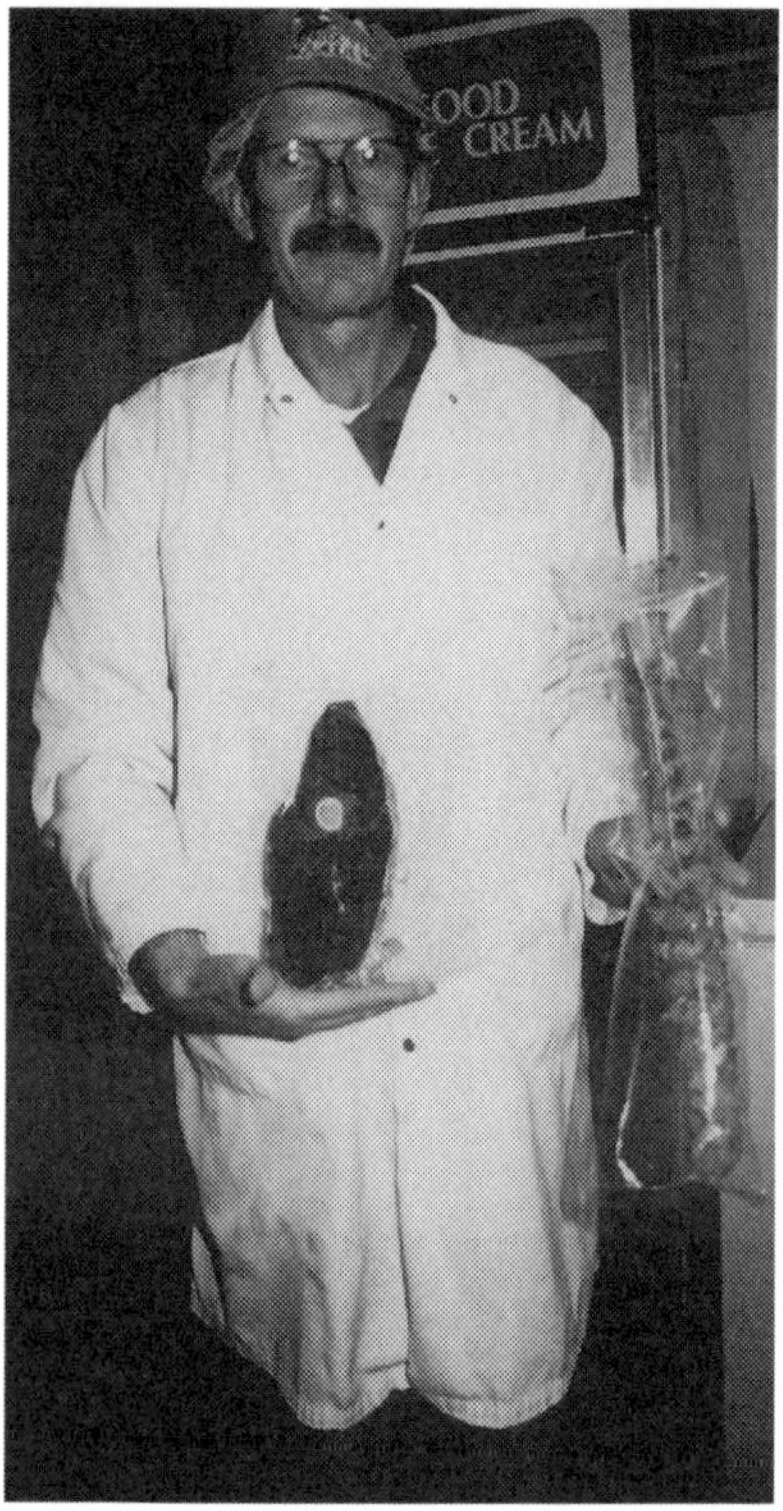

カリブーの肉の冷凍食品を売っている店だ。ここで冷凍カリブー肉と北極イワナArctic Charの燻製《くんせい》を買う。きさくなヨーロッパ系カナダ人のご主人が、真偽のほどは定かではないが、

「うちは、日本の宮様もお得意様なんだ。宮様からのご注文も受けている」

と自慢していた。

北極イワナには嫌な思い出がある。10年まえにきたときに、北極海の無人島で釣りあげた北極イワナを刺身で食べた。つぎの日、見事に下痢をした思い出がある。そのほかにその日はなにも食べていなかったのでおそらく北極イワナがあたったのだろうと思う。このイワナは燻製《くんせい》なので大丈夫なことを祈りたい。外に出るともう暗くなっているので、帰ることにする。スーパーで買い物をしたあとスーパーの目のまえにある学校にちょっと立ち寄る。この学校、見かけも立派だが、なかも立派である。学校を出たあと、ナビゲーター・インというホテルのなかにあるカムティック・トラベルQamutik Travelという旅行会社に寄る。父はまだグリーンランドにいくことをあきらめていないようだ。グリーンランドまでのチケットを調べると、定期便の飛行機は1週間に1便しか出ていない。首都のヌークというところまで往復でひとり6万円（750ドル）。つぎの便は明日2月29日の出発だという。これを逃すと3月7日になってしまう。私たちがイカルイトを去るのが3月12日なので、現実的にこの3月7日の便は無理だ（無理ではないが、日本に帰る飛行機のチケットはもう予約をしてあって、格安チケットなので変更できない。この日に帰らない場合は、またあらたにチケットを買わなければならないので、経費が高くつく）。ちなみにグリーンランドはここより物価が高いらしい。

「ここもかなり高いけどね」

と父がいうと、旅行会社の人たち、みんなうなずく。現地の人たちもみんなイカルイトは高いと思っているようだ。しかし、ここより高いとなると相当グリーンランドは高いのだろうな。

父、悩む。

明日でもチケットは買えるというので、また明日くることにする。

ホテルに帰って夕食をつくる。買ってきたカリブーの肉とイワナの燻製《くんせい》をさっそく食べてみる。カリブーの肉を生のまま食べてみる……これ、以外にいける。醤油をつけて食べるとより日本人好みになる。ふたりでバクバク半分ほどたいらげる。つぎにイワナの燻製《くんせい》を食べてみる……これもそんなにはまずくはないが、ちょっと生臭い。食べられない人もきっといるのではないかと思う。個人的にはカリブーの肉のほうが好きだ。残り半分のカリブーの肉とスーパーで買ってきた牛肉とマッシュルームを焼いて食べる。

食後、父、まだ悩んでいる。普段、即断即決型の父が、こんなに悩むのはめずらしい。

——いったいどうするのだろうか?

食費(冷凍のカリブー肉[4ドル30セント]北極イワナの燻製《くんせい》[7ドル25セント])924円(11ドル55セント)■食費(マッシュルーム、パン、菓子パン、ポテトチップス、ミネラル・ウォーター、バナナ、サラダ、赤かぶ、肉2枚入り、サーモンの缶詰、ミルク、ベーコン、紅茶パック)　3109円(38ドル87セント)■アザラシの毛皮のベスト(父の買い物)　22684円(283ドル55セント)■計26717円

私をイカルイトに残して、父がグリーンランドにいった。

[2月29日(火)]

結局、父はグリーンランドにいった。ずいぶん悩んでいたみたいだけれども、いく決心をしたみたいだ。父を決心させたのにはいくつか理由がある。まずひとつめに父が高齢だということ。もうこのチャンスを逃したら、おそらくいく機会がないだろうということだ。ふたつめにグリーンランドが、父にとって未踏の地であるということ。一〇〇何か国かにいっている父にとって、はじめていく土地というのはけっこう(かな

り?）めずらしい。この〝未踏の地に足を踏み入れる〟というのが父の好奇心を刺激したようだ。最後にこれは私にとっては、もっとも重要なことなのだけれども、このイカルイトを調査するにあたって私ひとりのほうが都合がいいと判断したためである。その理由は父と一緒にいると警戒して話しかけてくる人が少ないからだ。それと私ぐらいの歳でひとりで、しかもこの厳冬期にイカルイトにくる人はめずらしいと思うので、話しかけてくる人がいるのではないかと判断したためである。というようなわけで父は午後12時20分の便でグリーンランドにいった。帰ってくるのは予定どおりにいけば、3月7日の火曜日だ。

ヌナブト・インターネット事情。

そうそう、書き忘れたのだが、父がグリーンランドにいくまえにヌナネットNUNANET（http://www.nunanet.com/）というヌナブトに関する情報をインターネットのウェブサイトで流している会社にいってきた。

ヌナネット――「われらのネット」というホームページは、アダム・イトルティアックさんとダン・マクガリーさんが31歳のときに立ちあげた。このサイトは、私が日本にいるときの唯一のヌナブト・イカルイトに関する情報源である。日本には本当にここに関する日本語の情報がまったくといっていいほどない。日本語のウェブサイトをヌナブトやヌナブットやイカルイトで検索すると、20件ぐらいしか出てこない（注1）。こんなことをいったら失礼だろうけれども、どれもあまり役には立たない。ところが英語のサイトで調べると具体的な数字は忘れたが、たくさんのウェブサイトが出てくる。

ヌナネットのスタッフのマルセル・メイソンMarcel Masonさん（40歳）に話を聞いた。ヌナネットを始め

⬆ヌナネットの入り口。

たのは約5年まえの1994年か1995年。スタッフは5人いるそうだ。月にアクセスしてくる人は1万5000人〜2万人ぐらいだという。

「ヌナネット開くのに大変じゃなかった?」

と父が聞くと、

「いいや、けっこう楽だったよ。なんせここにはライバル(敵)がいないからね」

と少し笑って彼がいう。

「日本人はよくここにきますか?」

と私がおきまりの質問をすると、

「夏はよく見かけるよ。でも君たちみたいに冬にくるやつはあんまり見たことないね。そうそう、日本に読売新聞ってあるだろう。そこの記者がここにきて取材していったよ」

という答えが返ってきた。このような話を聞いたあと、メールをやりたいのだけれどもというと、

「ああ、いつでもこいよ。勝手に使ってくれてかまわないよ」

←↑ヌナネットのスタッフのマルセル・メイソンさん。

と快く返事をしてくれる。
父を見送ったあと、飛行場からひとりで行動を開始する。とりあえず今まで歩いたことのない道を歩いてみることにする。ヌナブト・アークティック・カレッジ Nunavut Arctic College にいってみる。なかに入ってみたがだれもいない。受付のようなものも閉まっている。これではどうしようもないので、少しなかを見たあと外へ。今度はイヌクスク高校 Inuksuk High School にいってみる。ところがここも無人。学校が休みだからだろうか。そうこうしているうちに、もう暗くなってきた。本当に一日が短い。買い物をしてホテルに帰る。夕食はサラダとバナナだけ。疲れたので早めの就寝。

食費（ポテトチップス3缶、ジンジャエール、コーラ、サラダ）　1318円（16ドル48セント）■計1318円

注1　この日記を書いた当時の数字。2001年7月10日現在、ヤフー・ジャパンYAHOO！JAPANのヌナブットで検索すると119件、ヌナブトでは88件、イカルイトでは26件、イカリイットでは11件の項目が出てくる。その数は相当増えた。

「ホームステイお願い用」のポスターをつくった。

［3月1日（水）］

朝9時ごろ起きる。

朝食に北極イワナの燻製《くんせい》のあまりを焼いたのと、タマネギを入れた玉子スープを食べる。残飯整理だ。ご飯を食べ終わったあと、ホームステイ探しのポスターを作成する。

『I am looking for home-stay！ My name is Hizuki Isogai. I am Japanese. I am student of Keio University. I want to study about Inuktitut and so on in university, And so I want to home-stay. Now I stay at Toonoonik Hotel. Please leave the message and TEL number at the reception desk. I stay in Iqaluit for 3／4～3／12. ありがとう（イヌイット語で）（867）979-6733／4210

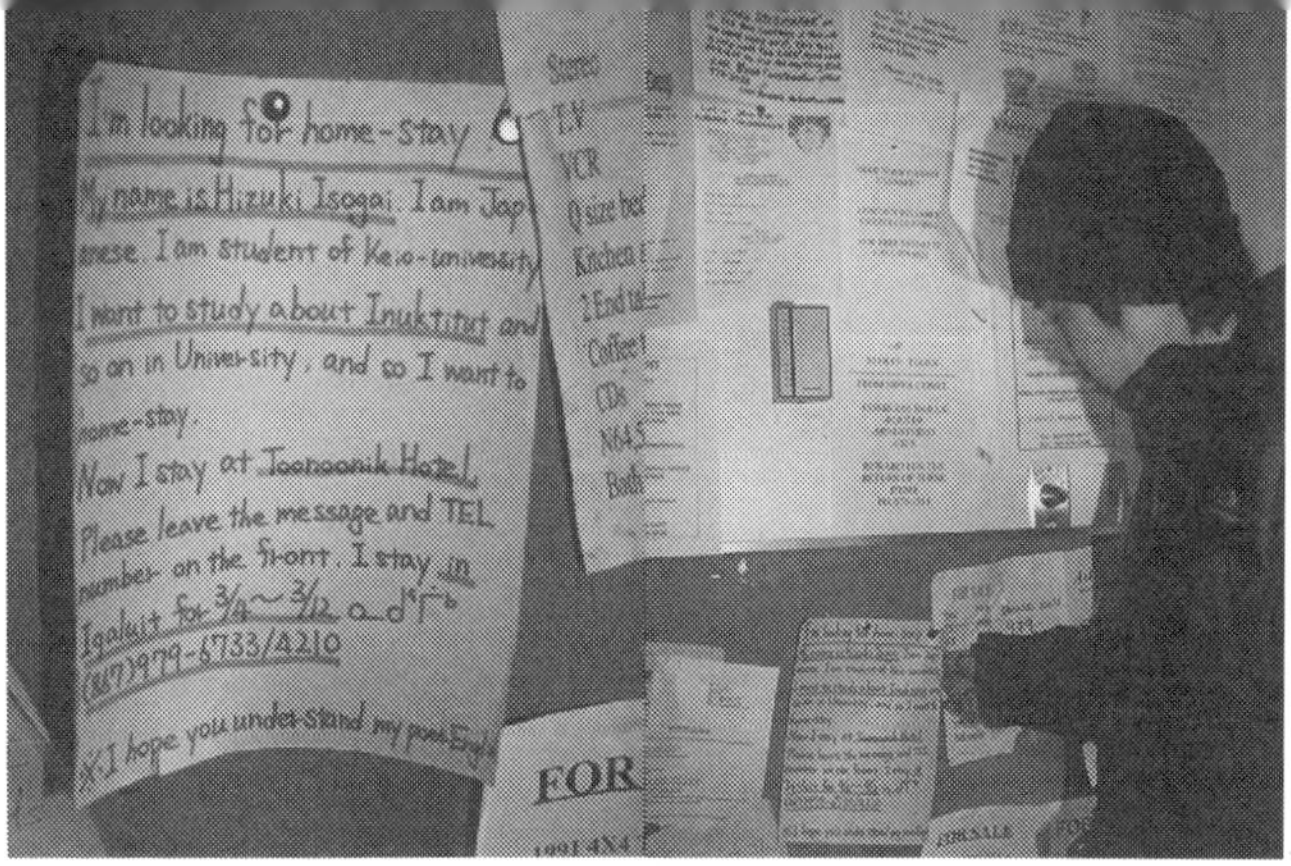

⬆ホームステイ用お願いのポスターをつくって、町の人が集まりそうな場所のあっちこっちに張った。

＊I hope you understand my poor English.』というのが、その文面である。英語がわかる人にとっては、きっとめちゃくちゃな英語だと思う。これでうまく伝わることを祈りたい。

さっそくこのポスターを貼りにいくことにする。貼りだすまえにヌナネットにいって、メールのチェックをする。なんとか貧相な英語で電話線を使わせて欲しいということを伝える。むこうが私の英語を理解したかどうかわからないが、電話線を使わせてもらうことに。

アンさんに感謝。

アンさんからのメールが入っている。3月6日〜3月9日にイカルイトにくるという。それでもし可能ならば、ヌナブトの知事ポール・オカリック（36歳）に紹介してくれるという。本当にありがたい。オカリックは、高校を退学になり、酒に溺れ刑務所にも3か月入ったことがあるそうだが、24歳になって大学に入り、34歳のときに、イヌイットとしてははじめての弁護士になり、準州ができると同時に知事になったという。私は、彼にすごく興味を抱いている。カナダのマニトバ州駐日代表をやっていたときにアンさんは、来日したオカリック知事と知りあったという。

アンさんには今回の件に関して、なにからなにまでお世話になりっぱなしである。ありがとうございます。友だちからもかなりな数のメールが入っている。みんな休みを楽しんで過ごしているみたいだ。メールをチェックしたあとポスターを貼りにいく。スーパー2軒、銀行3軒。この5軒は人の出入りが多いので、きっとだれかが見てくれるだろう。これだけの作業で1日が終わる。あっというまに日が暮れて、本当にまいる。

帰りにヤマハYAMAHAに寄ることにする。

父がグリーンランドから帰ってきたら、ふたりでハドソン湾の氷上に向かって、スノーモービルでちょっと乗り出してみたいと思っていた私は、

「ここでスノーモービルを借りられますか？」

と聞く。

「ここじゃ貸し出しはやってないね。アウト・ドア用品専門店のアークテック・サバイバルArctic Survivalにいけば借りられるよ」

というのがつなぎを着た整備工の答え。

ホテルに戻る。今日の夕食はラーメン。赤かぶとタマネギをたくさん入れてつくる。けっこう、うまい。

——本当にこっちの1日は早い。しかも疲れる。

つくづくそう感じる。エネルギーを蓄えるために、もう寝ることにしよう。

文房具代（絵はがき3枚、ノート）　303円（3ドル79セント）■計303円

［3月2日（木）］

タクシーでエイペックス村へ……。

朝9時ごろ起きる。バナナ2本をそそくさと食べて出かける。ホテルの受付の兄ちゃんにエイペックス村Apexへのいき方を聞く。歩くと1時間、車で20分のところにあるらしい。この受付のヨーロッパ系カナダ人の兄ちゃん、なかなかのナイスガイだ。質問すると丁寧にいろいろなことを教えてくれる。もうひとりイヌイットのおばちゃんがいるのだけれども、こっちのほうは無愛想で不親切だ。私の拙い英語のせいもあるのだろうけれども、いつも受付にいくと無愛想な顔をしている。

——日本人が嫌いなのだろうか、はたまた私のことが嫌いなのだろうか？　まあ、そんなことはどうでもいいや。

エイペックス村にいってみることにする。タクシーに乗って15分ぐらいでエイペックス村に着く。タクシーの料金は5ドル。ここで疑問が生じる。今回のタクシーの料金は5ドルだった。しかし、まえに飛行場からホテルまで乗ったときは2回とも7ドル50セント取られた。明らかにエイペックス村にいくときのほうが距離が遠いのに、なぜだろう。もしかしてボラレタのだろうか。受付の兄ちゃんも、

「タクシーはどこいくのでも5ドルだよ」

ってニッコリしていっていたはずだ。なにか特別料金があるのだろうか。あとで調べてみよう。

エイペックス村の手前でタクシーを降りて、かの有名なハドソン湾会社ビル The Hudson's Bay Company Building（注1）を見にいく。イカルイト周辺の唯一ともいっていい〝観光名所・史跡〞である。かっての交易所であった（と思う）この建物、かなり古い。なかには入れないみたいだ。古くてくすんだ色をしたレンガづくりの建物は、古いというだけであまりたいしたことはない。ただ気のせいか、ふるびたレンガのひと切れひと切れにイヌイットの怨念が染みこんでいるような……というのは、いくらなんでも〝偏見的見解〞か。

ひとつだけ、はっきりいえること。

白でおおわれた北極圏の風景にレンガは似合わない。

イカルイトにきてからいちばんの寒さ体験。

それにしても寒い。気温はいつもと変わらないのだろうが、風が強いためによけいに寒く感じる。しかも

雪が少し降っている。こっちにきてからいちばんの寒さだ。思わず声が出る。

「アーーーーーー」

なぜ声が出るのか自分でもわからない。気合いを入れるためだろうか。風に向かって歩いているので、直に風をくらっている状態だ。ついでによだれも出る。よくテレビで見る光景だ。ドキュメンタリー番組かなんかで極寒の地にいる人がよくよだれを出しているのを見る。日本でテレビを見ているときは、

――コイツ汚いなー。よだれを出していやがる。

なんていっているけど、こんなこといえたものじゃない。無意識のうちに出るのだ。

エイペックス村をひととおり歩いてみる。レストランかコーヒー・ショップみたいなものを探すが見あたらない。どうやらこの村は住宅地みたいだ。ナヌーク・スクールNanook Schoolという小学校に入ってみる。この小学校、すごく小さい。なかを見ていると先生がやってきた。少し話を聞いてみる。この小学校は幼稚園も含んでいて、5歳以上の生徒が60人いるという。エイペックス村に住んでいる子どもたちが通っているそうだ。

「この村には何人住んでいるのですか?」

と聞くと、

「それはちょっとわからないわ」

と女の先生。

この村にはほかに見るものがなさそうなのでタクシーを呼んでもらうことにする。

イヌイットの老人がいう。「君の顔は、すごくイヌイットに似ている」

タクシーを待っているあいだ、ひとりのイヌイットの老人が話しかけてくる。

「あんたどこからきたんだ。中国人か、それとも日本人か?」

「日本人です」

「いやー君の顔、すごくイヌイット、エスキモーEskimo（注2）に似ているなー。よく似ているよ」

と片言の英語でいう。私も片言だから、なんかうれしい。しかし私の顔、イヌイットに見えるのだろうか。中国人には見えても、イヌイットには見えないと思う。あと、このオジサン（年は50〜60歳ぐらいだろうか）、自分のことをエスキモーといった。外国人にはイヌイットよりもエスキモーのほうが、わかるだろうということで、カナダのこの地域に住んでいる自分はイヌイットだと思っていながら、エスキモーといったのだろう。なんかちょっと悲しい。たしかに日本ではイヌイットというよりもエスキモーという呼称のほうが有名だ。その手の本も多くはエスキモーという呼称を使っている場合が多い。私が自分の研究テーマを説明するときもイヌイットではわからない人が多いが、エスキモーというとわかる人がいる。

話をもとに戻す。

オジサン、つづけていう。

「帽子、取ってみてくれないか」

私は帽子を取る。

⬆昔のイヌイットの人たち。

「髪の毛の色もやっぱりおなじだ。われわれと日本人って似てるんだな」

「オジサン、ここの先生なの」

「ぼくは先生じゃないよ。ここで掃除の仕事をしてるんだよ」

そうこう話しているとタクシーがくる。オジサンに別れを告げる。このオジサン、私にまたきてくれよという。なんか私を見てとても感動したみたいだ。日本人をはじめて見るのだろうか。

タクシーでイカルイトに戻る。今度は4ドルだった。ここのタクシー料金はいったいどうなっているのだろうか。相手を見て決めるのだろうか。スーパーで買い物をして、ヌナネットに寄りメールをチェックして帰る。夕食は買ってきたスープにタマネギをたっぷり入れて食べる。そしてパンも。ついでだがお腹はこわしていないようだ。どうやら北極イワナとカリブーの肉はあたらなかったみたいだ。よかった。

⬆昔の極北の先住民の夏の暮らし。

タクシー代往復（イカルイト〜エイペックス）チップ代含む　840円（10ドル50セント）■食費（サラダ、スープ缶、オレンジジュース、卵6個入り、大タマネギ、ミネラル・ウォーター）　1148円（14ドル36セント）■計1988円

注1　ハドソン湾会社（カナダでは通称HBC）というのは、1670年に設立されたイギリスの会社で、カナダ貿易を独占していた王立特権企業である。正式名は「ハドソン湾において通商に従事するイギリスの冒険家たちと総督」。英国王チャールズ2世は、ルバート・ランドと命名した広大な土地をこの会社に与えた。

――ほんと、ようやるよ。イヌイットという先住民がいるんだぜ。彼らの土地じゃないか。

という私の感想はさておき、ハドソン湾会社は、おもに北アメリカ大陸北部のイヌイットやファースト・ネーションズやネイティブ・アメリカンが捕った動物の毛皮や皮革をイギリス本国に輸入する業務に従事していた。ずばり、〝略奪的商業〟のパイオニアである。１７６３年にカナダがフランスからイギリスに譲渡されたあとは、ハドソン湾会社のテリトリーを侵して商売をしていた多くの個人毛皮商人が合同してつくったモントリオールのノースウェスト会社（この会社には、アレクサンダー・マッケンジー、シモン・フレーザー、デビッド・トンプソンなどという有名な探検家がいた）というライバルの出現で、ますますその〝略奪的商法〟に磨きがかかった。このあたりのイヌイットもその犠牲者というわけだ。そういえば、小学生のときに訪れたパグニアタングにも、これに似た建物があったような気がする。あのあたりのイヌイットも、してやられていたわけか……とにかく、ハドソン湾（南北約１３６０キロ、東西約９６０キロ、面積約１２２万２５００平方キロ。10月末から6月中旬まで凍結）一帯においてこの会社の勢力は巨大で、「カナダ、すなわちハドソン湾会社」といっても過言ではない時期もあった。もう少し、この会社の説明をつづければ、無茶な〝略奪的商法〟のせいで、毛皮資源が枯渇しそうになったこともあって、１８２１年にハドソン湾会社はノースウェスト会社を合併吸収して、21年間の貿易独占権を獲得した。１９３８年にさらに21年の延長契約をする。１８５９年以降、貿易独占権を失い、１８６９年には、各種権益をカナダ政府に譲ったが、ハドソン湾会社は、その後も北の大地一帯に優先的土地用益権を持つ。ＨＢＣはコーカソイド側から見れば「カナダの貿易に多大の貢献をした会社」であり、イヌイット側から見れば、「何世紀にもわたって略奪をつづけた悪辣《あくらつ》な会社」「イヌイットの伝統的な生活を崩壊に導いたコーカソイド勢力の先兵」である。３００年以上たった現在も存続しているから、驚きである（ウェブサイトもちゃんとある。http://www.hbc.com/english.sp）＝以上のＨＢＣに関するほとんどのデータはインターネットのあっちこっちの項目を調べてまとめたもの。

注2　エスキモーというのは〝生肉を食うやつ〟という意味のアルゴンキン語族Algonkinのアブナキ語やオジブウェ語

だとする説が一般的。〝よその土地の言語を話す〟という意味だという説や、〝カンジキの網を編む〟という意味だという説もある。この言葉はカナダでは蔑称と受け止める人が多く、イヌイット語で〝人間〟という意味の〝イヌイット〟という名前で呼ばれることが今は多くなっている。しかしこれは、本来的にはカナダ東部とグリーンランドに住む人びとにあてはまるだけで、西カナダに住む人びとは、イヌンムアーリートInunmmaarit、アラスカ西南部ではユピック（ユッピック）Yupik、アラスカ北部ではイヌピアックInupiakとそれぞれ自称。アラスカやシベリア地方に住んでいる人びとは、カナダのイヌイットとは違うふたつの言葉を使う。アリュート語をしゃべる人たちは、自分たちのことをアリュートと呼び、エスキモー語を使う人たちが、エスキモーと自らを呼んでいる。イヌイットと自称する人たちは、全体の60パーセント弱といわれている。アラスカ州政府は、グループの総称としてエスキモーを公称として使っている。私もアラスカにおける民族総称としてのエスキモー使用論は、一概に否定しない。私自身はカナダ北極圏とグリーンランドを彷徨《さすら》っているので、イヌイットという言葉を使っているが……。

ここの社会ってけっこう閉鎖的社会。

［3月3日（金）］

朝10時に起きる。朝食はベーコン・エッグをつくって、パンにはさんで食べる。まず、今や日課になったヌナネット訪問。とくに大事なメールはない。

町をまたうろうろと歩いてみることにする。坂をちょっとあがったところに大きな建物がある。アリーナである。建物の外には、ホッケーのスティックを持った小学生から中学生ぐらいの子どもがたくさんいる。

⬆イカルイトの町のなかでは、いたるところでスノーモービルを見かける。ここでは、このマシーンは日常生活の大切な「足」である。レンタルで借りることもできる。

なかでは10人くらいの高校生とおぼしき少年たちがホッケーの練習をしている。なかなか立派なホッケー場だ。その目のまえには、カーリング・リンクがある。このイカルイト、いろいろな運動施設が充実している。地図によると、ここからちょっと離れたところに野球場もあるみたいだ。もちろん冬は閉鎖されている。

——そうだスノーモービルのレンタルの料金を調べにいこう。たしかヤマハの兄ちゃんがアークティック・サバイバルで借りられるっていっていた。そこにいってみよう。

スノーモービルの料金を調べる（注1）。思っていたよりも安い。もっと法外な値段だと予想していた。そうそう、あと免許は必要なし。車の免許を持ってない私でも乗れるというわけだ。店を出る。

小学校の隣にある教会にいく。きれいなデザインの教会。名前をセント・ジュディス・アングリカン・カテドラル St.Jude's Anglican Cathedralという。

⬆零下何10度のイカルイトの町のあっちこっちで、子どもたちは外で元気に遊んでいる。たしかに文明社会はテレビ・ゲームを、この社会に持ちこんでいるし、子どもたちはそれで遊ぶが、彼らがこうやって厳冬期の屋外で元気に遊んでいる姿を見ると、正直、ほっとする。

なかに入ってみようと試みる。ドアが閉まっていて入れない。あきらめる。また歩く。歩いているとかならずみんな不思議そうな顔をして私をめずらしい動物でも見るかのように見る。もうこの視線にも慣れた。そしてこそこそとなにかを話す。英語もわからないのに、ましてやイヌイット語がわかるわけがない。こっちがニッコリ笑うとニッコリ笑い返してくれる人もいるが、だいたいが「おっ!」って顔をする。ここの社会ってけっこう閉鎖的な社会だ。しかもヌナブトができてまだ1年も経っていないから、みんな外国人に対して神経をとがらせている。こりゃ溶けこむのに時間がかかりそうだ。そういえば、ホームステイの返事もまだきていない。

スーパーにいく。このまえ写真を撮ってあげたキリがいる。なにか私に見せようとしている。ポラロイド写真だ。だれかに撮ってもらったみたいだ。写真を見たあと懲りずに、また、

「1ドルくれよ」

「ダメだよ」

「なんでダメなんだよ。ひょっとして、あんた貧乏なの？」

と笑いながらいうので、こっちも笑いながら、

「そうなんだ、おれ貧乏なんだ」

スーパーに入るが、本日、買い物なし。帰る途中にレストランがある。入ろうかどうか迷う。

——インスタント食品に飽きてきてるなあ。でも、イカルイトのレストランはどこも高いからなあ。

……迷ったあげく、ホテルで自炊することにする。まだ日本から持ってきた食品が余っている。持ってきた以上、日本に持って帰りたくない。ケチ根性が出る。ハヤシライスをつくる。ハヤシライスのうえに目玉焼きとベーコンを乗せて食べる。あと余っているバナナを食べてしまう。

※出費なし。

注1　スノーモービルの料金　ブラボBravoという機種が1時間20ドル。1日100ドル。エンタイサー＝Enticer＝は、1時間25ドル。1日125ドル。バックができる分高いらしい。どちらもふたり乗り。1日の借りられる時間帯は朝の9時〜夜8時まで。けっこう長い時間借りられる。

極北の地に20日間、まだオーロラを見ていない。

［3月4日（土）］

朝10時ごろ起きる。朝食に半熟卵2個とパンを食べる。土、日はほとんどのお店が休みで外に出ても、あまりおもしろくない。少しホテルでだらだらしたあと12時ごろから行動を開始する。

↑町を歩くと、とにかく建築中の建物がやたら目立つ。

そういえばこっちにきてから、まだノーザン・ライツ（オーロラ）を見ていない。日本ではオーロラというけれども、こっちの人はノーザン・ライツという。オーロラでも通じることは通じる。この時期、この地方に約20日間も滞在していて、オーロラを一回も見ていない人間というのもめずらしいだろう。小学生のときにはじめて見たときの経験からいえば、見ようとしないで見れたほうが、感動があると思うのだが、やはり見ようとしなければ見られないものなのだ、あれは。そこそこ天気がいいので夜にでも外に出てみようと思う。

町を歩く。イカルイト・エンタープライズにいって、まえに買ったカリブーの肉を買う。この味に、はまっている。2ドル90セントの小さいやつを買う。この味、魚に例えるとマグロの刺身に似ているのではないかと私は思う。これを買ってスーパーにいく。買い物にきたわけではない。私の〝ホームステイ探し〟の紙が、まだ貼ってあるかどうかの確認をしにきただけだ。一応、紙は残っているがみんなこれ見てくれているのだろうか。まだ返事はこない。

早めにホテルに帰る。夕食に、お茶漬けを食べる。

イカルイトの情報を流すテレビは2局。

カナダのテレビについて書こう。カナダはテレビのチャンネルが多い。全部で51チャンネルもある。そのうち、そのなかにイカルイトの情報を流す番組がふたつあり、イヌイットの放送みたいなものがひとつある。あとは映画チャンネルが多い。いろんな映画をやっている。あとはスポーツだ。カーリングとホッケーをよくやっている。それにつづいてバスケットボールとサッカーだろうか。日本でやっているようなバラエティー番組もやっている。

ジュース代（ペプシ）　200円（2ドル50セント）■カリブーの肉　232円（2ドル90セント）■計432円

風邪をひいた。のどが痛い……あまりもの混合おじや、まずい！　［3月5日（日）］

風邪をひいた。のどが痛い。なんで風邪をひいたのかは大体想像がつく。昨日の夜オーロラを見るために外にいった。夜の12時から2時のあいだにホテルと外をいったりきたりしていた。多分そのせいだろうと思う。オーロラは見えたかというと、よくわからない。というのは、なんとなく空は青いのだが、それがオーロラなのかどうかがよくわからない。〝これぞオーロラ〟というようなオーロラは見ていない。

自炊の料理は、いつも失敗作というわけではない。インスタント・ラーメンなどは、いろいろなかに入れる具を工夫して、けっこう、満足する味に調理して食べている。➡

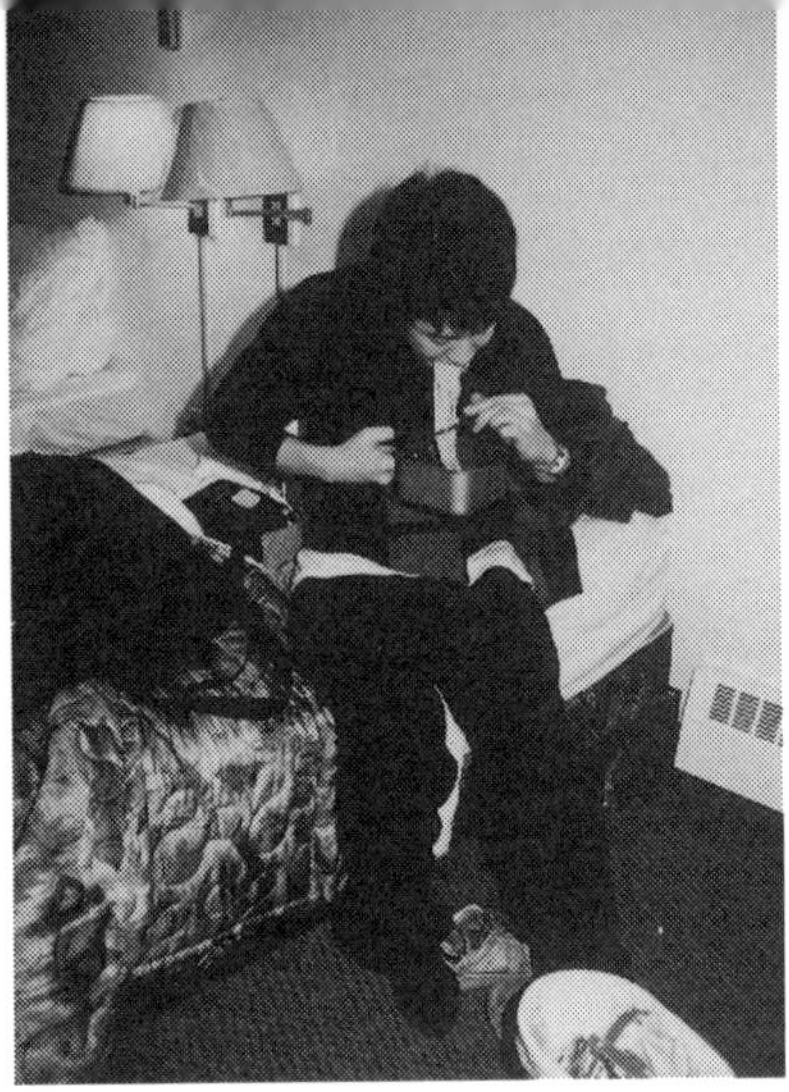

昼、12時ごろの起床。とりあえず朝食を食べようと思い、なにかつくることにする。いろいろなあまりものをあわせておじやをつくる。玉子スープにタマネギとサーモン缶のあまりと赤飯を入れてつくってみる。なにごともチャレンジ精神が必要だ。

見るからにまずそうな料理ができる。犬が食べそうなご飯だ。なんかドロドロとしている。食べてみる。これがけっこう……うまいわけがない。というよりもまずい。今回の旅ではじめて食事で失敗する。もったいないと思い、努力して食べようとするが、サーモン缶の汁のなんともいえない臭みと赤飯のもち米が混ざりあってドロドロとしていて気持ちわるい。とにかく、あまりにまずくて食べられない。ほとんど食べないで残してしまう。もったいないことをした。しかし人間は成功から物事を学ばない、失敗から物事を学ぶとよくいう。

——これでよかったのかも。

などと都合のいい解釈をする。代わりにコーン

↑ホテルで休養。ベッドに寝ころがってテレビをだらだらと見る。

スープとパンを食べる。ところが、これを食べたら調子わるいのが、さらに調子わるくなってしまった。

日曜日で店、そのほかの施設が休みなので、ホテルで休んで風邪を治すことにする。しかも明日からアンさんがきていろいろと忙しくなると思うので、完璧《かんぺき》に治しておきたい。テレビをだらだらと見たあと、風邪薬を飲んで寝ることにする。しばらく寝て夕方6時ごろ起きる。まだ少しのどが痛いが体調はそんなにわるくない。

夕食は玉子スープにタマネギを入れてつくる。またおなじような失敗をしないために闇鍋ふうに、雑多なものは入れなかった。今度はまずくもないがうまくもない。普通の玉子スープができあがる。食事を食べ終わったあと日記を書く。

ジュース代（オレンジジュース）　200円（2ドル50セント）■計200円

「顔を売る」——閉鎖的社会・僻地社会に入りこむ第一歩。

［3月6日（月）］

町がなんだか騒がしい。モントリオール銀行のまえでなにか工事をしている。電線の工事をしているみたいだ。そういえば今日、電気はついたけれども、テレビはつかなかった。銀行2軒と郵便局もやっているはずなのに閉まっている。

スーパーにいってみる。案の定、電気がついているところとついていないところがある。ハンバーガー・ショップは閉まっている。なにがあったか知らないが、どうやら一部の地域で停電しているようだ。

ひさしぶりに外で昼食を食べることにする。ザ・スナックにいく。やはりみんな私に注目する。イヌイットの青年が、

「コンニチハ」

と日本語で話しかけてくる。

この青年、このまえもここにきたときに話しかけてきた。ニッコリ笑って、

「コンニチハ」

と返す。

ハンバーガーとホットドッグとチキンピースとペプシを頼む。やっぱり私、若者である。こういうジャンクフードが好きだ。これだけでしめて1318円（16ドル48セント）。やはりここの物価は高い。食べながら今までいった場所を地図でたしかめる。おなじところをぐるぐるまわっているような気がする。まあ、そ

⬆イカルイト最大のスーパー・マーケット「ノーザン・ストア」の向い側の道脇で売っていた魚は、カチカチに凍っていた。ソリの上で売っていた。私がイカルイトで見かけた唯一の「露店商」だった。⬇

れも無理もない。そんなに大きな町ではないのだから。でも毎日、外に出るようにしている。こういう狭い町ではスーパーの店員でも、子どもでも、だれでもいい、なにはともあれ顔を覚えてもらう――「顔を売る」のが大事だからである。

――あっ、あの日本人、このまえもここにきていた。

と相手に思わせるのがこういう閉鎖的社会・僻地に入りこむ第一歩である。もっといろいろな効率のよいやり方があるのだろうが、これが今の私にできる〝第一歩〟である。ちょっと食後のひと休みをしていると、また別のイヌイットが話しかけてくる。

「おまえ、だれかと思ったよ。おまえ、イヌイットに似ているな」

と20代前半ぐらいの若者がいう。これでイヌイットに似ているといわれたのは今回の旅で2回目だ。

――そんなにおれ、イヌイットに似ているだろうか。それともここにいるうちに似てきたのだろうか。

このまえとおなじことを繰り返すが個人的には似ていないと思う。今度は別のヨーロッパ系カナダ人の男性が話しかけてくる。

「この地図、イカルイトのかい。新しいイカルイトの地図なんてあるんだ。知らなかった」

これは観光案内所でもらった地図だ。地元の人が観光案内所にいくわけがない。どうやら、めずらしいみたいだ。

時間は3時半。アンさんが5時ごろの飛行機でイカルイトに着くので、早めに空港にいこうと思い、店を出る。さっき日本語で話しかけてきた青年が、

「マタネ」

という。このまえもおなじことをいっていた。どうやら〝コンニチハ〟と〝マタネ〟だけ日本人に教えてもらったみたいだ。今度はさっき話しかけてきた20代前半ぐらいの若者が話しかけてくる。

「おまえ、こんなところでなにやってんだよ。犬ぞりでもやりにきたのか。それとも薬《グラス》（ハシシーやマリファナのこと。以下同様＝筆者注）でもやりにきたのか。こんな時期にくるなんていかれてるな」

という。けっこう、みんな話しかけてくる。私みたいな若い男はめずらしいのだろう。たくさん、話しかけてくれることはうれしいことだ。

アンさんがやってきた……ふたりで作戦会議。

空港にいく。飛行機がちょっと遅れて午後5時15分ごろアンさんがやってくる。

機内でアンさんの隣に座っていた人が、たまたまイヌイットの人で、ここイカルイトでコミュニティー・ヘルスの代表Community Health Representativeをだった。そのオベッド・アニオーズObed Anioseさんという人から聞いた情報を、ついたそうそうアンさんが教えてくれる。ここイカルイトでは、10代の未婚の母が多いのが社会問題になっているらしい。そしてこの女性たちは、子どもの世話の仕方がわからない人が多いという。とても興味深い話だ。町でたしかに、よく私とおなじぐらいか、それよりも若い女性が赤ちゃんをおんぶしているのを見かける。私は兄弟の世話をしている〝お姉ちゃん〟ぐらいの感覚で見ていたが、ほとんどがお母さんだという話だ。これにはびっくりした。明日、もし詳しい話を聞けるのだったら、この人のところにいってみよう。フィールド・ワーク専門家の学者のアンさんがくることで行動範囲が大きく広がる。

⬆アンさんと、極北の地での再会を祝って、ビールで乾杯。

今の微力な私にとっては、非常にありがたい。

さっそくホテルでアンさんのチェック・インをすませたあと、近くのレストランへ。極北の地での再会を祝って、まずビールで乾杯をしたあと、夕食をとりながらいろいろな話をする。

「言葉の壁に苦しんでいます。いいたいことが思うようにいえない。アンさんはもう日本でそんなことないでしょ？」

と私がいうと、

「そんなことないよ。目のまえの壁がなくなると、また新しい壁が出てくる。言葉の壁っていうのは、たぶん一生消えませんね」

という答えが返ってきた。今の私、イヌイット語どころではない。そのまえに英語で苦しんでいる。ひとつひとつクリアーしていかなければならない。

——はあ、大変だ。

自分で足を踏み入れた世界とはいえ、大変な世界に首を突っこんでしまった。いや、まだ足を踏み入れる段階までもいってない。スタートラインにも立っていないと自分では思っている。

——早くスタートラインに立たなくては。

とまあ、これ以外にもいろいろなことを話したが長くなるので割愛。

明日の予定を決めてしまう。父が帰ってくるまえに新聞社と政府関係の役所にいってしまおうということになった。

「新聞社でこんな日本人がきているということを取りあげてもらったら」

とアンさんがいう。あいかわらずこの人も行動力がある人だ。アンさんがいるうちにやれるだけのことをやっておきたい。明日は9時に行動を開始するということになった。今日の夕食、私はピザとコーラ。アンさんはハンバーガーとビール2本。

そうそう、このレストラン（カモティク・イン Kamotiq Inn とコマティク・イン Komatik Inn というふたつの名前がついている）には、いろいろなイヌイットの彫り物や絵などの芸術品を売りにくる人が多い。2時間くらいのあいだに12、3人きただろうか。そのなかで絵を売りにきた少年と話す。ジェームジィー・コナック Jamesie Kownirk（10歳）とポール・コナック Paul Kownirk（14歳）のふたりだ。彼ら従兄弟同士だという。絵は1枚70ドル。

——ちょっと高いんじゃないの。

と思う。

このレストラン、たまにイヌイットの人を見かけるが、よく見るとほとんどの客がヨーロッパ系カナダ人だ。そうしたヨーロッパ系カナダ人の金持ちや観光客相手に彼らは芸術品を売りにきている。それにしてもこのふたり、若い。最初見かけたたとき、私とおなじぐらいの年齢かと思っていた。

――こんな幼い少年たちが、こういったことをやっているとは！　日本の若者に比べて数段たくましいなあ！

なんか自分が情けなくなる。

ホテルに帰る。明日早いので日記を書いて寝ることにする。

そうそう、今日グリーンランドにいっている父からメールが届いた。そのメールを日記に組みこむ。

父のメールが、グリーンランドから届いた。

『憧れのグリーンランドに着いた。

かれこれ、40年まえになる。北方志向の旅人だったおれは、ヨーロッパからアイスランドに、やっとの思いでたどり着いたことがある。貧乏旅行者だったおれには、そこから先に行くお金はなかった。黒ずんだ北の海を眺めながら、つぶやいたものだ。

「いつの日か、もっと、北、グリーンランドに、かならず行くぞ！」

……そして、今、その夢が叶った。

君の今後のヌナブト研究のための参考資料として、ちょっとグリーンランドについて書いておこう。ヌナブトの〝国づくり〟のときに、かの地のイヌイットのリーダーたちが、参考にし、「将来、かくあるべし」と目標にしたのが、グリーンランドであることを考えれば、君もグリーンーランドのことを、よく知っておい

⬆グリーンランドの風景。（首都ヌークの入江）

たほうがいいとおれは思う。ヌナブト独立の志士たちが、なぜ、この地を意識したのかは、よくわかる。おなじようなだだっぴろい不毛の凍てついた大地に、おなじぐらいの人数（ヌナブトのほうが、2万人ほど少ない）のイヌイットが住み、コミュニティー間を結ぶ道路はなく、空路だけが交通手段であり、言葉も似ていて、食べ物もおなじようなモノを食べるなどなどの類似点の多いグリーンランド……ヨーロッパと北アメリカという違いがあるにしても、〝白人王国〟から21年もまえに、自治権をトラブルなく獲得して、今日も平和に存続しているところを、建国のときに参考にしないとしたら、そのリーダーたちは、間抜けである。

　グリーンランドの北の端から北極点までは、わずか740キロ！　世界最大の島（217万5600平方キロメートル［216万6086平方キロという数字を採用している資料もある。正確なところは、わかっていないのだ］）にわずか、5万6076

←北極点まで、わずか740キロ！ 飛行機で3時間15分。（グリーンランドのハブ空港カンゲルルススアークに立っている標識）

←グリーンランド全図。（グリーンランド政府発行［協力デンマーク外務省］『This is GREENLAND '99』より）

人（1998年1月1日調べ。インターネット情報では、5万9800人［1999年］という数字もあったがウラは取っていない）のグリンランダーズ（うち6097人がデンマーク人）が住んでいる〝最果ての僻地〟。君も調べて知っているだろうが、1978年9月にできた有名な法律ホーム・ルール・アクトHome Rule Actにより、1979年5月1日に外交権・軍備（警察を含む）権・司法権・資源採掘権を除く自治権を〝現地の人たち〟が、デンマークから勝ち取った。

北極圏内にちょっと入ったところにあるカンゲルルススアーク（何度聞いても、このグリーンランド語の地名の発音は、むずかしい。イヌイットの言葉で、〝長いフィヨルド〟という意味だそうだ）は、グリーンランドのアメリカ・カナダ側の玄関である。1992年までは、米軍の基地であったせいか、首都ヌークの空港よりも立派な国際空港がある。いわゆる、カナダ・アメリカ側のハブ空港である。それ

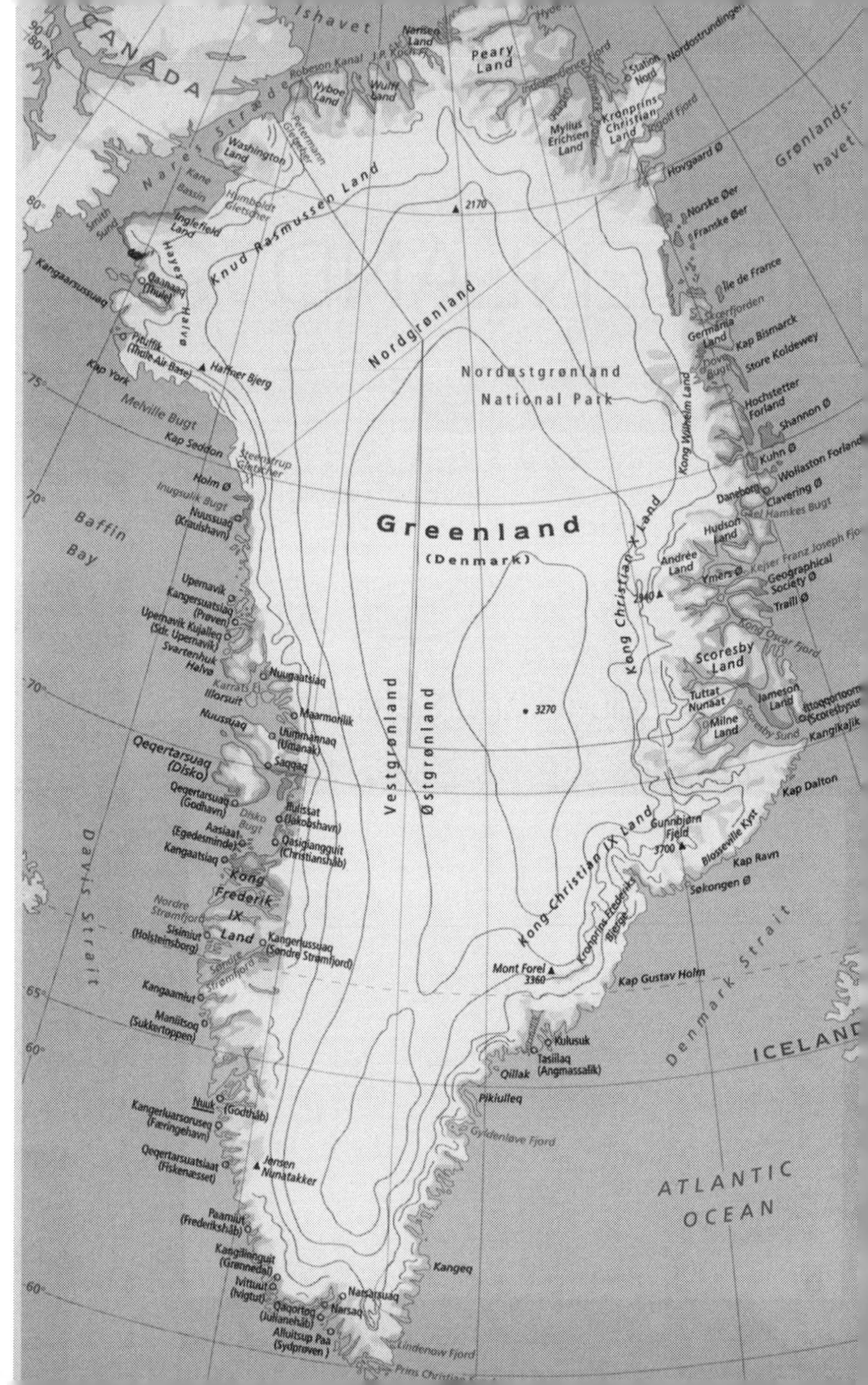

CANADA
Ishavet
Nares Stræde
Robeson Kanal
Kane Basin
Washington Land
Humboldt Gletscher
Inglefield Land
Hayes Halvø
Qaanaaq (Thule)
Kangaarsussuaq
Pituffik (Thule Air Base)
Kap York
Haffner Bjerg
Melville Bugt
Kap Seddon
Steenstrup Gletscher
Holm Ø
Inugsulik Bugt
Nuussuaq (Kraulshavn)
Baffin Bay
Upernavik
Kangersuatsiaq (Prøven)
Upernavik Kujalleq (Sdr. Upernavik)
Svartenhuk Halvø
Karrats Fj.
Illorsuit
Nuugaatsiaq
Nuussuaq
Maarmorilik
Uummannaq (Umanak)
Saqqaq
Qeqertarsuaq (Disko)
Qeqertarsuaq (Godhavn)
Disko Bugt
Ilulissat (Jakobshavn)
Aasiaat (Egedesminde)
Qasigiannguit (Christianshåb)
Kangaatsiaq
Davis Strait
Kong Frederik IX Land
Nordre Strømfjord
Sisimiut (Holsteinsborg)
Kangerlussuaq (Søndre Strømfjord)
Søndre Strømfjord
Kangaamiut
Maniitsoq (Sukkertoppen)
Nuuk (Godthåb)
Kangerluarsoruseq (Færingehavn)
Qeqertarsuatsiaat (Fiskenæsset)
Jensen Nunatakker
Paamiut (Frederikshåb)
Kangilinnguit (Grønnedal)
Ivittuut (Ivigtut)
Narsarsuaq
Narsaq
Qaqortoq (Julianehåb)
Alluitsup Paa (Sydprøven)
Lindenow Fjord
Prins Christian Sund
Kangeq
Gyldenløve Fjord
Pikiulleq
Qillak
Tasiilaq (Angmassalik)
Kulusuk
Mont Forel 3360
Kap Gustav Holm
Kronprins Frederik Bjerge
Kong Christian IX Land
Gunnbjørn Fjeld 3700
Blosseville Kyst
Kap Ravn
Søkongen Ø
Kap Dalton
Denmark Strait
ICELAND
ATLANTIC OCEAN
Greenland (Denmark)
Vestgrønland
Østgrønland
3270
Nordgrønland
Knud Rasmussen Land
Nordøstgrønland National Park
2170
Kong Christian X Land
Kong Wilhelm Land
Petermann Gletscher
Nyboe Land
Wulff Land
J.P. Koch Fj.
Nansen Land
Peary Land
Independence Fjord
Station Nord
Nordostrundingen
Mylius Erichsen Land
Kronprins Christian Land
Hovgaard Ø
Grønlandshavet
Norske Øer
Franske Øer
Île de France
Germania Land
Kap Bismarck
Store Koldewey
Dove Bugt
Hochstetter Forland
Shannon Ø
Kuhn Ø
Wollaston Forland
Daneborg
Clavering Ø
Gael Hamkes Bugt
Hudson Land
Andrée Land
Ymers Ø
Kejser Franz Joseph Fjord
Geographical Society Ø
Traill Ø
Kong Oscar Fjord
2940
Scoresby Land
Tuttat Nunaat
Jameson Land
Milne Land
Scoresby Sund
Ittoqqortoormiit (Scoresbysund)
Kangikajik

⬆ヨーロッパから、アメリカから、カナダから……冬のカンゲルルススアークの国際空港は、けっこう賑わっている。大型ジェット機が雪煙をあげて、離着陸する様は壮観である。

以外、なんにもないといってもいいすぎではない鄙《ひな》びたところ。350人から500人（聞く人によって、教えてくれる人数が違う）の、おもに航空関係者が住む集落が、空港のメインビルディングから3〜4キロ離れたところにあるだけ。ここは、かっての米軍施設だ。ここでは純正イヌイットの人びとの姿は、目立たない。

その集落は、ビック・ブラザー（注1）の世界。画一的かつ無機的なおなじデザインのコンクリートの凍てついた建物が規則正しく並んでいる。人っ子ひとり外を歩いていない集落のまっただなかにいるといいしれぬ寂寞感《せきばくかん》がこみあげてくる。

まだ、ヌナブトが準州になるまえに、友人のイヌイット人のインテリが、熱っぽく、

「グリーンランドのコミュニティーのような整った町を、われわれもつくりたい」

とおれに語ったことがあるが、このカンゲルルススアークのような集落を彼がイメージしていたとし

たら、ちょっと首をかしげてしまう。

君とトゥヌニク・ホテルの2階のレストランの窓から、イカルイトの雑然とした町並みを眺めながら、

「もうちょっと、なんとかならんもんかね、この町のたたずまいは。今のうちに、ちゃんとした町づくりのビジョンを持って欲しいねえ」

と話しあったが、カンゲルルススアークの整然と〝人為的に整った〟集落を見ていると、あのイカルイトのカオスのほうが、人間らしくていいと思えてくる。


ここは、イカルイトより〝暖かい〟。ほんのマイナス10度前後。人間の感覚というのは、不思議なものだ。マイナス30度のところから、やってくると、「ここは、暖かい」と感じてしまう。


空港のカフェテリアで、ここから5キロほど離れたところに住んでいるという中年のイヌイットの男と話した。彼は、お昼ちょっとまえだというのに、ウイスキーの小瓶《びん》をラッパ飲みしながら語った。

「お隣のカナダのヌナブト？　よく知っているよ。おれたちイヌイットの新しい国。でも、おれは、グリーンランドのイヌイットだ。関係ないね。ここは、なんだかんだといったって、完全に白人支配の国だから……」

彼は、アブソリュートリーとホワイトという単語を、強い調子で吐き捨てるように使った。

カンゲルルススアークから50人乗りの4発プロペラ機に乗って、1時間弱南下したところに、首都ヌークがある。人口1万3427人（1998年1月1日調べ）のグリーンランド最大の町。〝北欧的〟な美しい町

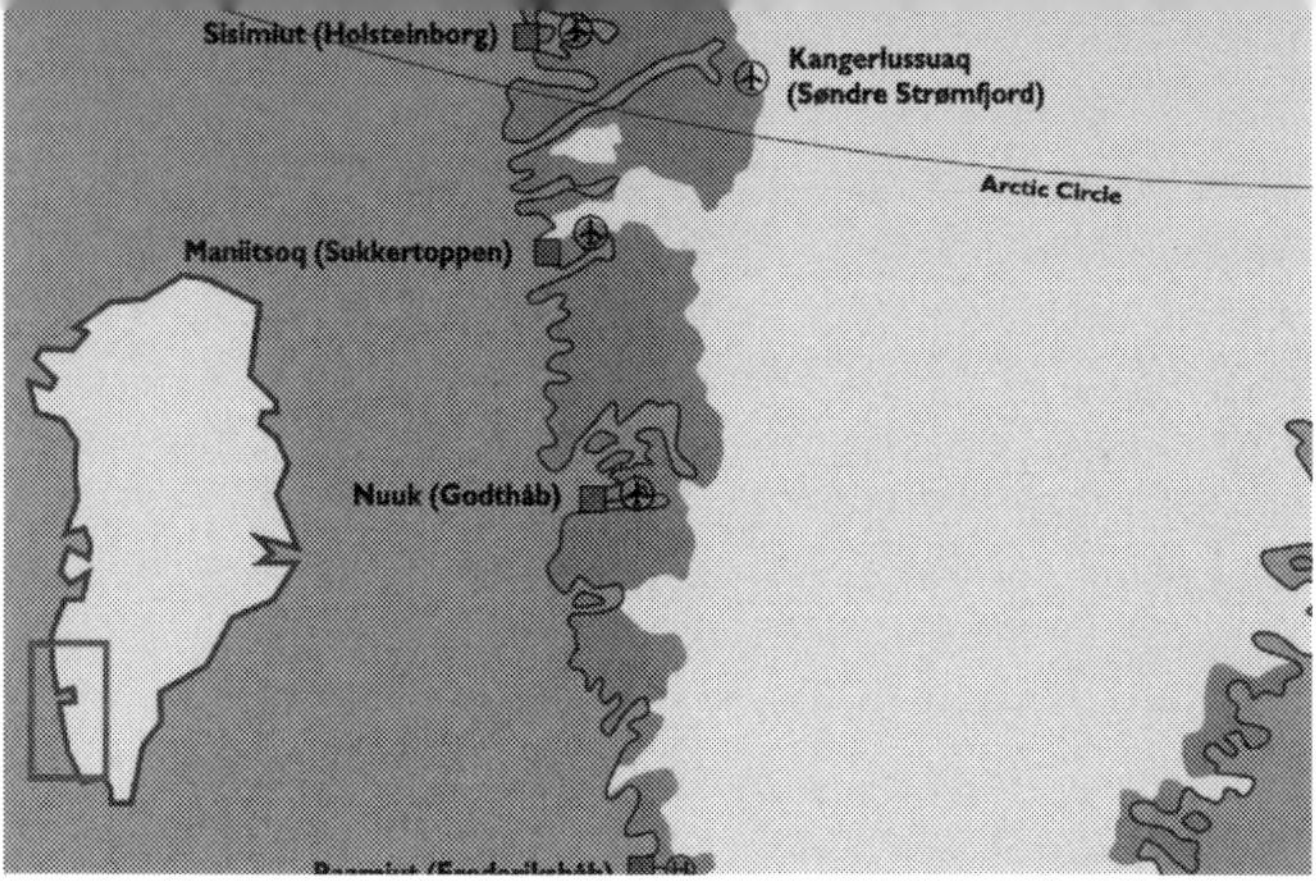

⬆カンゲルルススアークKangerlussuaqから南、ヌークNuuk周辺の地図。

である。鮮やかな緑や青や赤のペンキ塗りの木造の家々が、整然と並んでいる。さきほどのイヌイットの友人が、カンゲルルススアークではなく、こうした町並みのコミュニティーを理想としているのなら、彼の気持ちが、わかるような気がした。

気温、マイナス9度。でも、ここまで南下すると海は凍っていない。どす黒い北の海が町を取り巻いている。そう、この町はフィヨールドの突き出した小さな半島にある。ヌークというのは、半島の岬という意味だそうだ。ちなみに、グリーンランド沿岸が氷の海になるのは、北極圏のやや北にあるグリーンランド第二の町、シシミットSisimiutから北だ。

夜……というよりも、午後をちょっとまわったころから、酒場はイヌイットの人たちであふれている。全部を回ったわけではないが、おれがバー・ホッピングした範囲でいえば、パブ・マキシムットPub Maximutとレストラン・タクスRestaurant Takuss

⬆グリーンランドの国内線はプロペラ機が幅をきかせている。

が、彼らのたまり場だ。ここの酒場は、昼の12時から夜の12時まで開いている。これ以外に、びっくりするぐらいたくさんの酒場が〝ヨーロッパ的退廃ムード〟のなかで、賑わっているし、けっこうな数の〝ヨーロッパ的高級ムード〟のレストランも客を集めている。

「おい、おい、おい、ちょっと待ってよ！」――といいたくなるのは、カナダ・アメリカ文化の影響化にあるヌナブトの州都イカルイトから、いきなりヨーロッパ文化圏にやってきたせいかもしれない。つまり……こういういい方をしたら失礼だし誤解を生みそうだが、こういうことだ。なんだかんだといっても〝アメリカ・カナダのコーカソイド系のなかではスマートではない文化〟の支配下にあるヌナブトから〝コーカソイド系爛熟《らんじゅく》した文化〟と昔からしたたかに戦い融合してきた人たちのところに、いきなり、なんの予備知識もなくさまよいこんだモンゴロイドのおれが受けたある種のカルチャー・ショックが、お

⬆グリーンランド最大の町ヌークは、美しい町である。

れに〝ちょっと待ってよ感〟を抱かせるのかもしれない。

さて、話をもとに戻せば、イカルイトがフロビッシャー・ベイと呼ばれていた10年ほどまえに訪れたかの地のイヌイットの人たちに、ここの〝先住民系〟は、雰囲気が似ているというのが、第一印象。ここの先住民たちには、ずっと抑圧されていた人間が持つ独特の雰囲気がそこはかとなく漂っているというのは、ちょっと偏見か。それにしても、ヌナブトになってから、はじめて訪れたイカルイトのイヌイットたちが、明るい感じになっていることを、ここにきてあらためて実感する。それはそれとして、ここのイヌイットは、人なつっこい。ニコニコと話しかけてくる。ただ、残念なことに、若い人は別として流暢《りゅうちょう》に英語をしゃべれる中高年は、そんなに多くはない。だって、彼らにとって、英語は〝第三外国語〟だもの。英語がしゃべれなくてあたりまえだ。

中国料理とタイ料理のファミリー・レストラン、カ

⬆グリーンランドの首都ヌークの町の中心部にたむろする人びと。父はこの人たちに、『ずっと抑圧されていた人間が持つ独特の雰囲気がある』という感想を持ったようだが、私は……私自身のグリーンランド体験は、この本の最後のほうで語るので、今ここで感想を述べるのは差し控える。

フェ・クレージー・デイジーCafe Crazy Daisy（アクスナースアークAqqusinersuaq通り）で会ったカール・ピーター・エゲデKarl Peter Egede（22歳）は、

「ヌナブトのことは、知ってはいるけど、あんまり関心がない」

と、きわめて不愛想な感想を語る。

おなじ店で、ニコニコと近づいてきたカラーリー・キールセンKarale Kielsen（26歳）は、1992年から1年間、日本の広島県大和町広島県立世良高等学校に留学したことがある。片言の日本語を話す。

日本人に似た顔をしている彼に、

「きみは、イヌイットか？」

と聞くと、ちょっとムッとして、答えた。

「ぼくは、グリーンランド人だ。われわれの祖先は2000年まえに、カナダから、こっちに渡ってきたんだ」

彼は、南の町ナノッタリックNanortalik（白い熊が

↑中国料理とタイ料理のファミリー・レストラン、カフェ・クレージー・デイジー。

いるという意味。人口2550人）の出身。ヌークでいちばん大きなスーパーマーケット（現地名Ulluinnarsiutnut Pisiniarfiit [General Store]＝店のまえの看板は、ブルグセンBrugsen）で、朝6時半から夕方の4時まで働いている。画家の卵である。

カラーリー曰く、

「ヌナブトは、もちろん、知っている。でも、カナダのことは、ときどき、テレビで見る程度で、ぼくのもとには、あんまり、いろんな情報が入ってこない。あまり関心もない。ここからデンマークのコペンハーゲンまでは、飛行機で4時間半、カナダには2時間半ほどで行けるのに、あそこは遠い国。地理的には近いけども、ぼくらはヨーロッパ圏の人間だ」

ロック・カフェRock cafeは、ちょっと気取ったパブ・レストランである。バーテンダー嬢は、デンマーク人。北欧的な美人である。彼女は、「ヌナブト？聞いたこともない」と、そっけない。

父のメールのつづき。グリーンランドの首相に会った！

ホーム・ルール・ガバメントの首相ヨナタン・モッフェルトJonathan Motzfeldt（62歳）と会った。グリーンランドが自治権を獲得するために戦った〝闘士〟のひとりである。まえに12年間、首相をやり、今回は、2回目の首相になってから2年目である。任期はあと2年。与党進歩党Siumutを率いている。Siumutの意味は英語の〝Forward（前進）〟（ちなみに、閣僚7人のうち5人がこのSiumutの党員）（注2）。

精悍な顔をした彼と会った瞬間、おれは、幕末から明治時代初期にかけて活躍した日本の政治家は、きっとこんな感じだったに違いないと思った。平成時代の日本の政治家には、こんな顔をした人はいない。最近の首相に例を引いても、おれと同級生だった細川さんや、作曲家の三枝成章さんの紹介で知りあった羽田さんなどと個人的に話すと、「いい人だ」とは思うが、モッフェルトほどの迫力はない。そういえば、おれはヌナブトの知事のポール・オカリックやノースウエスト準州の知事ステファン・カクウィStephen Kakfwiに会ったことがあるが、彼らもモッフェルトに比べれば、「線の細い政治家」という感じになってしまう。

モッフェルトは、ひとこと、ひとことを、かみしめるように区切りながらいった。

「ヌナブトが準州になったことを、心から歓迎している。あそこと、ここは、すべてが、似ている。われわれの独立に遅れること21年……あそこも、これからが大変だ」

彼は自分たちの〝闘い〟を思い出したのか、遠くを見る目つきをした。鋭い目つきだった。でも、その鋭さの奥に、優しさと深い憂いが宿っていた。

←グリーンランドの首相ヨナタン・モッフェルト。（次ページ写真）

あまり多弁ではなかった。とつとつとしゃべった。

「わたしたちも、この国をここまでもってくるのに、それはそれはいろんなことがあった……とんとん拍子で、ここまできたわけじゃない。ポール（ヌナブト準州知事）のことはよく知っているが、いい青年だ。見かけはおとなしそうだが、芯にしっかりしたものを持っている。彼なら、これから目のまえに立ちふさがる障害をひとつひとつ乗り越えて、いい国づくりをするだろう」

彼は日本も引きあいに出した。

「日本の教育制度はすばらしい。われわれのお手本になる。われわれの課題は、国民の教育レベルを日本のようにあげることだ。長い目で見ると、それが国づくりの基本になる」

「デンマークから完全に独立するためには、国民の教育レベルが大切だと？」

こうおれがたたみかけたら、これには無言でニンマリと笑っただけだった。

すくなくとも、これだけはいえる。彼が、「この国」「国づくり」というときの国は、ヌナブトとグリーンランドのことで、カナダやデンマークではなく、「国民」という表現を使うとき、それはデンマーク人ではなくグリンランダース Greenlandersを指していた、と。

くどいようだが、最近、「これは人物だ！」と思える人にほとんど会ったことがないが、久しぶりに全身からカリスマ性というかオーラを発している人に会っておれは幸せだった。

グリーンランド・アト・ランダム・ひと口メモ

●コペンハーゲンとカンゲルルススアーク往復は、38−0クローネ Krone（1ドル＝7・9499クローネ

【2000年末】。最北の町カナックQaanaaqとカンゲルルスアーク往復は2140クローネ。ヌークとカンゲルルスアーク往復は1705クローネ。

●カナークQaanaaqからちょっと離れたところシオラパルクSiorapalukに、現地の人と結婚して20数年間猟師として暮らしている大島育雄という人がいる。おれの知人の植村直己の学生時代の仲間であり、かつライバル。おれは、この人に会ったことはないが、若いころから名前だけは知っている。一度、訪ねてみるといい。宿泊設備あり。ホテル・カナックHotel Qaairaaq（971234ph／971064fax　1泊450クローネ）

（「ひと口メモ」の一般ホテル情報、ユースホステル情報、ご当地ビール情報など大部分省略）

未完成かつラップトップに向かって書きなぐった文章だが、とりあえず、ここまでメールで送る。

しかし、それにしても、なんという時代！　親と子がカナダとグリーンランドの極北の地にいて、おたがいにメールで、こんなふうに交信ができるなんて！　少なくとも、このまえこの極北の地を訪れた10年まえには、考えられないことだった。たしかに、おれは、世間が騒ぎ出す10数年まえから、ワープロを使いパソコンやオフコンを駆使していた。モデム通信やメールを使っていた。アメリカや日本でベンチャー企業として、その昔立ちあげたあと生き残った数社のマスメディア関連企業では、いち早く今流行《はや》りのIT革命も当時から手がけていた。でも、まさか、こんな辺境で、こんな使い方ができるようになるとは、さすがに考えもしなかった……。

おれのつまらない感慨はさておき、そちらはそちらで、がんばれ！　以上。』

……以上が、グリーンランドから送られてきた父のメールである。

昼食代（ホットドッグ、ダブルミートハンバーガー、チキン6ピース、ペプシ）　1318円（16ドル48セント）■夕食代（スモールピザ、コーラ）　1395円（17ドル44セント）■ジュース代（マウンテンデュー）　200円（2ドル50セント）■計2913円

注1　ジョージ・オーウェルが全体主義批判小説として書いた『1984年』のなかの支配者。

注2　与党進歩党Siumut　EUのほとんどの国の政権党が、そうであるようにソーシャル・デモクラティック系の政党。31人の議員のなかで12人が、この党の議員である。第二野党は、リベラル派の連帯党Atassut（10人。与党と組んでいる）、イヌイット友愛党Inuit Ataqatigiit（6人）、無所属ひとり。その後チェックしたインターネット情報では、1999年2月16日の総選挙で、各党の議席は、進歩党11人、連帯党8人となり、進歩党はイヌイット友愛党と、新たに連立政権を樹立し、モッツフェルトが首相に再任されたということだ。ウラの取れた情報ではない。

私の過激発言。ヨソモンは、ヨソモンらしくしていろ！

［3月7日（火）］

朝食は取らずに9時10分ごろから行動を開始する。

今日の朝、アンさんにホテルのレストランのウェイトレスが、当てつけがましくいった。

「私、ヨソモンが好きじゃないの。ここにくる観光客のこと、あまり好きじゃない」

ウエイトレスはヨーロッパ系カナダ人の若い女性。

私は、そのままその言葉を彼女に返したい。

「たしかにあんたはここに何年間か住んでいるかもしれない。あんたは観光客ではない。でも、あんたもヨソモンでしょ。南からきているのになにを勘違いしてのぼせあがっているの？」と。

もともとここはコーカソイドの土地ではない。イヌイットの土地である。この言葉をイヌイットの人にいわれるのならば、よくわかる。ただそのことをおなじヨソモンのコーカソイドにいわれたくない。われわれモンゴロイド（黄色人種）Mongoloid（この局面では日本人）もコーカソイド（ここではヨーロッパ系カナダ人）もおなじヨソモンである。最初から少し過激な表現でハジマッテシマッタ。今後このような発言は慎むようにする（ツツシムガヤメハシナイ）。

アンさんにくっついてイカルイトのマルチメディア会社探訪。

近くの店でアンさんの手袋を購入してから新聞社にいくことにする。

ここの新聞の名前は、ヌナシアク・ニューズ Nunatsiaq News という。１９７３年から発行している日刊紙である。キャッチフレーズは、『信用できる北のニュース』。

私たちの目的は今イカルイトではどんなニュースが話題を呼んでいるかということを聞けたら聞きたいということだけである。もちろんアポを取らない失礼な訪問である。そこの編集長に話を聞く。

はじめ彼は、

「忙しい、忙しい」

とばかりいって相手をしたくない様子。最初、私たちのことを頑なに拒否。

——なんだこのヨソモンは！

という感じだった。父の国境取材の本を見せると少しなごんだ様子で、

「私は小さいころドイツに住んでたことあるんだよ。だからこの写真とかはなつかしいね」

とドイツの写真を見ながらいう。あと、私が父の『旅は犬づれ?』という本を彼にあげると、最後はさらに心を許した風情で彼が発行する新聞を、「自由に持っていっていいよ」という。2階にあるノアテキストNortextという会社がここの新聞社のオーナー会社らしく、そこで出版している『ヌナブト・ハンドブックNunavut HANDBOOK』というガイドブックをくれる。このガイドブック、本当に役に立つ。私は1999年版のこの本を持っているのだが、1998年版をもらう。でも彼の印象はあまりよくなかった。彼、よく会話のなかにザ・エリートThe Eliteという言葉を使う。なんかちょっと差別的だ。日本でも、

「われらエリートは……」

などという言葉を、会話のはしばしに使う人はほとんどいない。

アンさん、彼のことをあまり気に入らなかったみたいだ。

ついでに2階の会社を訪れてみることにする。編集長の彼、上ではペコペコしている。下ではボスだが、上では、雇われ身分だ。

——なにか人間の本質を見るような感じだな。日本でも世界のどこでもこんな人は、いっぱいいる。

などとガキの分際で生意気なことを思う。今度はここでこの会社の副社長と会う。彼、なかなかスマートなナイスガイだ。ここの会社はすごい。いわゆるマルチメディア会社だ。新聞、ガイドブック、教科書などをつくり、それに加えてほかの会社のウェブサイトの作成までやっているという。もうひとつ、すごく興味

ノアテキスト社の副社長の➡
スティーブン・ロバーツ。

を感じたのはこの会社、イヌイット語のコンピューターのソフトをはじめて開発したのだという。アンさんと副社長のスティーブン・ロバーツStevenRobertsさんは、ほかにビジネスの話をいろいろする。とりあえず明日、父を交えて、朝の10時に彼と会う約束をする。ちなみに働いている人はみんなヨーロッパ系カナダ人だった。イヌイットらしき人はひとりもいなかった。

アークティック・カレッジの学長は、とってもいい人。

今度はヌナブト・アークティック・カレッジにいくことにする。このまえ私がきて受付が閉まっていたところだ。ここでジョン・W・クレイJohn W. Clayさんというディレクターの人（たぶん現場ではいちばん偉いのではないのだろか）に会う。彼、本当に本当に本当にナイスガイ。私たちのような見ず知ら

⬆ヌナブト・アークティック・カレッジのジョン・W・クレイ学長（右）と私。

ずのヨソモノに本当に親切にいろいろなことを教えてくれた。しかも教育者としての彼の考え方は、とても尊敬できる。本当にいい人だ。まあ、あえていうならば少しおしゃべりが過ぎるオジサンだが。

まず彼自身のことから書きたいと思う。彼はオーストラリア人。先生としてこっちにきて28年だという。このイカルイトにくるまえはポンド・インレットPond Inletというところで4年間先生をやっていたという。もちろん今も先生としてやっている。彼、ここの学校のことを含めてここの教育の問題についていろいろなことを話してくれた。まずこの学校がカレッジになったのは1985年、この施設ができたのは1988年だという。ここには寮もある。文系では卒業生が今まで300人ほど出ているという。基本的に留学生が短期間、ここのキャンパスで勉強できるような制度（カリキュラム）はないという。今まで日本人の生徒がひとり、ここを2年まえに卒業しているという。これには驚いた。

イヌイットのコミュニティーに上級学校はできたけど……。

イヌイットの教育問題について。

ここにカレッジ（2年制の短大……というよりも専門学校といったほうが正確か）ができたのには、いくつか理由がある。

はじめこの地には〝高校を卒業したあといく学校〟はなかった。イヌイットの人で本当に勉強したい人はカナダのほかの州にある大学にいかなければならなかった。彼らにとって、そこは異国の地である。おなじ国内でも外国に留学するようなものである。そうすると、ホームシックになったり、落ちこんだりして自殺する人が多いという。自殺をしないまでも、途中退者がほとんどだという。それではイヌイットのコミュニティーに学校をつくればいいということで、この学校ができた。でも、まだ問題は山積しているという。このイカルイトは地方の集落からくる人にとっては大都会である。昔よりは減ったにしても、いまだに地方からくる人でホームシックになったり、落ちこんだりして自殺をする人がいるという。自殺はそこまで多くはないが学校を辞める人はけっこういる。このまえもなにもいわずにひとりのイヌイットが家に帰ってしまったらしい。年度によっては、最初の入学者の半数以上が、消えることもあるのだという。

〝コーカソイド方式の教育〟がここに入ってきて50年間。本格的に始まって30年間。ここの教師陣の考えには「教育の中心はイヌイットである」という基本姿勢がある。だから最初の70年代は、先生のアシスタントにイヌイットを置いて、そういう心の問題や文化・慣習の違いについてのサポート役をさせることにしていたという。そのサポート役をつくるのにも苦労したという。彼はこんな言葉を教えてくれた。「アユラマークAyurammak（イヌイット語）――自然体でいこう、なりゆきにまかせよう」――この言葉をよくここにいるとき、頭に思い浮かべたという。

彼が今力を入れたい分野は看護だという。とにかく、ヌナブトでは、看護婦（夫）が足りなくて困っているという。カナダ各地の看護学校を出たヨーロッパ系カナダ人の看護婦たちは、よっぽど情熱を持っている人は別だが、こんな僻地で働きたがらない。「看護を彼らイヌイットだけでやれたら」と思っているらしい。

このヌナブトは地方分権でやることを目指しているらしい。だからこのキャンパスも州都のイカルイトに置かないで、もうすぐアッピアットArviatというところに本拠地を移すみたいだ。

非常にいい話を聞かせていただいた。

彼はホームステイのいろいろなツテも紹介してくれた。本当に本当にジョン学長ありがとう。

これは余談だが、彼、ニコルさんのことを知っているようだ。ここに何回もきているという。

ヌナブトの薬問題《グラス》――「テーマ探しの旅」の「思いつきテーマ1」

ジョン学長に別れをいって本屋にいく。そこで本を買ったあと観光案内所にいく。そこで5、6人の子どもたちと写真を撮る。こっちの子どもたち、人なつっこくてかわいい。しかし、栄養失調気味というか、線が細いと感じるのは、私だけだろうか？

ちょっとひと休みすることにする。ここのコーヒー・ショップ、名前をグラインド・アンド・ブリューGrind & Brewというのだが、なんか雰囲気が怪しい。部屋は2室ある。奥の部屋では私とおなじぐらいの年の男たちがカード・ゲームをやっている。その奥の部屋でコーヒーを飲む。なんともいえず怪しい。

——もしかしてなんか薬《グラス》（ハシシやマリファナ）とかの……。

と一瞬思う。女の人が部屋に入ってくる。私とアンさんの顔を見て、

「また、あとでくるわ」

といって、去っていった。どうやらコーヒーを飲みにきた客ではなかったみたいだ。アンさんの感想をあとで聞いたら、

「私もちょっと怪しいと思った」

といっていた。まあ、ホントノトコロハワカラナイ。

このコーヒー・ショップをなんの根拠もないのにその手のアジトとして疑うのはフェアーじゃないが、ここにきたことでひらめいた。

——そうだ！　ヌナブトの薬《グラス》問題は、じっくり取り組めばおもしろいテーマになるぞ！

「テーマ探しの旅」の「思いつきテーマ」1号の誕生である。

父がグリーンランドから帰ってきた……みんなで乾杯。

飛行場に父を迎えにいく。そのあと、みんなでバーにいき乾杯したあと、レストランで食事をする。グ

⬆イカルイトの丘の上の複合ビルのなかにあるバーの入り口。ここで祝杯をあげた。

リーンランドの話や、イカルイトの話やいろいろな話で盛りあがる。食事のあと、また別のバーにいき飲んだあとホテルに帰る。みんなこの変な組みあわせのグループをめずらしそうに見る。日本語を流暢《りゅうちょう》に話すヨーロッパ系カナダ女性、パイプをくわえた変な熟年の日本人、若くて生意気そうな青年――客観的に見て、たしかに〝変な感じ〟としかいいようがない。

いいニュースがある。私が貼ったホームステイ探しのポスターの返事がひとりの女の人からきたのだ。今回は無理としても、またつぎの機会がある。明日電話して会えたら、会いたいと思う。見ていてくれる人はいるもんだなとすごくうれしかった。

昼食代（サンドイッチ、ドーナツ、グレープジュース）582円（7ドル28セント）■ヌナブトについての本（題名『NUNAVUT』）　約1600円（約20ドル）■夕食代（Arctic Sampler, Arctic Char, Caesar Salad, Caribou Steak）　5996円（74ドル95セント）　＊3人分■計8178円

←ノアテキスト社長マイケル・ロバーツさん。

父とアンさんが地元の出版社を訪れてビジネスの話。

［3月8日（水）］

朝8時50分ごろ起床。ザ・スナックにてみんなで朝食をとったあと、昨日約束をしたノアテキストという出版社に10時ごろいく。社長がいるようだ。この社長の名前は、マイケル・ロバーツ Michael Robertsさん。ここの会社、兄弟で経営している。お兄さんが社長で弟が副社長だ。このふたりとわれわれ3人の5人で仕事の話をする。といっても、私はあんまりビジネスには関係ない（**とこのときは思っていたが、私も最終的には〝仕事〟に参加することになるのだが……筆者注**）。なにかハンドブックの翻訳やウェブサイトのことについて話しているみたいだ。この話を2時間ぐらいする。どうやら仕事の話はうまくまとまったみたいだ。また明日の朝8時に会う約束をして、この会社を出る。

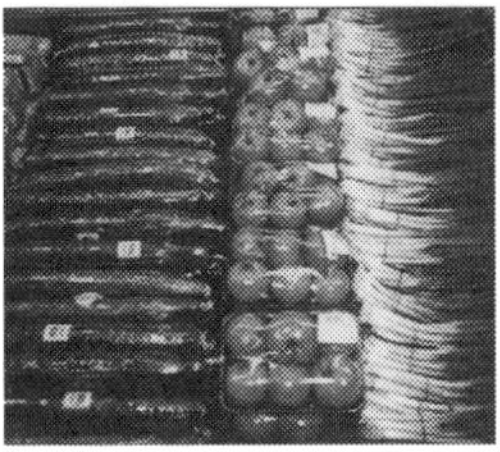

⬆アンさんは、スーパーの店員に農業のことについて、かなりしつこいフィールド・ワーク。そばでその調査のやり方を見ていて、すごく参考になった。

⬅ことのほか充実した野菜売り場。

そのあとスーパーにいき、アンさんは、スーパーの店員に農業のことについて、かなりしつこく聞いていた。アンさんは農業関係の調査の仕事をやっていて、この〝農業のない地域〟についてとても興味があるみたいだ。ようするに、農業の北限（アンさんの故郷のマニトバ州の場合、チャーチルが、その北限だそうだ）から先の〝農作物ができない土地〟で、人びとがどのように野菜や果物を入手し食べているのか、その流通はどうなっているのか、などを調べているらしい。

ここでちょっと解説を入れれば、短い夏のあいだは、生鮮野菜果物類は船便でも送られてくるらしいが、冬はもっぱら南からの空輸に頼っているというのが、ここの現状。そのため、ヌナブトに南から乗り入れている飛行機は、〝貨客兼用機〟といってよく、機内の半分以上の面積が貨物室になっている。空輸に頼っているので、当然、すべての物価がここでは割高になる。

⬆その道の専門学者の調査はヤワじゃない。
——おれって、甘いなあ。
としみじみ感じる。でも、一流のフィールド・ワーク重視派の学者のそばで学べるのは幸せだ。

アンさんは、このことを専門的に調べているらしい。

そのあと昨日いったグラインド・アンド・ブリューで昼食をとる。薬《グラス》取り引きのアジトなのかどうか、さりげなく観察しながら、軽くそこでひと休みしたあと、一回ホテルに戻ることにする。今日は、あやしげな客は、だれもいなかった。

3月10日〜3月11日までこのイカルイトでアークティック・トレードショー（注1）があるので、ホテルはどの部屋も予約で満杯。それでホテルのスタッフに部屋を移動してくれるようにいわれる。

今度の部屋はとてもせまい。ベッドが、ひとつしかない。この部屋以外は、あいていないらしい。部屋に小さい簡易ベッドを運んでもらう。この部屋、息苦しい。まえの部屋の半分の広さしかなく、バスもない。でも私と父は、ほかの人に比べて安い値段でこのホテルに泊まっている。しかたないか。部屋をちらかしていたので、移動に20分ぐらいかかる。

荷物を運び終わったあと、自室で休んでいたアンさんを呼びだして、また行動を開始する。

交換留学をSFC（湘南藤沢キャンパス）に提案してアークティック・カレッジに留学する夢。

午後2時、昨日ジョン学長に紹介してもらったイヌイット語など言語の専門家のスーザン・サーモンズSusan Sammons先生にアークティック・カレッジの別キャンパスに会いにいくことにする。ちょっと遠いのでタクシーでいく。

今日やっとタクシーの料金制度がわかる。ここのタクシー、どうやら距離は関係ないらしく、人数が関係するらしい。ひとり一律3ドル75セント。どこへいってもおなじ値段。といってもこの町のなか以外いきようがない。道がないのだから。私がホテルの兄ちゃんにいわれた5ドルというのはチップ代も含めた料金だったらしい。それに上乗せしてこのまま余計なチップを払ってしまった。もったいない。キャンパスに着く。昔の米軍基地を、今はキャンパスとして使っている。なんか薄暗い嫌な雰囲気がある。受付で先生の部屋を教えてもらって、ずかずかと……彼女、はじめはちょっと警戒する。だって、いきなり見ず知らずの変な3人組が部屋にやってきたんだから警戒して当然だ。事情を説明すると、彼女、少し警戒が解けたようでいろいろとここのカリキュラムについて説明してくれる。椅子に座って話を聞く。彼女のもとに3人の日本人が以前に訪れたことがあるという。静岡産業大学経営学部経営環境学科の堤佳辰先生、桜美林大学の堤稔子先生、桜美林大学国際学部吉田健正先生の3人だ。この3人がなぜきたかについては詳しくは聞かなかっ

スーザン・サーモンズ先生。➡

た。

ここのカリキュラムについて聞く。整理しにくいので箇条書きで書く。（今後の私のヌナブト研究展開に、重要な要素を含んでいるので、この部分、ゴシック活字で書く）

●留学制度はある。2年間で卒業（1年でも可）。交換留学のほうが望ましい。その場合、双方の大学がすべての費用を負担（渡航費は別。私が1年間いっても、カレッジから私の大学に留学する学生の日本の滞在期間は、1か月でもいいといってい た。学生に日本の大学の雰囲気だけを味あわせれば、上々だというのである。これは私の大学がこうした提案を受け入れるかどうかにかかっている。今はボリビアの生徒を受け入れていて、ボリビアの生徒はこっちに1年間おり、イカルイトの生徒は向こうに1か月いるという）。この制度、非常に興味がある。帰ったら先生に相談してみたい。私の大学が、イヌイットの学生に1か月間、タダで学校の授業を受ける許可さえ出してくれれば、私は、彼を私の家にホームステイさせて学校に通わせそのかわり、私は1年間、このカレッジに留学する……などと、甘い想像に浸っている。短期留学制度もあるらしい。5月か6月に3週間。しかしこれは学費が高い。学費が1000ドル（8万円）。寮費は3食つきで1日80ドル。素泊まりで20ドル。長期留学に比べたら高い。

●学費は1年間10コースで1万2000ドル（約10万円）、2年間で2万4000ドル（約20万円）。寮は月に3食つきで450ドル（約3万6000円）。家族用の寮もあるという。保育園も完備しているという。この寮の部屋を見せてもらったがなかなか立派。今私が泊まっているホテルよりも立派だった。ひとり部屋とふたり部屋があり、テレビはついていない。別にテレビ部屋がある。食堂もなかなかいい。もと米軍基地だけあって、とにかく広い。その割には生徒は少ないようだ。

●科目について。とにかく幅広い。イヌイット文化・生活のすべてを網羅している。西洋的視点からではなく、こちら（イヌイット側）から見た視点で勉強ができる。シャーマンの歴史、語り部、イヌイットの歴史、語学、イヌイットの伝統工芸、などなどほかにもイヌイットの文化・生活すべてを網羅している。10コースあり、その各コースから何科目か各教科に別れている。最初はこのコースに入るまえに〝基礎科目〟を受講するみたいだ。

●学期は2期制。12月のクリスマス前後に休みが2週間ある。週5日制で土日は休み。講義の仕方は日本と違い、集中講義で3週間でみっちりひとつの科目を終わらせてしまう。各科目をバランスよくやるのではなく集中してひとつひとつを終わらせてしまうみたいだ。授業は朝9時半〜夕方4時半まで。

⬆北極圏のある博物館で、この写真を見たときに私はある種のショックを受けた。どこの国の人かわからないがコーカソイド系の人が、善意を全身にみなぎらせながら、その昔宣教かフィールド・ワークをしている写真だと思うが、「対象」のイヌイットの人たちの表情が、なんとなく気になる……なんにせよ、私はこんな感じでイヌイット社会に入りこむ気はない。現地の学校で学ぶとしても、そこのコーカソイドの教師陣にこの人のような感じがあったら、即、私は……。

●単位について。いわゆる大学ではないので、単位は認められない。留学の場合は各自自分の大学で単位をどう認めてもらうか、ある程度交渉してからくるのがいいと彼女はいっていた。出席は厳しいらしく、1日の休みなら間にあうが2日休むともう追いつくのはむずかしいといっていた。いわゆるこっちの単位では、ひとつまで落とせるといっていた。

……などこのようなことを彼女は私たちに丁寧に1時間30分ぐらい話してくれた。彼女、なかなかジョークがわかる人だ。父がくだらない〝英語版おやじギャグ〟をいっても笑ってくれる。

朝食代（ジュース、コーヒー2杯、トースト、オムレツセット） 不明■昼食代（コーヒー2杯、ジュース2本、スープ、サンドイッチふたつ、菓子パン） 不明■タクシー代（ホテル～学校） 900円（11ドル25セント）■タクシー代（学校～Arctic Enterprises） 900円（11ドル25セント）■本代（イヌイット語の辞書、基本的な教科書、など計6冊） 14800円（185ドル） ＊チップ代も含めて1６０００円（２００ドル）■食費（スモーク・チャー［約15ドル］、カリブーの肉［約3ドル50セント］、グリーンランド・ヒラメ［約5ドル］、チャーの切り身［約3ドル80セント］）　小計約２１８４円（約27ドル30セント）■夕食代（オニオンリング、サンドイッチふたつ）　１１４８円（約14ドル35セント）　計　不明（私の不手際でレシートをもらうのを忘れてしまった出費があるので、３人が支払った総合計は不明。みんな適当に分担で払っていたので、ついうっかりしていた。今後気をつけたい）　＊ちなみに今日の料金は全部３人分である。

注1　アークティック・トレードショー　毎年、春先（といっても現地は、ときにマイナス30度を記録する極寒期）に開かれる極北の見本市。なんとかヌナブトの産業を発展させようと地元の政財官とマスコミが一体となって総力をあげて行う行事。遠くグリーンランドから参加しているブースもある。

『ヌナブト・ハンドブック』の日本語版発刊決定！

［3月9日（木）］

朝7時50分ごろに起きる。昨日ノアテキストの社長と朝8時にディスカバリー・ロッジ・ホテルのレストランで待ちあわせをした。急いで３人でいく。もうふたりはきている。そこで仕事の最終的な話をする。ブレックファースト・ビジネスである。朝食を食べながらいろいろな話をする。彼らの会社の本社はオタワにあるという。お兄さんのほうがおもにオタワにいて、弟のほうがイカルイトにいるみたいだ。本社には社員が約30人いるという。彼らの会社で出版している『ヌナブト・ハンドブック』というガイドブックがどれくらい売れているか聞くと、最初に出したバフィン島の本は９０００部、１９９８年に出したヌナブトの本は

7000部、最新版は6000部売れているという（どれも1万部発行）。この数字は出版社として成功しているといっていいと思う。少なくとも赤字ではない。この本の日本語版の出版権を父の会社が獲得するというのが今朝のビジネス。ノアテキストの社長と父が仮契約書にサインした。成功といっていいだろう。

ビジネスの話がひととおり終わったところで、

「このアザラシのベスト着てアメリカに入れないらしいけど……」

とこのままご当地で買ったアザラシのベストをうれしそうに着ている父が、それに触りながら聞くと、弟さんのほうが答える。

「ああ、入れないね。今厳しく取り締まっているみたい。ほかには象牙などのアクセサリーもダメみたいよ。まあ、イヌイットは象を捕らないから関係ないけど……。今その交渉にここヌナブトの知事を団長にした政府のチームがアメリカにいってるよ。持ちこみ禁止だけじゃなくて、アメリカ人に売るのも禁止だからね。彼らにとったら大事な生活源が奪われるわけだから、必死だよ」

「なぜ禁止なのかしら？」

という質問には、お兄さんのほうが笑いながら、

「アメリカにはもう動物がいないからね。ネイティブ・アメリカンが全部捕っちゃったから。動物園にいる動物だって私たちの国から輸入している。だから彼らはほかの国の動物を守らなきゃいけないんだよ」

と冗談で答える。なかなかユーモアのある人だ。

——ところで、われらのあの名物知事は彼らのシンボルのアザラシのベストを着てアメリカに乗りこんだのだろうか？　気になるところだな。

⬇父の会社が日本語版を出すことになった本。

Nunavut
HANDBOOK
The world's most authoritative guide to Nunavut, Canada's newest territory and one of the last great untouched wilderness areas on Earth.

やっぱりオーロラは……。

ひょんなことからオーロラの話になる。すると弟さんのほうが、

「昨日、立派なオーロラが、部屋の窓からきれいに見えたよ。10時ぐらいかな。なめらかに踊っていたよ」

という。昨日の夜、私たちがバーから帰ったのも10時ぐらいだった。だれひとりとして空を見あげなかった。それぐらい私たち、オーロラに執着心がない。昨日オーロラが出ていたとは。またまた見逃す。今回の旅、まだ一度もオーロラらしいオーロラを見ていない。約1か月も冬のカナダにいて、1回も見られないとはこれもまためずらしい。


こんなことを話しながら朝食をすます。彼らが、おごってくれた。

とりあえずビジネスの話が、なんとかまとまってよかった。


1回ホテルに戻り、そのあとヌナネットにいく。アンさんが仕事の関係でどうしても日本に送りたいメールがあるという。この接続に時間がかかる。なかなか接続がうまくいかない。その間、ジェームズ・エルズワース Jaymes Ellsworth（27歳）と話す。彼も小さいときからここに住んでいるという。父は今オンタリオ州に住んでいる。ここには先週の水曜日から働いているという。この仕事をするまえは刑務所で看守をやっていた。けっこう偉かったらしく、部下が32人いたという。収入は年間5万8000ドル（約464万円）。上司とイザコザを起こして辞めて、今、この仕事をやっているという。ここで給料はいくらもらっているのかと聞くと、始めたばかりで、わからないという。どうやらこの仕事はアルバイトでやっているみたいだ。

⬆ヌナネットのホームページの起こしページのイメージを改訂中のジェームズ・エルズワース。

⬅彼は見るからに人のよさそうな人だった。

コンピューターは独学で覚えたという。高校のときゲームをやっているうちに自然に覚えてしまったそうだ。彼、車の修理もできるという。でも資格がないので仕事としてはできない。だから近いうちにこの資格も取りたいという。今、彼にヌナブトのシェリフの仕事のオファーがきているそうだ。収入は年間5万5000ドル（約440万円）。それに僻地手当て8000ドル（64万円）がつくという。わるくない。でもシェリフになったらヌナブトを飛行機で飛びまわらなければならないので、あまりやりたくないという。なぜならば彼は飛行機が嫌いらしい。彼、なかなかおもしろい。そうこう話しているうちにやっとメールが送れる。もう時間は午後12時だ。

アンさんが日本へ帰る……本当にいろいろありがとう、アンさん！

カフェテリアで昼食をとることに。サンドイッチを食べたあと、アンさんを空港まで送りにいく。アンさんには本当にお世話になった。アンさんがいなかったら、今までに会ったすばらしい人たちとは会えなかっただろう。心からお礼をいいたい。ありがとうございます。

アンさんを見送ったあと、ホテルに戻る。午後は休養することにする。部屋でくつろぐ。

夜、また自炊生活に戻る。いつもの〝トイレ・キッチン〟で昨日買った魚を調理する。グリーンランド・ヒラメと北極イワナをバターをたっぷりひいて、塩、コショウをして焼く。これがなかなかうまい。個人的にはヒラメのほうが好きかな。魚の油でタマネギを焼く。これもまあまあだ。疲れた。というよりも、ここ2、3日、忙しかった。いろいろな人と会った。でもこの疲れは〝ありがたい疲れ〟だ。それだけの人との出会いがあった。そうそう、ホームステイのオファーをしてくれたマリーMarieに今日電話した。でも、彼女は電話に出なかった。留守電に一応メッセージを入れておいた。うまく彼女とコンタクトがとれるといいけど。そうそう、もうひとつ。ホテルの部屋をもうひと部屋、追加料金なしで貸してくれた。どうやらキャンセルがたくさんでたらしい。満員っていっていたけど、部屋がところどころ、あいている。今いる部屋に

疲れた。日記を書いて寝➡る。

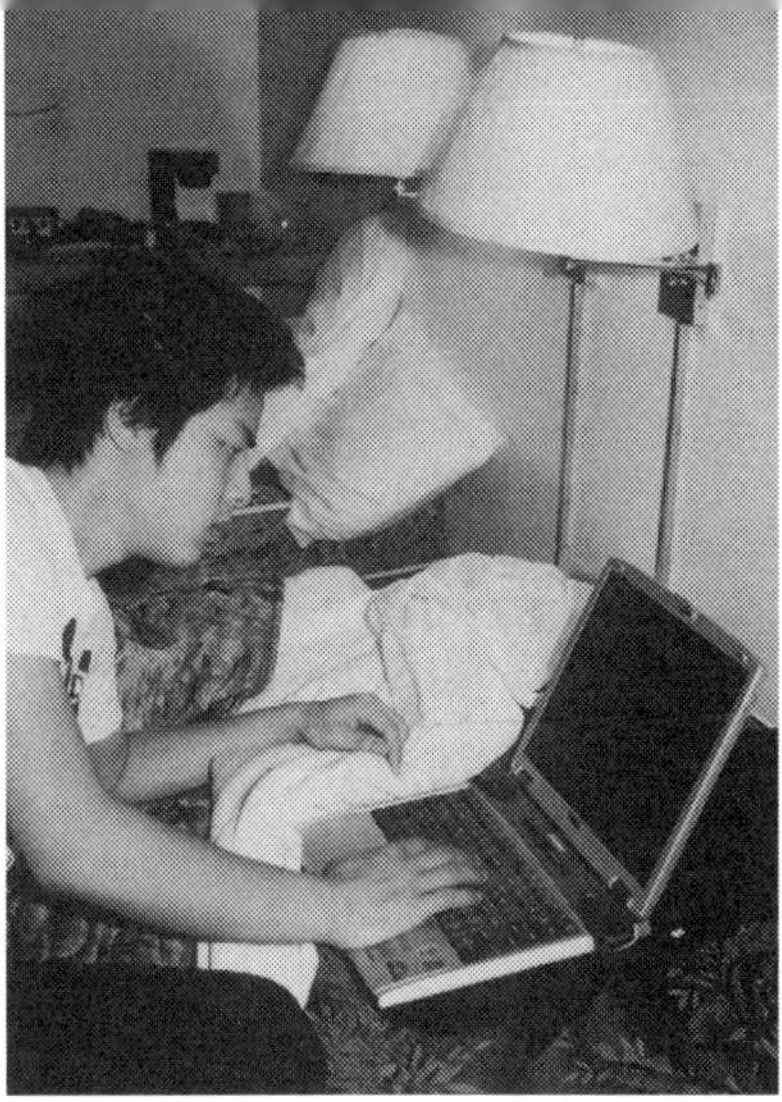

ふたりじゃ狭くてかなわなかった。これでゆっくり寝られる。結局、このホテルにひとり50ドル（4000円）で泊まったことになる。ホテルが高いことで有名なヌナブト相場からすれば、かなり安いと思う。ありがとうホテル、ありがとうホテルのスタッフ。日記を書いて寝る。

昼食代（サンドイッチ・スープセット3つ、ジュース3本、コーヒー2杯）　2160円（約27ドル）＊3人分■ジュース（オレンジジュース）　200円（2ドル50セント）■計2360円

イカルイトで食べた
はじめての中華料理
——中国人の商売人はすごい・

［3月10日（金）］

朝10時ごろ起きる。ゆっくりの起床だ。朝食は食べず、11時ごろヌナネットにいく。マルセルに今ま

⬆イカルイトの中華料理屋の味はまあまあだ。父は世界中、どこにいっても、かならずチャップスイを注文する。この料理で味くらべをするのだそうだ。ここの料理の父の採点も「まあまあ」。➡

でのインターネット代を払う。しめて約30ドル。ここで父が仕事関係のメールを送る。これがまたうまく接続できない。

時間は12時、マルセルたちが昼飯で1回ここを閉めるというので、われわれも昼飯を食べにいく。ナビゲーター・インのなかにあるレストランにいく。ここには、中華料理がある。ひさしぶりに中華料理を食べる。味はまあまあだ。

ここのオーナーと少し話す。彼の名前はシモン・リーSimon Lee。香港出身でカルガリーからきた。ここの経営は3人で共同でやっている。昼飯時は混んでいる。ここはヌナブトのなかで唯一の中華料理店だという。ここイカルイトには中国人は10家族、20人ぐらい住んでいるという。ほとんどの人がこの店で働いているという。この店、休みはクリスマスだけ。シモンさんはクリスマス以外は毎日働いているという。とにかく、彼、きびきびとよく働く。

日本人もどこにでもいくが、中国人もどこにでもいく。いや、日本人より彼らのほうがどこにでもいくかな。どこにいっても彼ら、それが小さいものであれ、大きいものであれ、コミュニティーを築いている。すごい民族だ。

これは私だけが思っていることかもしれないけど、中国人と日本人ってアジアにいるときは、おたがいあんまり仲よくないけど、〝ほかの国〟にいるときは、なぜか仲よくする。なにか親近感みたいなものを感じるのだろうか。おたがい不思議な民族だ。今もシモンさんと仲よしになっている。

ご飯を食べたあと、またヌナネットに戻る。またまた接続がうまくいかない。結局、メールやインターネット関連の仕事が全部終わったのが夕方の4時。これだけで、まるまる1日がつぶれてしまった。ホテルに戻って今までの宿泊代を払ってしまう。いつも親切にしてくれるお兄さんがいる。彼の名前はジェフリー・ホプキンスJeffrey Hopkins。彼がよくいう言葉は、「ノー・プロブレムNo problem」――「かまわない」。彼、精算のとき約50ドルの電話代をまけてくれた。彼にはよくしてもらった。ありがとう、ジェフ。部屋に戻って少し荷物整理をしたあと、またあの中華料理店に夕食を食べにいく。

「はっきりいって自炊はもう飽きた」

というのがふたりの共通意見だ。父のほうもグリーンランドにいるあいだ、自炊していたらしい。

宿泊費（3月4日〜3月12日）　73188円（914ドル85セント）＊ふたりで1日101ドル65セント■昼食代（中華料理のビュッフェふたり分　ひとり16ドル95セント、コーラ2本、コーヒー）　3434円（42ドル93セント）■夕食代（ワンタンスープ、チャップスイ、白飯、ルーベンサンドイッチ、タクシードライバーサンドイッチ、ケーキふたつ）　4224円（52ドル80セント）■インターネット代（15分間使用、3分5ドルでアバウトに計算）2400円（30ドル）＊チップ代含む■計83246円　＊ふたり分

[3月11日（土）]

ヌナブトにとってトレードショーは大イベント。

イカルイトにまるまる1日滞在する日は、今日で最後だ。朝9時ごろ起きる。スノーモービルを借りようということでアークティック・サバイバルにいく。ところがやっていない。土曜日は10時かららしい。もう少しで10時になるので、目のまえにあるザ・スナックで朝食をとる。われわれは、もうここの常連客だ。ここにはよくくる。朝食を食べているとき、アークティック・サバイバルが開く。父がスノーモービルを借りにいく。しばらくするとすぐに父が戻ってきた。どうしたのだろうか。

「スノーモービル、故障だってよ。来週なら直るって。それにスノーモービル1台しかないんだってよ」

と父がいう。スノーモービルを1日乗りまわす予定だったのに……。

借りられなければしょうがないので、とりあえずトレードショーにいくことにする。このトレードショー、2カ所でやっている。とりあえず最初に大きいほうの会場（高校を使っている）にいく。かなり混んでいる。こっちの人にとっては大イベントだ。今日と昨日の2日間やっていて、昨日はビジネスマンだけで、今日は一般開放しているという。ここイカルイトの会社をはじめとして、さまざまな店がブースを出している。グリーンランドからもひとつ小物を売っているブースが出ている。ここで今までお世話になったいろいろな人と会う。カレッジのジョン学長、ノアテキストの社長と副社長の兄弟ふたり、新聞の編集長（やさ男）、ヌナネットの技術担当のマルセルさん、などなど。あと私が町で見かけた日本人と会う。彼に話しかけてみる。彼の名前は伊藤二郎さん（29歳）。制作プロダクションで働いている。今回ここにきているのはNHKの衛

⬆NHKテレビの取材の下準備のために、ニューヨークからやってきた制作プロダクションのスタッフ伊藤二郎さん（左）とトレードショーで会った。

星放送でイカルイトについて放送するので、そのコーディネイトのため先に現場にきているという。夜いつもいくナビゲーター・インのバーで7時に会う約束をして別れる。

そうそう、スノーモービルが借りられることになったのだ。ノアテキストの弟さんのほうにスノーモービルが借りられないということを話したら、近くにブース（なんのブースかは聞きもらした）を出しているアーレン・カリエール Alain Carriereさんを紹介してくれる。彼が知りあいのスノーモービルを持っているイヌイットの人を紹介してくれた。ありがたい。このイヌイットのオジサンの名前ベル・エル…Ber Ell…（メモに書いてもらった字が汚くて判読できない。以後、とりあえずベルさんと呼ぶ）だ。1時間20ドルで貸してくれるという。午後1時ごろ彼の家にいく約束をする。

トレードショーを軽く見たあと、別の会場にいく。この会場はエイペックス村の近くの小学校。

⬆イカルイトのトレードショー。

ブースではコンパニオンが笑顔でお出迎え……というわけではない。顔見知りの旅行会社のオネーチャン➡

タクシーの運ちゃんに聞いたのだが、エイペックス村には100人から150人ぐらい住んでいるという(たしかな情報ではない)。このトレードショーのためにエイペックス村からバスが出ている。そのぐらい大きなイベントなのだ。この会場、たいしたことない。あんまり人もいない。最初にいったほうの会場がメイン会場みたいだ。旅行会社のオ

ネーチャンと会う。はっきりいって（イカルイトの人にはわるいが）このトレードショーとやら、ヌナブト在住のヨーロッパ系カナダ人たちの未来に向かって「なんとかしなければ」という必死な思いは痛々しいほど伝わってくるが、内容がともなっていない。期待したほどのことはなかった。だって、イヌイットの人が主体となって開いているブースが、ほとんどないんだもの……。

最後の日、スノーモービルでエイペックス村へ……“氷の国”の怖さを知る。

タクシーでバーガー・ショップにいき、ひと休憩する。そのあとベルさんの家にいって、約束どおりスノーモービルを借りる。大型スノーモービルで3人乗っても大丈夫というほどのサイズだ。ここの家、何台もスノーモービルがある。4、5台ぐらいあるだろうか。観光客相手にもスノーモービルを貸しているようだ。隣のエイペックス村までいってみることにする。ガソリンを入れる。運転は父がする。町のなかは危ないということで、スノーモービルの運転になれている父が最初に運転する。隣村にいくまでの道はけっこう険しい。でこぼこがたくさんあり、途中で1回スノーモービルが雪にはまってしまう。いわゆるスタッグ状態。ふたりでなんとかスノーモービルを雪から出す。

――これがもし町の近くじゃなかったら……、もしこれがひとりだったら……。

などと考えるとちょっと怖い。もしひとりだったらこんな重いスノーモービルを雪から出せないだろう

↑ガソリンスタンドでスノーモービルにガソリンを入れて……。

し、町の近くじゃなかったら、だれも助けになんかきてくれない。あらためて〝氷の国〟の怖さを知る。

この文章を読んでいる人で、

――そんなことたいしたことないよ。

と思う人がいるかもしれない。私もほんの2、3週間の滞在でエラソウナコトはいえないが、そう思う人には、まずこの〝寒さ〟を体験して欲しい。もちろんこのような寒さを日常茶飯事に体験しているような冒険家や現地の人は、慣れていて平気だろう。私は冒険家でも現地の人でもない。ただのなまくらな日本人の学生である。このような〝寒さ〟は今まで体験したことがない。そのような〝ただの凡人〟の私にとっては、やっぱりなれていない〝氷の国〟というのは怖いと思った。ちなみに私が怖がるマイナス30度の世界というのは〝手袋なしでは外を歩けない世界〟である。すなわち、金属を素手で、うっかり触ると、即、〝やけど〟をする世界。

↑隣のエイペックス村までの海岸沿いの道は、けっこう険しい。

←はじめて私は本格的にスノーモービルの運転をやった。(次ページ写真)

凍った海で、スノーモービルを運転。

隣村に着き、そこから氷の海に出ることにする。氷が平らになったので、運転をさせてもらうことにする。スノーモービルには、子どものころに黒姫で父のうしろによく乗せてもらって走った。そのときに、ちょっと運転方法を習ったが、本格的に運転をするのは、はじめてである。これってすごく楽しくて、気持ちがいい。若い人がスピードを出して、これに乗るのがわかる。こっちの人にとってはバイクみたいなものだろうか。でも現地の若い人は本当にスピードを出す。やつら、まるで暴走族みたいである。私は怖いのであんなにスピードは出せない。

ここの湾は全体をハドソン湾というのだが、湾のなかのさらに小さな湾の外には出ないように走る。地元の人ではないので、なにがあるかわからないからだ。町から少し離れたところまで戻ってきてス

440

⬆ハドソン湾の入江の乱氷群の彼方にイカルイトの町（左上）が小さく見える。

ノーモービルをとめて、持ってきたガスバーナーと食糧でちょっと遅い昼食をつくることにする。まず凍らないようにしておいたミネラル・ウォータを温める。しかし、なかなか温まらない。体が深々と冷えこんでくる。カレーうどんをつくろうと思っていたのだが、水がなかなか温まらないので、つくるのをやめる。私たちちって情けない。すぐ妥協してしまった。そこそこ温まったお湯を飲んで出発。一応、かたちだけのアウトドア・ライフを経験したあと、町に戻る。スノーモービルを返すまえにイカルイット・エンタープライジズに寄って、お土産用のスモーク・イワナとカリブーの肉を買う。スノーモービルを返す。ベルさんの家、そんなには広くないのだが、たくさんの人が住んでいるみたいだ。ちらっと見ただけで10人ぐらいいただろうか。ほかのイヌイットの家庭もこのぐらいの人数で住んでいるのだろうか。今度きたときはぜひホームステイをして、イヌイットの家庭のなかも観察してみたい。

⬆ハドソン湾の氷の上での食事の準備は、あえなく挫折。こういうことには馴れている父は、私がもたついているのを笑いながら見ている。
――ベテランなんだから、ちょっと手伝ってくれよ。
と内心では思ったが口には出さなかった。父にしてみれば、私を訓練しているつもりなのだろう。でも、氷点下何10度の寒さのなかでは、水からお湯にするという簡単な作業に、こんなに時間がかかるとは思わなかった。勉強になった。くる日もくる日も、こんな条件のもとで1回の食事に最大限のエネルギーと時間をそそがなければならない極地探検家の人たちの大変さを、あらためて思った。

⬇ベルさん（右）とその家族。

いきつけの店になった中華料理店にいって、早めの夕食を食べたあと、ホテルに戻る。部屋にいると電話が鳴る。ホームステイを提案してくれているマリーさんからの電話である。よかった。何回電話してもコンタクトが取れなかったので、もう連絡が取れないのかと思っていた。私がホームステイしたい理由を片言の英語で述べる。するとマリーさん、「わかってるわよ。イヌイットの家庭が見たいんでしょ」という。どうやらマリーさんはイヌイットの人みたいだ。3人家族だという。今回は明日もうイカルイトを出発するので、ホームステイすることができないので、メールのアドレスと電話番号を教えてもらう。また今度、つぎの機会があるときまで、メールでやりとりをしましょうということになる。

今回はもうホームステイに関しては、収穫がないのかと思っていた。最後の最後に連絡が取れて本当によかった（注1）。でも本当に便利な時代だ。どこにいてもこうやってメールでやりとりできるのだから。

NHKがヌナブトの取材にやってくる——なんだ、おれとおなじテーマじゃないか。

午後7時に約束をしたバーにいく。もうすでに伊藤さんはきている。バーが終わる9時半まで話をする。あらためて彼の紹介をする。彼の名前は伊藤二郎さん、北海道の余市町出身の29歳。ニューヨーク在住でテレビ番組のコーディネイターの仕事をしている。日本の高校を卒業後、バンクーバーの語学学校にいき、そのあとロサンゼルスの語学学校にいき、そこでたまたま運よくグリーン・カードがあたり、そのままアメリカで働いているという。今回はイカルイトに1か月滞在する予定らしい（隣町のパグニアタング

Pangnirtungにも1週間ほど滞在するといっていた）。来週からＮＨＫのクルー（クルーといっても3人だけ）がここにきて、取材を始めるという。番組は5月ごろ放送予定の約1時間番組（**日本に帰ってから、実際に放送された番組を見たが、まあまあ、よくできていたと思う**）。

私が、聞く。

「どういった番組にするんですか？」

「うん、今までの〝自然〟をメインにした番組じゃなくて、〝人間〟をメインにしようと思っているんだ。この人間関係や社会問題をありのままに伝えたいんだよね。〝自然〟よりもそういったもののほうがおもしろいと思うんだよね」

――なんだ、おれがやろうとしていることと、おなじじゃないか。

と思ったが、そのことは、おくびにも出さなかった。

「社会問題ってどんなものがありますかね」

「そうだね、ここはけっこう、いろいろな問題抱えていると思うよ。若者の自殺、セックス問題、薬《グラス》、若年層の妊娠、10代前半の家出、ほかにもいいきれないほどいろいろあるよ」

「これじゃ、東京と一緒ですね。先進国の大都会の問題をそのままここも抱えこみ始めていますね」

「たしかにそうだね。でも、ここはその割合が半端じゃないと思うよ。比率ならば東京よりもすごいと思うよ。でもまだ新しい体制ができたばっかりだからね。これからだと思うよ」

……などなどいろいろな話を聞く。たしかにそっちのほうがおもしろいと私も思う。〝自然〟もいいのだが、私もヌナブトができてからの人間関係や問題点といったような〝人間社会の本質〟に加えて人間を中心とした自然（環境）などの問題も、もちろん見ていきたい。ほかにも彼からおもしろい話を聞く。

「君さー、ホームステイかなんか探してるでしょ？　それとポスターかなんか貼ってるでしょ？　なんかよく町で声かけられるんだよね。〝ホームステイ見つかったか〟とか〝がんばれよ〟とか。1回おれのところに中年の夫婦みたいのがきて、1日80ドルで泊めてやるっていってたんだけど、断っちゃったよ。たぶん君とぼくのこと、間違えてるんだと思うんだよね」

たしかに伊藤さんと私、少しだけ顔が似ている。それと伊藤さんは年の割に若く見える。たぶん現地の人は私と伊藤さんの見分けがつかず、同一人物だと思っているのだろう。それも無理はない。こんなところに日本人は何人もいないので、おなじぐらいの年の日本人がいたら間違うのは当然だろう。しかも伊藤さんも私とは別に泊まるところを探していたので違和感はそんなにはなかったという。何回かオファーがあったが勝手に断ってしまったという。しかも最初の2、3日伊藤さんは一緒のホテルに泊まっていたので、それも関係したのではないだろうか。残念。

最後に伊藤さんに今回の旅で余った日本食をよかったらということであげる。よろこんでもらってくれる。今度なにかあったらメールで連絡を取りあおうということでアドレスを教えてもらう。

おみやげ用の〝北極の味〟をただの犬に食われて……。

ホテルに戻る。ここで事件発生。外に冷やしておいたスモーク北極イワナの燻製《くんせい》とカリブーの肉がなくなっている。人間に取られたのなら、こっちもあきらめがつく。しかし近くにつながれた普通の飼い犬が全部食べたみたいだ。この犬、私が脅かすとビクビクしている。いかにも〝わるいこと、しました〟といったような感じだ。こんな情けない犬に食われたとは悔しい。脅かしたら「ウーー」と唸るぐらいの強いハスキー犬に食われたのならまだしも、こんな情けない飼い犬に食われるとは本当に悔しい。これで日本に持って帰る土産がなくなった。

そうそう、ひとつ書き忘れていた。

今日、バーでひとりのヨーロッパ系カナダ人が話しかけてきた。彼、イヌイットのことを大きな声で〝エスキモー〟と何回もいう。隣に座っていたイヌイットの中年女性が顔をしかめる。ほかにもいろいろと差別的な発言をする。こういった偏見に満ちあふれている人って大嫌いだ。以上。

ガソリン代（バーナー用）　40円（約50セント）■朝食代（ジュース2本、コーヒー、目玉焼きセット）　1040円（約13ドル）■タクシー代（ザ・スナック～トレードショーの第一会場まで）　600円（7ドル50セント）■タクシー代（第一会場～第二会場まで）　600円（7ドル50セント）■軽食代（ジュース2本、チーズポテト）　468円（5ドル85セント）■スノーモービル・レンタル代（3時間）　4800円（60ドル）＊1時間20ドル■ガソリン代（スノーモービル用）　1222円（15ドル28セント）■魚屋（スモーク・チャー3つ、カリブーの肉）　3460円（43ドル25セント）■夕食代（広東ふう焼きそば、白飯、お茶ふたつ、ビーフサンドイッチ）　2782円（34ドル78セント）■計15012円　＊ふたり分

注1　のちにホームステイをオッファーしてくれたマリーさんとメールで何回かやりとりしたのだが、お金の話や日本とのビジネスの話など〝実務的・実利的〟な話題ばかりなので嫌気がさし、このホームステイ話は宙に消えた。世のなかのことは、そんなに自分の都合のいいようにいくものではない……と思い知った。

――SEE YOU AGAIN, IQALUIT！

［3月12日（日）］

イカルイト最終日だ。朝というよりも昼11時ごろ起きる。外で写真を撮ったあと、泊まっているホテルのレストランにいく。日曜日なので、〝ヨソモン嫌い〟の若いヨーロッパ系カナダ人のウェイトレスはいない。代わりにどこかで見たことがある中年女性が働いている。このオバサン、高台にあるホテルで働いていたオバサンだ。どうしてここで働いているのか聞いてみると、

「今日はバイトよ。平日はあっちのホテルで働いていて、土、日の午前中はここのホテルで働いているの」

という。よく働くオバサンだ。しかし変な感じだ。このようなこと（大きいホテルで同時に働くこと）なんて東京では考えられない。

しばらくすると伊藤さんがやってくる。別に約束をしていたわけではない。ここのレストランにくれば、たぶん私たちがいるだろうということできたみたいだ。

一緒に昼食をとる。時間は午後1時、そろそろ飛行場にいくことにする。会計をしているとバイトのオバサンが私に聞く。

「あの一緒にいた女の人、あなたの〝ママ〟なの」

「違う、違いますよ！」

とあわてて答える。どうやらアンさんのことを私の母だと思っているみたいだ。あんなに若いお母さんがいるわけないし、しかもどう見ても私は〝ハーフ〟には見えないだろう。どうしてこのオバサンは、このよ

↑イヌイットの人たちは、もともと素朴な狩猟採集の民なのだ。

うに思ったのだろうか。不思議だ。

伊藤さんに別れを告げて飛行場に向かう。日曜日でトレードショーが終わったせいもあるのだろうか、飛行場はけっこう混んでいる。私たちが乗る便はCP437便の13時50分発オタワゆき……のはずだったのだが、飛行機がまだオタワからイカルイトに着いていないみたいだ。オタワの天候がわるいため、今さっき飛行機がオタワを出たところだという。予定では2時間遅れでここに着くという。とりあえずチェック・インをしてしまう。またここで困ったことが起きる。カナディアン航空のイヌイットの受付のオネエチャンの仕事がとにかく遅いし、コンピューターの使い方をよくわかっていないのだ。カウンターには長い行列ができている。みんなイライラして待っている。しかもこのオネエチャン、間違えてイカルイト〜オタワのチケットではなく、バンクーバ〜東京・成田のチケットを搭乗券につけてしまう。気づいたからよかったものの、もし気づかなかったら東京に順調に帰れなかっただろう。とりあえず、なんとかチェック・インをすます。ここでふと思う。私はこの文章に『経済はコーカソイドが支配している』とよく書いてきた。この受付のオネエチャンの仕事ぶりを見て、

——イヌイットの人たちは仕事をしたくても、できないのではないのだろうか？

と思った。仕事能力がないといっているのではない。このような仕事の経験が今までにないのだ。このような仕事の需要がなかったため、彼女たちは経験したことがない。もちろんこれまでの彼女たちの世界には、最近までコンピューターなんてものは、なかっただろう。彼らがこういった技術を習得をするのは、これからなのだ。『経済はコーカソイドが支配している』なんてなんの事情も知らず勝手に書いていたけど、もっと調査したら、いろいろなことがわかってくるかもしれない。たとえば（これは私の憶測だけれども）おなじ給料で人を雇うとなれば、もちろん仕事をできる人から雇うのは当然のことだろう。イヌイットの人よりもヨーロッパ系カナダ人のほうが仕事の能率がいいのであるならば、ヨーロッパ系カナダ人のほうを最初に雇うのは当然のことだろう。私が経営者だったら、もちろんそうするだろう。その結果、働く人がヨーロッパ系カナダ人ばっかりになる、ということは考えられることだ。まあ、本当のことは今後現場のデータを数多く集めないとわからないが……。

待ち時間のあいだ、いつもいく中華料理店にいき、時間をつぶしたあと、また空港に戻る。結局2時間30分遅れの16時30分ごろ飛行機がイカルイトを出発する。

しばらくのあいだ、イカルイト、さよなら！

——SEE YOU AGAIN, IQALUIT！

オタワ着。マイナス3度。暖かい！

3時間後、時差を1時間くわえた8時40分ごろオタワに着く。ここは暖かい（イカルイトに比べたらだけど）。今日のオタワの気温はマイナス3度。あんなに寒いところにいたら、これでも暖かく感じる。変な感じである。手袋がいらなくなり、楽になる。荷物をピックアップし、インフォメーションで聞いたホテルにシャトルバスで向かう。食事をそこそこいい雰囲気のバーでとったあと、ホテルに戻り就寝。

――この日記を書くの、けっこう大変だよ。

昼食代（カリブーバーガー、スープ、サンドイッチ、コーヒー、ティー） 約1600円（約20ドル）■タクシー代（ホテル〜空港） 600円（7ドル50セント）■資料代（ヌナブトに関する本2冊） 2880円（36ドル）■お土産代（プレート、絵はがき3枚） 1120円（14ドル）■お茶代（コーヒー、紅茶） 240円（約3ドル）■シャトルバス代（往復ひとり12ドル） 1920円（24ドル）＊ふたり分■荷物預け代（バック3つ、2日間） 3200円（約40ドル）＊チップ代1ドル含む■夕食代（ビール3杯、ペプシ、スープ2杯、コンボプレート、グリーク・サラダ） 3527円（44ドル9セント）■計15087円

ケベック州のカジノでスロットをやって負ける。

［3月13日（月）］

12時ごろ起きてダウンタウンをぶらぶらする。

とくにおもしろみのある町とはいえないが、きれいで落ち着いていて、個人的には好きな町だ。日本人は

あまり見かけない。バンクーバーほど観光地ではないので、あまりこないみたいだ。

夕食のあと、ケベック州にあるカジノに、〝さすらいのギャンブラー〟気取りの父に無理やり引っ張られていく……というのは嘘。かなり積極的な姿勢でいく。カナダは19歳以上であればカジノもお酒も大丈夫だそうだ。

2万円の投資で4時間ぐらい遊んだ。たしかに1回もIDカードを見せろといわれない。ここがアメリカとは違うところだ。ラスベガスにいったときはスロットをやってもいないのにIDカードを見せろとしょっちゅういわれて嫌な思いをしたものだ（アメリカはカジノもお酒も21歳以上）。日本人は幼く見えるのでここカナダでもいわれるのを覚悟していたのだが……おおらかな国だ。負けたのだが気分よくホテルに帰る。午前3時ごろ就寝。

書き忘れていたことがあった。

夕食のあとバーにいったのだが、トロントの近くにある人口200人の町からビジネスでオタワにきているというマイク・ドールMike Dollさん（40歳）と少し話した。

彼、ヌナブトに関してひとこと。

「あいつらにおれらの税金がたくさん投入されている。あいつら働かないからね。ヌナブトができたことはおれも支持するよ。でも少しは働いて欲しいね」

と彼らが働かないことに不満があるらしい。

カジノにいくシャトルバス運転手のフランス系（ケベック系）カナダ人のヌナブトに関しての感想は、そっけない。

「えっ、ヌナブト？　なに、それ」

まったく興味がないらしい。以上。


昼食代（すしセット、刺身セット、お茶2杯）　2392円（29ドル90セント）■はがき代（オタワから日本へ）　80円■お茶代（コーヒー、紅茶、チーズケーキ）　778円（9ドル73セント）■ビール代（ラージサイズのビール1本、スモールサイズのビール1本）　800円（約10ドル）＊チップ代1ドル70セント含む■夕食代（お茶、ビール2本、コーラ、コンボセット、フライドパイナップル）　3293円（41ドル17セント）■シャトルタクシー（ホテル〜カジノまで、ひとり往復10ドル）　1600円（20ドル）■カジノ代（25セント・スロット・マシーン）　20000円（約250ドル）■計28943円

日本へ……いい旅だった。終わり。そして始まり。［3月14日（火）・日本3月15日（水）］

とくに書くことがない。朝からずっと飛行機のなかだからである。オタワ〜バンクーバー〜成田への約14時間のフライトである。オタワからバンクーバー間は、日本人はそんなにいなかったが、バンクーバーから成田は日本人がほとんどであった。春休み期間中ということもあって学生みたいな人が多い。

——さーて、旅のまとめでも書こうか。

長かったような短かったような……なんてお決まりのセリフは書かない。とにかくいい旅だったと思う。いろいろな人に助けられて、いい旅になったと思う。みなさんにありがとうといいたい。ありがとう。まえにも書いたが、これからが〝始まり〟なのである。まだスタートラインにも立っていない。だからここでま

とめ／終わりみたいなことは書きたくない。だから、この文章も〝始まり〟なのである。もっと文章がうまくなりたい。まだまだ改善の余地があるのだから。前向きに物事を考え、これからも頑張っていこうと思う。とにかくいい旅だった。終わり……そして始まり。

宿泊費（1泊95ドル20セント、2泊分、電話代も含む）　24530円（306ドル63セント）［デイズ・インDays Inn 613-789-5555ph］）■計24530円

PART 2
ヌナブト　ふたたび
……はじめての本格的な冬のひとり旅

またまた、この時期が……またまた航空券の手配に苦労する。

［2001年2月12日（月）］

今、カナダのイエローナイフにいる。ヌナブトに向かうための〝前線基地〟にいる。

去年につづいて、またこの時期がやってきてしまった。今回も航空券を手配する段階から苦労してしまった。全部で約20店舗ぐらいの旅行代理店に電話したり、いったりした。しかし、どの代理店も役に立たない。結局、前回手配してもらったエグゼクティブ・トラベルのスギハラさんにお願いする。このスギハラさんって人は私が今まで話したり、会ったことがある代理店の人のなかでいちばんすごい。なにがすごいかって、まず仕事が早いし、私がするむちゃなお願いにまったく嫌悪感を示さない。だいたいの代理店の場合、私がこういうルートでいきたいと話すと、まず困惑した顔をし、そのあと、

「一応やってみます」

という言葉が返ってくる。

——〝一応〟ってなんだ？　一応じゃないだろう、一応じゃ！　これがあんたたちの仕事なんだから一応じゃなくて、全力でやってくれよ。

などと思ってしまう。もっとひどいところだと、

「あのー、ちょっとそのへんの場所わからないんで、自分で航空会社に電話したりして、手配したほうがいいと思いますよ。ほらほら（航空会社のウェブサイト・アドレスを指しながら）こういうところで調べるとい

いと思いますよ」

などとふざけたことをいう。

——おいおい、どこまでなめてんだ！　航空各社のウェブサイトなんて、とっくにチェックしてるよ。それで、ラチがあかないから、こうやって〝専門家〟のところに教えを乞いにきてるんじゃないか。いいかげんにしてくれ！

と思う。それだったらあんたたちの職業はいらないだろう。

スギハラさんのもうひとつすごいところはマネージメント能力である。ほかの代理店の人だとこのマネージメント能力がないため、ルートを組んでくれたとしても、正規料金に近い値段になったり、うまく航空料金が安くなるように組めなかったりする。私はスギハラさん（父の話だと30代の女性の方だとか）には、お会いしたことはないのだが、電話で問い合わせても、航空券を調べるのが早い。自分の目のまえにコンピューターの端末を置き、チャカチャカと調べてくれる。そして、いわれたとおりやるのではなく、自分であらゆるイマジネーションを働かせ、より航空券が安くなるよう、より旅が充実したものになるようにと、積極的にアドバイスしてくれる。今回も航空券を手配するにあたって、このアドバイスが役に立った。そして、なにより重要なのは私がいくような辺鄙《へんぴ》なところの航空券を手配するのを楽しんでいるのである（少なくとも、スギハラさんに好意的な私の目から見てそう見える）。私がいくようなところを手配するには、時間と労力とマネージメント能力が必要である。絶対に航空代理店にとっては、割のあわない仕事のはずである。そのため、6割がたの代理店が用件を聞いたあと、仕事を放棄する。それにもかかわらず、時間を割いて、ルートを一緒に考えてくださったスギハラさんには感謝、感謝である。ほかの代理店にもスギハラさんのよ

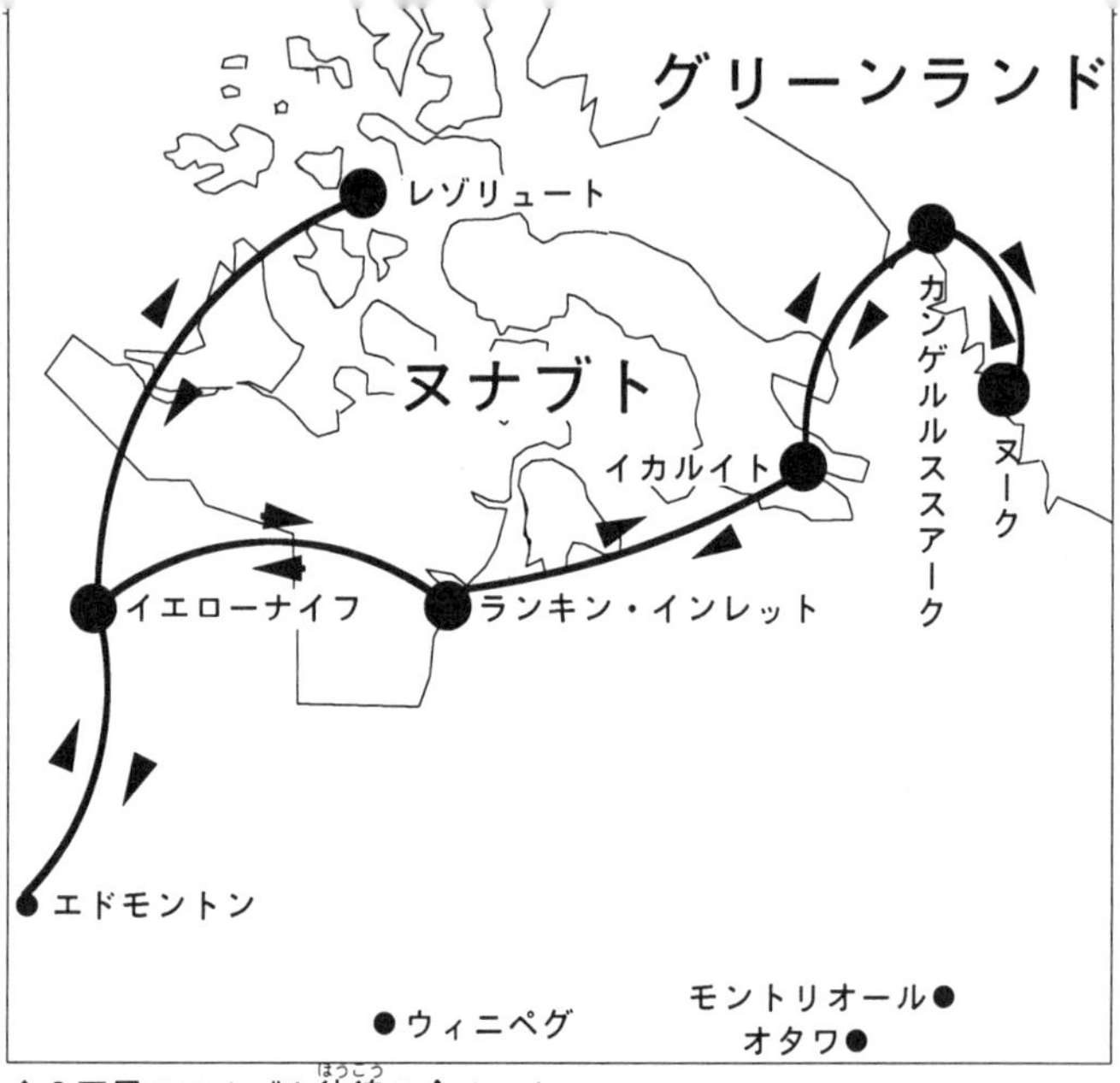

⬆2回目のヌナブト彷徨《ほうこう》の全ルート。

うな方はいらっしゃると思うが、もう少しプロ意識と、まったく自分が知らない地名が出てきても困惑した顔をするのではなく、その地名に対して好奇心に満ちた顔をするような国際感覚を持って欲しい、などとプロ意識も国際感覚もない世間知らずの20歳の若者は思ったりするのです。

　話は変わり、今回の旅のルートだが以下のように組んでみた。

2月12日（月）東京・成田〜バンクーバー〜エドモントン〜イエローナイフ

2月17日（土）イエローナイフ〜ヌナブト・レゾリュートResolute

2月24日（土）レゾリュート〜イエローナイフ

2月26日（月）イエローナイフ〜ヌナブト・ランキン・インレット

2月28日（水）ランキン・インレット〜ヌナブト・イカルイト

3月6日（火）イカルイト〜カンゲルルススアーク

（グリーンランド）
3月8日（木）カンゲルルススアーク～ヌーク（グリーンランド）
3月13日（火）ヌーク～カンゲルルススアーク～イカルイト
3月16日（金）イカルイト～エドモントン
3月17日（土）エドモントン～バンクーバー～成田（着3月18日［日］）

日数　35日間

とこんな感じだ。航空運賃は総額21万4420円（税こみ）である。

「アイヌがやってきたかもしれない道を逆にたどる計画案」の挫折。

予定は、当初私の計画していた案から大幅に変更を余儀なくされた。最初は、アイヌ語研究家としては第一人者といわれている言語学者金田一京助の「コーカソイド人種に属するアイヌの一部は、モンゴル地方からユーラシア大陸を通り、北アメリカにやってきたモンゴル系部族と深い関係がある。両者の融合は、ネイティブ・アメリカンにその血を残した。モンゴロイドの影響を受けなかったアイヌは、北ヨーロッパから、アイスランド、グリーンランド、北アメリカ経由、アリューシャン列島や千島列島を渡って、日本にやってきたのではないか」という仮説をヒントに、それならばモンゴル系部族とアイヌがきた道を逆にたどろうというテーマを携え、予定を組んでいた。もちろん、アイヌの起源について、「コーカソイド説」のほかに、「モンゴロイド説（古モンゴロイド説）」「古アジア民族説」「大洋州人種説」「人種の孤島説」などがあることは、インターネットでチェックして知ってはいたが、ここはいちばん、イヌイットとの関係を示唆している金田一説にこだわってみたかった。金田一京助の「アイヌ語はイヌイット語やバスク語に似ている」という説の確認のためにバスク地方にも、立ち寄ってみたい。しかし、この計画だとグリーンランドからアイスランドにいく飛行機が20万円かかり、また北欧から南欧にくだり、そこからモンゴル・ウランバートル経由日本に帰るとなると、すべてあわせると100万以上の莫大な航空運賃がかかるため、この計画は断念した。スギハラさんにもこの計画を持ち出したが、

「モンゴルはモンゴル、ヨーロッパはヨーロッパで別にいったほうが断然安いんじゃないですかね」

といわれたため、今回は断念した。

バンクーバー、エドモントン経由、イエローナイフへ。

8時間40分のフライトののち、午前11時40分、バンクーバーに到着する。ひと息つく暇もなく、13時発のカナダ航空AC3646便に乗る。日本人がちょこちょこと乗っており、全体では7割ぐらい席が埋まっていたかな。

1時間27分のフライトののち、15時27分にエドモントンに到着する。ここで大きく時間があく。つぎのイエローナイフゆきの飛行機までは、約5時間もある。時差ぼけのためかとても眠かったので、空港のベンチを4つ占領してひと休みすることにする。先天的な危機管理能力を持っている私は荷物（総重量50キロ）をケアしながら、浅い眠りにつく。少しでもまわりで物音がすると、パッと起きあがり、まわりに注意をはら

う。疲れていたせいもあるが、あっという間に時間が経ってしまう。

機内のオバサンのオーロラ鑑賞法・北極圏生活法講座。

イエローナイフゆきのカナダ航空AC8957便、21時発に乗る。荷物検査でなぜかひっかかる。ほかの日本人はすんなり通れるのに、中国系カナダ人に荷物をくまなく、チェックされる。どうやら多量のハイテク装備類（デジタルカメラ、カメラ数台、ノートパソコン、電子手帳など）がよくなかったみたいだ。筆箱の中身までチェックされる。理由はわからないが、接着剤を取られてしまう。搭乗口に着くと、日本人の多さにびっくりする。イエローナイフゆきの飛行機の9割方の乗客が日本人だろうか。そのほとんどがツアーのお客さん。飛行機に乗り、隣に座ったツアーに家族で参加している女性の方とお話をする。年は40代後半から50代前半ぐらいだろうか。私と一緒の20歳の大学生の娘さんと旦那さんと3人でこのツアーに参加している。東京の練馬区からきたという。ツアーのことをいろいろと聞く。ツアーの主催者は近畿日本ツーリスト。30人のツアーだそうだ。成田からアメリカのシカゴに入りナイアガラの滝を見て（2日間）、それからイエローナイフにオーロラを見るためにきて（3日間）、カナダのもうひとつの都市（どこか忘れてしまった）で3日間を過ごすという、計8日間ひとりあたり25万円の旅だという。このツアーの参加者は見た感じ大学生から家族づれ、新婚夫婦、お年寄りの夫婦、中年女性軍団と幅広そうだ。このお母さん、私がプロ用のカメラ2台を首からさげているせいか、若いのにひとりできているせいか、私に興味津々だ。私が荷物検査でとめられていたところから見ていたそうだ。いろいろとツアーについて聞くと、私がなにも知らないと思ってか、いろいろと話してくれた。

「あらー、あなた、ひとりできてるの。大学の研究のためにきてるの？　偉いわねー、でもお母さん、きっと心配してるわよ。向こうにいったら寒いわよ。ちゃんと服着ないと駄目よ。今年はオーロラの11年に1回かなんかの当たり年なんだって。あとオーロラ、撮るときはフラッシュたいちゃ駄目よ、添乗員さんに注意されたんだからね。カメラは寒さで凍るから気をつけてね」

などなど。

飛行機の窓の外のオーロラに機内の日本人は大騒ぎ。

しばらくすると飛行機のなかの電気がパッと消える。なにごとかと思っていると、窓の外にオーロラが見えるではないか。鮮明に青緑のカーテンがゆらゆらと動いている。飛行機内の人、とくに日本人がざわめきだす。

「オーロラよ、オーロラ。幸先イイワ。ねえねえ添乗員さん、私たちツイテイルわね」

と平均年齢60歳ぐらいのオバサン軍団が騒ぎ出す。

この言葉を聞いたときに、飛行機の待ち時間に、とくとくと話していた30歳ぐらいの添乗員さんの言葉を思い出してしまった。

「ぼく、本当にオーロラにはついてますからね。今年、9戦8勝ですからね」

などと調子よく彼がいっていると、それを聞いたツアー客のひとりのオバサンが、

「あらー、私たちいい添乗員さんに当たったわね、これで見れなかったら本当にどうしようかしら」

といっていたっけ。

私はその会話を聞きながら、

——なんだよ、9戦8勝って。1敗してるじゃないか、1敗。

などとヒネクレ・ムードでその会話を聞いていた。

それはさておき、なんだかんだといっても、前回オーロラを見ることができなかった私もこのオーロラを目のまえにして、

——よかった、とりあえず見れて。幸先イイワ。

とオバサンたちとおなじことを思ったりする。

働き者ジェームスとインテリ・ロザリー女史が迎えにきてくれて……またまた、オーロラの乱舞。

飛行機がイエローナイフに到着する。

思っていたよりも寒くない。気温はマイナス20度くらい。まだまだ序の口だ。空港に、まえにきたときに泊まったB&Bを経営している働き者ジェームスとインテリ・ロザリー女史がふたりで迎えにきてくれている。B&Bに向かう途中の車のなかで、空一面のオーロラを眼にする。アラスカで見たやつよりもすごい。オーロラが空に同時に3つほど出ている。これには感動した。

↑働き者ジェームスとインテリ・ロザリー女史が経営するＢ ＆ Ｂ。

けっこうたくましい番犬を飼っている。↑

――やはりイエローナイフはオーロラの町だな。と感じる。Ｂ＆Ｂに着き、ラップトップで日記を書いたあと、就寝。

電池20本、120分テープ3本　2877円■保険代28800円　※東京海上　死んだら7500万円■高速代　2350円■食費　不明■フィルム代　不明■電子辞書代　不明■計　不明（不注意にも、出発のどさくさで、領収書を紛失してしまった。以後、気をつけなければいけない）

親切なインテリ・ロザリー女史、ありがとう！

［2月13日（火）］

朝8時ごろ日記を書き終え、眠りにつく。時差ぼけのせいもあるだろうが、起きたのが午後7時。一日をまったく無駄に過ごした。しかし、疲れがぶっとび、時差ぼけも解消された。インテリ・ロザリー女史が7時半ごろ帰ってくる。明日の予定について確認。午前10時ごろイエローナイフ市長に会うために、町の中心部にあるシティーホールにいくことが決まる。女史は本当に親切だ。私がインターネットの接続に、てこずっていると、インターネットに詳しい友だちのところに電話をして聞いてくれた（でも解決しなかった）。明日シティーホールにラップトップを持ってきたら、まわりの人に聞いてコンピューターの問題を解決してくれるという。そして、もうひとつ私にとってうれしいことがあった。まだイカルイトとランキン・インレットとレゾリュートの滞在先が決まっていない（イカルイトは最後の3日間だけホームステイが決まっている）と女史に話したら、バロー海峡の入り口あたりにあるレゾリュート・ベイは辺鄙《へんぴ》なところで、友だちもいないからどうにもならないが、イカルイトとランキン・インレットは友だちがいるので、ホームステイの件を話してくれるという。ちなみにイカルイトに住んでいる友だちの名前は、ポールというらしい。それに加えてポールは政府で働いているので、もし可能だったらイカルイト市長に会う手配もしてくれるという。本当に、本当にありがたい。強くインテリ・ロザリー女史に感謝の言葉を述べると、

「そんなのたいしたことないわよ。イカルイトは狭いしね……市長に会うぐらい簡単よ」

とちょっとイカルイトをバカにした言葉が返ってくる。明日にでもメールを書いてくれるという。

イエローナイフのバーの話など。

イエローナイフのバー、レストランの話になる。イエローナイフには数えきれないほどのバーがあるという。インテリ・ロザリー女史に聞いたなかだけでも、40ぐらいあっただろうか（ホテルのラウンジバーも数えて）。やはり有名なのが、ゴールド・レンジ・バーだ。

↑イエローナイフの町並みは、まえにきたときに比べて、そんなに変化していなかった。

女史いわく、

「あそこのバーはいかれてるわね。すごい雰囲気だわ。あそこはアボリジニーズ（注1）たちの溜まり場ね。あそこには一回いってみるといいわ。きっとあなたにとっては、いろいろな発見があるはずよ」

という。

女史は本当にいい人なのだが、先住民・少数民族に対して、あまり〝いい感じ〟を持っていないのでは……差別的な言葉をときどき無意識に使う。ファースト・ネーションズのことをインディアンという。バーの話をしていても、「あそこはカナダ人がいくところ。あそこは原住民（注2）がいくところ」と区別しているような話し方をする。それだけヨーロッパ系カナダ人と先住民のコミュニティーは別々で離れているということだろうか。

女史はほかにもいろいろとおすすめのバーを教えてくれる。モンキーMonkey／トリーズTrees／ギャラリーGallery／ザ・ブラック・ナイト・パブ／ライト・スポットRight Spot／ハーリーズ・ハード・ロック・サルーンHarley's Hard Rock Saloon／フランス料理を食べさせてくれるフローリックFrolicなどいろいろ。最初の3つは、先住民の人たちもくるらしいが、ザ・ブラック・ナイト・パブには先住民は出入りしていなくて、ヨーロッパ系カナダ人のなかでもとくにエリート意識の強い政府関係者がよくいくという。私もここにはいったことがあるのだが、ゴールド・レンジ・バーとはまったく正反対の静かな雰囲気のバーだ。

……とまあ、いろいろとバー談議をする。

夜、日記を書き、明日の準備をして1時半ごろ就寝。

――明日は緊張するな。いよいよ市長と、ご対面だな。まあ、どうにかなるかな。

と英語ができないのにかなり楽天的な気持ちでいる。飯は食わない。まったく腹が減らない。最初のころは、旅の緊張のせいか、いつもお腹がすかない。これでだいたい5日間ぐらいで3キロほど痩《や》せる。

――ちょっと太り気味だからダイエットになっていいわ。またどうせお腹がすいたら、思い出したように食べるし。

ここでひとつ余談。

インテリ・ロザリー女史がこんなことをいっていた。

「(カナダにおいて)西の人は英語がまだできるけど、東にいけばいくほど(ヌナブトのほうにいけば)英語がみんなできなくなるわ。だから市長や町長に会うとかでも、みんな英語ができないから大丈夫よ」

私がそれを聞いて、

「Me too(おれも彼らと一緒で英語ができないね、という気持ちをこめて)」

というと女史はニヤッと笑いながら、

「そうね、そうね。あなたもおなじぐらい英語ができないわね。だから全然、気にしなくて大丈夫よ」

という。

――はぁー、がんばって英語、勉強しなくちゃな。

＊出費なし

注1　アボリジニ　Aborigine　オーストラリアの先住民を指す言葉として広く知られているが、先住民そのものを指す言葉としても使われる。私はこの言葉を先住民の意味で使う人は、ある種の偏見主義者だと思っていたが、カナダに滞在して実際にこの言葉が使われている現場にいあわせると、かならずしも差別用語として使われている感じがしなかった。今後、この言葉の持つニュアンスは要研究。

注2　私は原則として、ファースト・ネーションズ、あるいは先住民という言葉を使うことにしている。ただし、会話の相手がネイティブだとかアボリジニを使った場合に、それを日本語にする場合には、この本では原住民と圏点を振って訳した。この訳が正しいかどうかも、今後の課題。

ここの寒さをなめすぎた。耳が悲鳴をあげる。

［2月14日（水）］

インテリ・ロザリー女史は9時半ごろに、ここを出れば十分よ、っていっていたが不安だったので、9時20分ごろに出る。イエローナイフの気温をなめている私。まわりの日本人が、

――わー、おれたち極北体験してるよ。これってすげーよな。あんまり日本人ってこんな寒いところにこ

ないもんな。

などと思っているなか、イエローナイフの寒さを完全になめきっている私。

——こんなとこ、極北っていわねーよ。もっと北に比べれば全然、寒くねーよ。北海道にいったってこれぐらいの寒さは体験できるよ。

と思っている私。上着、ズボン、靴下は完全装備だが、帽子をかぶらないで、手袋1枚で出かける。これが仇となる。めちゃくちゃ寒い。手はまだなんとかなったが、帽子のない耳がどうしようもない。風の強さに耳が悲鳴をあげる。

——はー、これは寒さをなめすぎてたな、今度からちゃんと帽子をかぶらないと。

朝9時半現在、気温はマイナス17度。ダウンタウンの中心地にいったが、あまり人は見かけない。ましてや、「オーロラ観測」のために徹夜をしている日本人の姿なんてひとりも見かけることができない。ここがイエローナイフの不思議なところ。こんなにも日本人観光客が多い町なのに、明け方と夜には日本人の姿がまったくない。みんなオーロラ観測に湖のほとりに出かけてしまう。こんな時間に町を歩いている日本人なんておれぐらいだ。ダウンタウンのいたるところで日本語で書かれた看板と垂れ幕を目にする。『日本語のメニューあります』『日本人観光客歓迎』『ようこそイエローナイフへ』などなど。

——こりゃー、去年よりも日本語の看板が増えたな。

↑市長秘書のインテリ・ロザリー女史は、秘書席に陣取っていた。

←イエローナイフ市長のゴードン・バン・ティグハムさん。

イエローナイフ市長は、大柄で、ちょび髭の生えたロシア人のような風貌をした男。

9時50分ごろシティーホールに着く。なかに入ってまわりを見まわすとインテリ・ロザリー女史が座っている〝秘書席〟みたいなものが、目に入る。すぐに市長のいる部屋に通される。大柄で、ちょび髭《ひげ》の生えた、少しロシア人のような風貌をした男が目のまえに立っている。彼の名前はゴードン・バン・ティグハムGordon Van Tighemさん、カナダのカルガリー出身だそうだ。いろいろとインタビューをする（注1）。日本から持ってきた英語版『ヌナブト・ハンドブック』と父の本（『東西国境線十万キロを行く』）を贈呈する。それに対し、イエローナイフに関してのさまざまな資料をくれた。40分ぐらいのインタビューを終え、そのあと、経済推進局役人Economic Development Officerのジェームス・スミ

イエローナイフ市経済推進局役人ジェームス・スミスさんこと、ジェントルマン・ジェミー。➡

ス James Smyth さん、愛称ジェミーと話をする。彼とは1時間ぐらい話しこむ。彼はとてもいい人でジェントルマン——ジェントルマン・ジェミー。全面的に私に協力姿勢を示してくれた。疑問があれば、電話をしてくれてもいいし、いつでもここにきてくれれば、なんなりと相談に乗ってくれるという。彼にゴールデン・レンジ・バーについて聞いてみる。すると彼、うれしそうな顔をしながら、近くにいた女性職員に、

「リサ、この子、ゴールド・レンジ・バーについて聞いているよ。あそこはどんなところかだってさ」

という。それを脇で聞いていたリサは、

「あそこね、とにかくすごいところよ」

とちょっとバカにした感じでいう。そういえば市長もインタビューのときに、いっていたっけ。

「君、ゴールド・レンジ・バーにいったことあるんだって。ロザリーに聞いたよ。ずいぶんヘンなところに興味があるもんだ」と。

念のために書いておくが、以上の反応を示した人たちは、すべてヨーロッパ系カナダ人。やはりあのバーには、なにか意味があるみたい。

つづけてジェントルマン・ジェミーがいう。

「あそこの上にはホテルがあるんだけど、そこはホームレスの溜まり場だよ。お金がない人が泊まっているね。あとはアボリジニーズ（原住民）の人たちが多いね」と。

――イエローナイフにいるあいだは、ゴールド・レンジ・バーがいろいろと民族の関係を見るにあたってキーワードになりそうだな。

とふと感じる。

ジェントルマン・ジェミーにも父の本をあげると、お礼にイエローナイフ市でつくっているやつだろうか、フリースの暖かそうなそうなベストをくれた。

シティーホールを12時ごろ出る。ちなみにここのお役所で働いている人は150人。けっこうな数がいる。

私が目にした職員はみんなヨーロッパ系カナダ人。先住民・少数民族らしき人はひとりも見かけなかった。

――これが現実なんだな。

と感じる。でも、事実確認の質問をしなかったのは、失敗。なんにせよ、実際、権力の中枢にいるのは、イヌイットとかファースト・ネーションズのデネ族（イエローナイフ周辺に住んでいる先住民）とかではなく、ヨーロッパ系カナダ人だ。でも、ここノースウェスト・テリトリーの知事はたしか先住民だ。そのへんはどうなっているのだろうか？　今度調べてみる必要がありそうだ。ダウンタウンをぶらぶらしたあと、暗くなってきたのでB＆Bに戻ることにする。インスタント・ラーメンをつくって食べ、はやばやと寝る。あと、書くのを忘れていたけれど、ジェントルマン・ジェミーが明日か明後日、私がイエローナイフに滞在しているあいだに、ダイヤモンド鉱山につれていってくれるという。また詳しい時間が決まったらインテリ・ロザリー女史に伝えておくっていっていた。

ジェントルマン・ジェミー、なにからなにまでありがとう。楽しみに待っています。

＊出費なし

注1　イエローナイフ市長のインタビューは、録音したので、日本に帰ってからテープ起こしをする。このあと、各地の町長や市長のインタビューをやったのだが、これに関しては、またあらためて別の機会にまとめたいと思っている。

ジェントルマン・ジェミーの案内でダイヤモンド鉱山見学。

［2月15日（木）］

朝8時ごろ起床。ベッドで少しだらだらしたあと、9時半ごろから朝食を取り始める。お金の節約のために、朝タラフク食べるようにしている。パンを3枚、ジュース、半熟卵をふたつ、あとは玉子スープ。朝食を食べていると電話が鳴る。留守電に切り替わる。

——あっ、ロザリーの声だ。

「ヒヅキ、あなたにメッセージがあります。これを聞いていたら、私に電話してね」

（中略。このあと電話でのやりとりがあり）やはり、ジェントルマン・ジェミーがダイヤモンド鉱山につれていってくれるという話だ。2時15分にシティーホールにきてくれという。とりあえず朝食を終わらせて、その後、B&Bでいろいろと資料の整理をしてから2時ごろシティーホールにいく。ジェントルマン・ジェミーもインテリ・ロザリー女史もいる。ジェントルマン・ジェミーが用意するのを待って、タクシーでダイヤモンド鉱山に向かう。シティーホールから車で15分〜20分ぐらい飛行場のほうにいったところにダイヤモンド鉱山はある。**（ジェントルマン・ジェミーの案内で見せてもらったダイヤモンド鉱山のくわしい描写が、このあとえんえんとつづくのだが、この本のテーマと関係がないので、大幅に省略）**

ヨーロッパ系カナダ人が少ない作業現場。

ダイヤモンド鉱山で私が感じたこと。その加工作業場には、ヨーロッパ系カナダ人の人が少ない。案内してくれた人はヨーロッパ系カナダ人だったが、作業をしている人はみんなインド系やヒスパニック系の人が多かった。あとは数人のイヌイットとファースト・ネーションズ。ジェントルマン・ジェミーに、

「ヒスパニック系の人が多かったように見えるんだけど……」

と聞くと、

「そう？　おれにはそうは見えなかったよ。多分フィリピーノ（フィリピン人）と勘違いしてるんだよ。イエローナイフはフィリピン人が多いからね」

とジェントルマン・ジェミーがいう。そうかな？　おれにはどう見てもフィリピン人には見えなかったけ

ど……。英語がおれとおなじぐらいたどたどしく、インド系、ヒスパニック系の人が多かったように見えるんだけどなあ。まあ、それはいいとして、ここの工場について。ジェントルマン・ジェミーいわく、ここの工場はイヌイットやデネの人たちの訓練所になっているとか。ここの作業を彼らに教えて、彼らを技術者として育てたいらしい。それと、イエローナイフ（ノースウェスト準州）はダイヤモンドの採掘から加工まで、なにからなにまでやっている。

ダイヤモンド加工作業場をあとにする。

ジェントルマン・ジェミーとしてはおれにこの工場を見せることで、

――イエローナイフはオーロラだけじゃないんだよ。ダイヤモンドも盛んなんだ。

といいたかったに違いない。

たしかにノースウェスト準州は収入に恵まれている。オーロラ・ツアーは盛んだし、ダイヤモンドは出る。

――それに比べてヌナブトはなにがあるんだよ？　カナダ連邦政府としては、ちゃっかり鉱山の採掘権だけは確保しておいて、いらない土地を彼ら（イヌイット）にあげたんだろうな、きっと。なんかノースウェスト準州の首都イエローナイフをこういったかたちで見ると、ヌナブトの首都イカルイトは本当になにもないな。あそこにはダイヤモンド鉱山もないし。

ますますヌナブトの厳しさを痛感する（注1）。4時ごろシティーホールに戻る。シティーホールに戻ってから、オーロラ・ツアー会社に電話をする。カナダ・エクス・オーロラ・ツアーズCANADIAN EX. Aurora Tours（注2）のオーナーの鈴木誠二さん（35歳）と今日の夜8時に彼の自宅で会う約束をする。B＆Bに戻り、少し休んでから、彼に会いにいく。滞在先から歩いて10分ぐらいのところにある3階立ての大きな家が彼の自宅兼オフィスだ。ゴールデン・レトリバーgolden retrieverが2匹いる。多分親子だと思う。彼との出会いは大きかった。いろいろな話を聞けた。

＊出費なし

注1　今はまだヌナブトには、ダイヤモンド鉱山はないが、将来的にはダイヤモンドによる収入が期待されている。
注2　カナダ・エクス・オーロラ・ツアーズ　867-669-9200ph/867-669-9645fax　can-ex@internorth.com　P. O. BOX 1874 YELLOWKNIFE NT CANADA X1A 2P4

世界初の「オーロラこたつ」を主宰するツアー会社。

［2月16日（金）］

朝10時ごろ起床。朝起きると昨日少しだけ顔を見た女の子が朝食を食べている。彼女と話をする。彼女の名前は古川亜由美さん、大阪出身。今年大阪経済大学を卒業して証券会社に就職が決まっている23歳だ。卒論も書いてしまったので、2か月ほどカナダを中心にひとり旅をしているそうだ。バンクーバー、シアトル、ビクトリア（一か月ほどホームステイをしながら語学学校に通ったとか）、を中心に滞在し、最後の3日間を利用してオーロラを見るためにイエローナイフにきたそうだ。予算は全部で約70万円だとか。バリバリの関西弁。英語も関西弁。朝食時にいろいろと話をする。ちなみに朝食はパンを2枚、ジュース、レトルトのわかめスープ。

ヌナブトを知っているかどうかを彼女に聞く。彼女は知らなかった。この言葉を聞いた第一印象は〝魚の種類〟。たしかにいわれてみればそうだ。魚の名前みたいだ。

　彼女といろいろ話をしたあと、彼女はダウンタウンへ。私はオーロラ・ビレッジというツアー会社の人に話を聞く約束をしていたので、そのオフィスのある場所へ向かう。滞在先から旧ダウンタウン old downtownのほうに歩いて10分ぐらいのところにある。オフィスにいき、日本人のスタッフの人にいろいろと話を聞く。彼女の名前は三浦尚子さん。このツアーは去年の12月に始まったばかりだ。イエローナイフにある3つのオーロラ・ツアーのうち、唯一カナダ人が経営するツアー会社だ。オーナーはドン・モリン Don Morinさん、前ノースウェスト準州の知事をしていたヨーロッパ系カナダ人と先住民の混血のメイティー（メティスともいう）という種族の人だ。このツアーを始めたきっかけは、ほかのツアーがオーロラだけに標準をあわせているのに対し、それだけではなく、もっと先住民の生活を知ってもらおうと〝先住民とのふれあい〟をテーマにあげている。日本人スタッフは全部で4人。ツアーの限度人数は50人ぐらいまで。団体旅行客がいるときはそれぐらいまでいくそうだが、団体旅行客がいないときは、個人旅行のお客さんが中心になるとか。ちなみに今夜のお客さんは8人。とても少ない。最低、ふたりからツアーは催行されるとか。これで本当にもうかっているのだろうか。ほかのツアー会社とはこれが違うという売り物は、「世界初」を謳《うた》ったこたつに入りながらオーロラを見ることができる〝オーロラこたつ〟だとか。果たしてこれが本当に流行《はや》るのだろうか？　アイデアはおもしろいと思うけれども、そんなの寒さのなかで見るオーロラの醍醐味もなにもない。寒いなかで見るからこそいいと思うのだが……。待合室には先住民のティーピー teepee = tipi（テント張りの家のこと・デネ語）が張ってある。全部で7つ持っているという。これも〝先住民とのふれあい〟をテーマにあげるならではのサービスだ。オーロラ・ツアー催行期間は、11月中旬～4月15日まで。今年は準備に手間どって12月からツアー開始。夏にはキャンプ、エコ・ツアー、カヌー、フィッシングなどを計画中。とまあ、こんな感じかな。

30分ぐらい話したあと、滞在先に戻る。

町にあふれる日本人観光客……丘の上が真っ赤!

働き者ジェームスが、車でいろいろな場所へつれていってくれるという。まずは湖が凍ってできたアイスロードへ。日本人ツアー客がたくさんいる。見た感じでは20歳〜25歳ぐらいまでの人が中心にツアーに参加しているみたいだ。50人ぐらいいるだろうか。アイスロードを走っているこちらの車を、写真のターゲットにしている。働き者ジェームスに頼んで車をとめてもらい、お返しにバカみたいにはしゃいでいる日本人の写真を撮ると、

——あの人、なんでツアーに参加してないんだろう? なんでこっちを撮っているの? なんで?

というような困惑した顔で10人ぐらいがこっちを見ている。

——日本人のだれもがオーロラを見るために冬の北国にきているわけじゃないんですよ、みなさん。人それぞれでして……。

という気持ちを持って、またアイスロードをいく。このアイスロードは全長約6・5キロ。左右にダイヤモンド鉱山が見える。働き者ジェームスの話だと左に見えるダイヤモンド鉱山は2年ぐらいまえに閉鎖したとか。右に見えるダイヤモンド鉱山は今も稼動中。このアイスロードを過ぎると、ネイティブ・カナディア

ン・デネの村へ。この村を1周したあと、アイスロードにあるスケート場へ。そこで働き者ジェームスがイエローナイフにある唯一の丘を指差しながら、

「ヒヅキ、あの丘を見てごらん。丘の頂上が赤いだろう。あれ、みんな日本人観光客だぜ」

とちょっと小バカにした感じでいう。本当だ、丘の上がツアー会社が貸し出している赤いジャケットで染まっている。Oh My God！　という気持ちだ。真っ赤なものが、丘の上でうじゃうじゃ動いている。本当にすごい光景だな。そのあと旧ダウンタウンを案内してもらい、ダウンタウンに向かう。働き者ジェームスが町のなかでいろいろな人に話しかけられる。

「友だち多いんだね」

「彼らはみんなジャマイカ人さ。この町（イエローナイフ）にいるジャマイカ人は全部で30人。彼らはみんな友だちさ。夏にはみんなでバーベキューをやる。あとジャマイカに帰るときに一緒に帰ったりするんだ」

「どのくらいのペースで帰るの？」

「2年に1回、夏ごろ2週間ほど帰るんだ。去年帰ったから今年は帰らないよ」

「ロザリーも一緒に帰るの？」

と聞くと、ちょっと躊躇《ちゅうちょ》して、

「ああ、一緒に帰るよ。あとビクトリアにいるおれの子どもも一緒に帰るんだ。ほんとはひとりで帰ったほうが気楽なんだけどね」

と笑いながらいう。

「ほんとにジェームスもロザリーもよく働くよね。休みとかってあるの？」

「おれは冬はほとんど休まないね。毎日、毎日働きっぱなしだよ。夜は病院のガードマン。昼は水を運ぶトラックの運転手。ロザリーのほうは月曜日から金曜日まで、朝の5時から夕方5時まで市長の秘書だろ。あと、月曜日と金曜日は夕方6時から8時まで本屋さんで働いている。たまに土曜日も働くこともあるしね。おたがい忙しいよ」

と疲れた顔をしていう。彼にもゴールド・レンジ・バーについて聞いてみる。すると彼、

「ゴールド・レンジ・バー？　おれはあそこには、ここ当分いってないよ。あそこは本当にいかれた（crazy）バーだよ。ウィークデイはまだいいけど、金曜の夜なんて本当にすごいよ。そこらじゅうで殴りあいのケンカをしているよ。ヒヅキ、夜の8時半から12時までのあいだに、あれがある通りにいってごらん。少なくとも（at least）1回はケンカを見物することができるよ、少なくとも1回だよ（彼、at leastを強く強調しながら）。でもヒヅキ、絶対あそこにはひとりでいっちゃ駄目だよ。絶対にからまれるよ。カメラなんか出してたら、もうそんなの絶対盗られるよ。だから絶対にいかないほうがいい。あそこは警察もうろうろしているし……」

とゴールデン・レンジ・バーの恐さを強調する。

B&Bに4時半ごろ帰る。玉子がゆをつくって食べる。

旅に出てから5日間で使ったお金は4ドル。

お金をおろしにダウンタウンへ。全部で1000ドルおろす。理由は簡単だ。明日いくレゾリュートには

銀行がないからだ。まだ宿泊先は決めていないので、ホテルも高いし、なにかあると不安だからだ。帰りにこっちにきてからはじめての買い物をする。今回、本当にお金を使ってない。旅5日目にして、はじめて4ドル使った。

――なかなか節約しているな。

と自分でも感心。

――でもどうせこれからたくさん金がかかるんだろうな……。

6時ごろB＆Bに帰る。一緒に滞在している関西弁英語の古川さんがレトルトのミネストローネをつくっている。ひとりじゃ多いからと半分ほどおすそわけしてくれる。そのあと、少し仮眠する。夜中の12時ごろ起きて、日記を書く。これがなかなかめんどくさいんだ。2時ごろ雑炊をつくって食べ、日記を書くのを中断。

ジュース、スナック菓子、ホットドック　327円（4ドル9セント）　※1ドル80円計算

日本人でオーロラを見ることができなかった〝少数民族〟の女の子?

［2月17日（土）］

夜、あれから眠れなかった。朝8時ぐらいまで荷物の整理をし、2時間ほど寝たあと、10時ごろ起床。朝食の用意をしていると関西弁英語の古川さんが起きてきた。

「昨日、オーロラ、見れた?」

と聞くと、

「ううん、見れへんかった」

と残念そうな顔をして答える。私はそれを聞いて、窓の外を見る。ものすごい曇り、しかも雪がちょっと降っている。

——あーあ、かわいそうに、多分今日も見ることができないんだろうな。

と思いつつ、

「そうか、見れなかったか。今日がもう最後の日（彼女は明日帰る）でしょ？　この空模様からしても、なんか危なそうだね」

というと、

「そやなー、今日も見れなさそうやな」

としょんぼりした様子で答える。ちなみに彼女、私がおととい訪れたカナディアン・エックスのツアーに参加している。おととい、昨日とツアーに参加したが、今日は予約しなかったので参加しないという。イエローナイフでのオーロラ観測率（この時期に3日間滞在することが条件）は97パーセントほどだったかな。彼女、日本人でオーロラを見ることができなかった〝少数民族〟になっちゃったよ、かわいそうに（のちにインテリ・ロザリー女史に聞いた話だが、最後の日にオーロラを見ることができたらしい。ここまできて見ることができないほうが価値があったのに……とオーロラに関心がない私はそう考えるのだが）。

朝食を食べる。今日、レゾリュートにいくということもあり、あまり外でお金を使いたくないので、たくさん飯を食う。ジュース、半熟卵2個、緑茶、パン3枚。11時ごろ、女史が私を空港まで送ってくれるため家に戻ってくる。とりあえず、月曜から今日までの宿泊費、250ドルを払う。関西弁英語の古川さんとあいさつを交わしたあと空港へ。

レゾリュートへ――マイナス40度初体験！ 地元の人には、なんでもない気温？

ファースト・エアー（7F 953便）12時25分発の便でレゾリュートへ。飛行機は思っていたほど小さくはない。しかし、半分以上が物資を運ぶためのスペースで取られている。客席は全部で3人がけの椅子が廊下をはさんで7列ほどある（45人ぐらい乗れると思う）。今回のフライトに乗っている人は全部で15人ぐらいだろうか（女性ふたりのフライト・アテンダントを除いて）。イヌイットが3人、残りがコーカソイドで、ひとりのモンゴロイド……イヌイットも乱暴に分類すればモンゴロイドかな？　とにかく日本人は私ひとり。

飛行機が飛び立ってしばらくすると、3人のイヌイットとふたりのヨーロッパ系カナダ人がふたつの席に集まってトランプを始める。狭い飛行機内でとても威勢のいい声を出しながら、楽しそうにやっている。ランチと飲み物が出る。私はチキンかカリブーの選択に、カリブーを選択。飲み物はコーラを。お腹がいっぱいだったので、ほとんど残してしまう。トランプゲームをやっている彼らはというと、ランチを食べないでひたすら飲む。1回の注文に2杯の飲み物を頼む。ビールとコーラ、ワインとコーラ。食べない代わりにすごい勢いで飲む。お酒のカモフラージュかのようにコーラを頼む。まるで夜の盛り場にいるかのようなペースでお酒を注文する。たまにフライト・アテンダントのおとがめも入る。3人のイヌイットのうち、ふたり

⬆——なんじゃこりゃ？
レゾリュートを飛行機の窓から見た最初の感想。

は楽しそうにやっているのだが、ひとりは酒癖がわるいらしく、顔が真っ赤になり、ろれつがまわらなくなってきた。まだワイン3杯目ぐらいのはずだけどな。でも彼らがお酒をたくさん飲もうという気持ちは理解できる。レゾリュートではお酒は禁じられているからだ。私たちのような観光客もお酒を持ちこむ場合には、許可がいる。だからその分、飲めるときに飲めるだけ飲んでおこうという感じ。お酒に強いふたりは浴びるようにお酒を注文。コーラもあわせたらひとり、10杯ぐらい飲んだかな（そのうちお酒は6杯ぐらい）。2時間27分のフライトののち16時52分レゾリュートへ（時差があるため）。

窓から見たレゾリュートの最初の感想。

——なんじゃこりゃ？

なにもない。だいたい飛行機でどこかにいくときは、窓からその町の景観を楽しむのだが、空港もあわせて4棟ほどの建物しか目につかない。まわりはひたすら雪、雪、氷、氷……。

⬆……本当になんにもない。

——どっかに幽閉されるかのような気持ちだな。刑務所みたい。イエローナイフの人が「あそこはアイソレーティッドisolated（孤立）しているよ」っていう気持ちがよくわかるよ。

飛行機から降りると、寒さが襲いかかる。気温はマイナス40度を超えている？（ホテルで見たテレビの天気予報）。多分現地の人にとってマイナス40度なんて寒いうちに入らないんだろうな。イエローナイフで働き者ジェームスがいってたけど、いちばん寒いときで12月のマイナス40度っていうのがイエローナイフの最低温度らしい。多分ここもいちばんの厳冬期は12月後半から2月頭までだろう。しかし、私にとっては、はじめてのマイナス40度。

——こりゃ、たしかにこたえるわ。

写真を撮ってさっさと空港のロビーへ。ロビーは新しいのか古いのかよくわからないけど、比較的きれいだ。荷物のコンベヤーのところにカナダ航空の看板がある。日本の舞妓さんの写真が写っている。

さっき飛行機のなかで酔っぱらっていたひとりのイヌイットが、そのそばにいる。顔を真っ赤にしてふらふらになっている。どうやら、彼にお迎えがきたみたいだ。ここでみんなが彼を〝笑いもの〟にしている。お酒に酔っているせいか、ドアをたくみに使って、彼はチャップリンなみの芸を見せていた。その芸が飛行機で疲れていた乗客たちみんなの笑いを誘っていたのである。

――さーて、どうしようか。

ホテルもなにも決めていない。とりあえず、ガイドブックに載っているいちばん安いホテルに電話してみる。いちばん安いっていったって、ひとり税こみ食事別で144ドル45セント（約1万1556円）！

――観光地の一流ホテルに泊まるわけじゃないし、本当、バカげているよ。悪徳商売の極致だな。人の弱みにつけこんで。でもヒーター代とかバカになんないんだろうな、しょうがないのかもしれない。

無理やり自分にいい聞かせる。

「日本人、よくここにくるの？」
「ええ、しょっちゅうくるわよ」

女の人が電話に出て、5分で迎えにきてくれるという。待つあいだ、ロビーにある売店のおばちゃんと話す。

「日本人、よくここにくる？」

と聞くと、

「ええ、けっこうくるわよ。このまえなんて16人の団体できてたわよ。多分、どっかの探検隊じゃないかしら」

とおばちゃん、答える。

——そーか、やっぱりここが日本でも〝北極探検の出発地〟といわれているだけのことはある。こんな僻地なのに、日本人がよくくるんだな。

つづけておばちゃん、

「なんか3月にも日本から大きな団体がくるそうよ」

という。ここの人は日本人を見慣れているみたい。しばらくすると、ホテルからお迎えがくる。ちょっと小太りの愛想のよいまだそんなに年は取っていない女の人が迎えにきてくれる。名前はダイアン・ピーターソンDianne Peterson。人の世話をこまめにやってくれる人——世話好きダイアン。車で町に向かう。ここの人口を聞くと、やはりガイドブックに書いてあったとおり、200人ぐらいだそうだ。

世話好きダイアン、

「本当、ここは小さい町よ。1週間いるの？　もう十分よ。この町の隅々までわかるわよ、あんた。(集落に車が入っていくと) ここがレゾリュートよ。本当に、本当に小さいでしょ」

という。私が、

「日本人、よくここにくるの？」

と聞くと、

「ええ、しょっちゅうくるわよ。3月にも日本人がくるわ。ええーと、コウノさん？　そう、コウノさん…

…うちのマネジャーと友だちなのよね、彼。あとは、ほら、日本の有名なアクトレスの……えーと、マキコ？　マリコ？　そんな感じの名前知らない？」

という。いろいろ話を聞いているうちに、世話好きダイアンがいっていたその女性はベテランのイヌイット・ガイドをつれて（につれられて？）北極点到達を果たした泉雅子だということがわかる。彼女の北極点到達は1989年（平成元年）5月10日。800キロを62日かけて走破したのは有名な話（注1）。

空港からここまでの道のり、本当になにもない。日本にいてもデプレッションDepression（鬱病《うつびょう》）気味の私がますますデプレッションになる。ヌナブトの州都イカルイトにいるときは、これまでこんな気持ちになったことはないのだが、

——もうここ、2度ときたくないな。

と初日から思ってしまった（のちにこの気持ちは、大きく変化することになる）。まあ、ホテル代が高すぎるというのもひとつの要因だけど……。文明社会に頭から指先までどっぷりとつかっている者にとって、ホテル滞在とはいっても、さすがにここはこたえる。

——ここに1年ぐらいいたら本当に自殺するかもな。

なんてふと考えたりする。

ホテルに着く。ホテルの名前はクアスイトックQausuittuq（注2）。スタッフは世話好きダイアンひとり（マネジャーもいるけれども、今は休暇でいないとか）。食事のときだけパートタイムの若い女の子が手伝いにくる。部屋はけっこう広い。トイレ、風呂、テレビ、電話とひととおりそろっている。

——こんな広さいらないから安くしてくれよ、本当に。

⬆レゾリュートの安い（？）ホテル――1泊、税こみ食事別で144ドル45セント（約1万1556円）也。

世話好きダイアンにピックアップしてもらったお礼にチップを渡そうとすると、

「そんなのいらないわよ。ここでは私が全部やらなきゃいけないいんだから」

と断られる。時間は夕方6時、あまりお金を使いたくないので、世話好きダイアンに聞く。

「キッチンって使えるの？」

「あなたが自分で料理するってこと？　それはあまり好ましくないわね」

「じゃあ、お湯はもらえるよね？」

「それは問題ないわ」

――本当にお金使いたくないんだよな。もう寝よう。

このホテルには別館がある。冬はヒーター代がバカにならないので、新館だけの営業だとか。夏はやっている。新館に比べ汚く、お風呂もトイレも共同。もちろんテレビも電話もない。それでひとり約7600円（約95ドル）。食事こみで約1万400円

⬆ホテルの室内はこぎれいだった。

（約130ドル）。探検隊などはこの別館に泊まるらしい。

宿泊費　2万円　（250ドル　イエローナイフの5泊分）■ペプシ　160円（2ドル）■計20160円

注1　泉雅子の北極点到達　カナダ最北端のワードハント島（詳細な地図で探してみたが、私は見つけることができなかった）を彼女が5人のスノーモービル・ソリ・サポート隊員とともに出発したのは、3月9日。途中のフライト補給は6回だったそうな。『私（マコ）だけの北極――北緯88度40分』という著作もあるらしいが、まだ読んでいない（インターネットで検索してみたら、『「非行少女」「絶唱」「光る海」など100本を越える映画作品に主演し、テレビや舞台でも活躍中の女優の泉雅子さん。2度にわたる北極遠征で、ついには女性では世界2人目、女性隊長としては世界で初めて北極点征服を成し遂げた泉さん』『月刊ぎふ』6月号の概要紹介ウェ

⬆レゾリュート全景。完全装備で外に出たら、10分ほどでフェイス・マスクで覆った顔のまつげが凍りだす。デジカメとカメラも……。

ブサイト」という項目が出てきた)。

注2 クアスイトック・ホテル レゾリュートのイヌイット語名(日本語訳は〝夜明けのない町〟)。英語名は、インズ・ノースInns North(P.O. Box 270. Resolute Bay, Nunavut, X0A 0V0 Canada 867-252-3900ph/867-252-3766fax website : www.canadianarctic.com E-mail : innsnorth @ arcticcoop.ca)。

完全装備で町を〝探検〟――10分ほどで、まつげに小さなつららが……。

[2月18日(日)]

午前11時、完全装備で町に出てみる。人ひとりとしていない。とにかく、めちゃくちゃ寒い。

――今さら、ぐちゃぐちゃ愚痴をこぼすことじゃないけど、こりゃきついな。

デジカメとニコンのカメラが凍りだす。顔をフェイス・マスクで覆っているのだが、まつげが凍りだす。外に出てから10分ぐらいだろうか、まつげに小さいつららができる。町を少し歩いたが、だれもいないし、店も閉まっているし、これじゃどうしようもないので、ホテルに戻ることにする。

ホテルで世話好きダイアンと話す。いろいろと資料をもらう。そして、彼女に町長に会いたいというと、

「いいわよ、私がブッキングしてあげるわ。あと、今日は忙しいからあれだけど、ウィークデイになったらほかのホテルとかいろいろなところにつれていってあげる」

と頼もしいお言葉。

昼食をすませ、部屋に戻る。まともな飯は昼食だけ。朝はカロリーメイトで、夜はなにもなし。ほとんどなにも食わなくなってきた。

――お金もそんなに使いたくないしな。

日曜日だから日記もこれでオシマイ。

ジンジャエール　160円（2ドル）■オレンジジュース　160円（2ドル）■ベーコンとチーズのサンドイッチ、ポテト　約960円（約12ドル）■計1280円　※ホテルでの食事はすべてチェック・アウト時に支払う。

スーパーは品薄。

［2月19日（月）］

朝9時ごろ起床。昨日の夜からなにも食ってないので、さすがにお腹がすく。食堂で飯を食うことに。オムレツ、ベーコン、マッシュポテト、トーストセットを頼むことに。

――これでしめて12ドル50セントだよ、どうかしてるよ。高すぎるんだよ。今日はスーパーがあいてるから、小さいガスコンロがあったら買わなきゃな。また去年みたいに自炊しなきゃ。

朝食を食べていると、赤い服を着た15人ぐらいの男たちが食堂にやってくる。ひとりがヨーロッパ系カナダ人で、あとはみんなイヌイット。世話好きダイアンに聞くと、彼らレンジャー部隊らしい。なんかみんないばっている。気のせいかな？　朝食が終わり、部屋に戻る。いろいろと作業をしたあと、世話好きダイアンがスーパーにいくというので、一緒についていく。風がめちゃくちゃ強い。その分体感温度は低く感じる。いわずと知れた気温はマイナス40度。わずか10メートル歩くのも、しんどい。スーパーまでの距離、わずかホテルから100メートルぐらい。その途中で車が雪にはまってしまい、立ち往生。しかたなく、歩いてスーパーにいくことに。世話好きダイアンは一緒に同乗していたイヌイットふたりをどっかに送るらしく、スーパーにちょっと顔を出したあと、また車に戻る。この町の唯一のスーパー。名前をツジャット・コープTudjaat Co-opという。かなりさびれている。比べちゃいけないんだろうけど、イカルイトのスーパーなどに比べると、やはり売っている物の質も量も劣っているという感じだ。一応困らない程度には、品物がそろっている。数種類の野菜から、お菓子、缶詰、レトルト食品など。基本的には腐りにくい物を中心にレトルト食品、缶詰などを多く置いている。スーパーのなかにポスト・オフィスがついている。土、日は休日で、月～金は午前10時～11時30分、午後1時～3時30分の営業らしい。スーパーは日曜休日で、月～金が午前10時～12時、午後1時～5時30分まで。土曜が午後1時～5時まで。

――そうだ、小さいガスコンロを探さなければ……。

見つからない。どうやら置いてないみたいだ。日本円にすると約280円のペプシ（日本でこのサイズを買うと、だいたい140円ぐらい)、あと賞味期限が切れそうになって安くなっている1ドルのサーモンの缶詰を買う。

お店をあとにする。少し町をぶらぶらする。本当に風が強い。町のど真んなかにいるのにブリザートで、まわりがほとんど見えない。写真を撮らなきゃと思い、ふところで温めていたカメラを出すが、すでにもう凍りついている。ちゃんとケアしていたはずなのに……。デジカメなんて、画面にほとんどなにも写らない。写真を撮れなきゃ意味がないので、いったんホテルに引き返す。

——ホテルに戻ってくると、また出かけたくなくなるんだよな。まだあと5日もあるし今日はもういいか。とここで私のだらしないところが出る。

世話好きダイアンと少しお話をする。彼女がレゾリュートにきたのは、1992年。イヌイットの言葉は、ほとんどしゃべれないという。ありがとう、こんにちは、さようならぐらいだという。

ヌナブトの飲酒問題は深刻——「テーマ探しの旅」の「思いつきテーマ2」

「なんでこの町ではお酒が飲めないの?」

と聞くと、

「飲めなくはないわよ。でも許可がいるの。でもその許可がなかなかおりないのよね。あなたたち観光客はまだおりる可能性があるかもしれないけど、私たちここの住民なんかは絶対無理よ。ヌナブトでお酒が飲めるのはイカルイトだけ(最近では、ランキン・インレットなどの町に住む人は、近くの大きな町[たとえばイエローナイフ」の酒屋に注文して取り寄せられるようになった＝筆者注）。だからここの人でお酒を飲みたい人は、イカルイトかイエローナイフにいくわ。でも私はそういったような許可があったほうがいいと思うわ。もしその許可なければ、ここの人たち（多分彼女はイヌイットを指して）際限なく飲むと思うわよ」

という。

「イカルイトにはたくさんのバーがあるよね。あそこはまわりの至るところからお酒を飲みに人が集まってきてるよね」

「あそこは、なんでも自由よ。お酒も手に入れば、ドラッグだって手に入れようと思えば手に入る」

と世話好きダイアンが笑いながら答える。しかし、私は思うのだが、その許可ってどうやって〝管理〟しているんだろう？　今回私がイエローナイフからお酒を持ちこもうと思ったら、持ちこめたはずだ。荷物検査だってなかったし……。ここにだれが酒を持ちこんだかなんてわかりやしない。それぐらい〝管理〟が、おそまつなのかな、なんて思ったりする。あっ、去年イカルイトのバーでイヌイットから聞いた話を思い出した。彼らはイカルイトの隣町のケープ・ドーセットCape Dorset（人口一一〇〇）というところからお酒を飲みにやってきているといっていた。ケープ・ドーセットでもお酒は禁止だが、路上とかで普通に買うと一〇〇〇円ぐらいのワインのボトルが2万円ぐらいで販売されているという。

――だから多分、その町々のわるいやつがイエローナイフとかイカルイトでお酒を買ってきて、違法に売っているんだろうな、きっと。ヌナブトではお酒の問題はかなり深刻だな。

この問題は、あたらめてじっくり調べなければならないと思う。州都イカルイトでは、自由にお酒を飲むことができるのに、ほかではなぜダメなのか？　実際のところアルコール依存症の人がどれくらいいるのか？　若年層のアルコール問題は？……つぎからつぎへと疑問点が頭のなかに浮かんでくる。

――「テーマ探しの旅」の「思いつきテーマ2」は、ヌナブトの飲酒問題探究だな。

やはり植村直己は、ずば抜けていると、ここにきてあらためて思った。

世話好きダイアンと少し話したあと、2階にあるビデオ・ルームへ。北極に関するビデオを見る。日本人の探検家も多数写っている。

1987年にバイクで北極点に到達した風間深志さん（注1）。私がおもしろいなと思ったのは、風間さんが極点に到達したころ、すでにチャーター便による極点観光ツアーが行われていたということである。

徒歩で世界で3人目（日本人初）の単独北極点到達を果たした河野兵市さん（注2）。

そして、もちろん植村直己（1941年～1984年）も。

――いろいろな探検隊のビデオがあったけれども、やはり植村直己という男はずば抜けてるな。ほかはいろいろとサポートチームがついていたけれども、彼は犬ぞりを自由にあやつって、ひとりで北極点までいったんだもの。

1974年から1976年にかけて、植村はグリーンランド縦断、徒歩でグリーンランド横断（1400マイル）をやったあと、1978年には17頭の犬だけつれて、カナダのコロンビア岬から北極点までの450マイルを単独で走破した。北極点到達は、4月29日午前6時半（日本時間30日午前7時半）。これだけでもすごいのに、そのまえに日本人としてはじめてチョモランマに登り、世界初の5大陸最高峰登頂者の栄誉を担っている。バラーインスポーツ賞や国民栄誉賞など、たくさんの賞も受賞している。1984年2月12日に世界初のマッキンリー冬季単独登頂を果たした翌日、その山中で消息を絶った……。

——ほんと〝天才的変人〟だよ。

ビデオに登場するレゾリュートの地元の人も、彼に対していちばん驚きを示していた。

——だっていきなり犬ぞりでグリーンランドからやってくるんだもん。

そういえば、『青春を山に賭けて』（毎日新聞社）『エベレストを越えて』『北極点グリーンランド単独行』（以上2冊、文藝春秋）『植村己の冒険学校（ビジュアル版）』（以上4冊、文春文庫に入っている）『極北に駆ける』『北極圏一万二千キロ』（以上2冊、文藝春秋）『男にとって冒険とは何か』（旭文庫）『冒険』（毎日新聞社／小学館文庫に入っている）『冒険と人生』（聖教新聞社）などなど多数ある植村の本（以上の本はインターネットを検索して探しだしたもの。余談だが、インターネットによるデータ調べは、たしかに現地ですぐに調べられるのはありがたいが、今ひとつ全面的に信頼を寄せられないところがある。このデータだって、かなりしつこくあちらこちらのサイトをチェックしたのだが、『エベレストを越えて』が超えてになっていたり、『北極圏一万二千キロ』が北極海になっている複数データがあった。ここでは、これ以上、調べようがないから、仕方ないか……）を私は、恥ずかしながらまだ1冊も読んでいない。

——高校時代にサッカー一本槍で過ごして、本を読まなかったのが、今になってボディー・ブローのように効いてきたなあ。

と反省しながら、7時ぐらいまでいろいろなビデオを見たあと、就寝。やはり夕食は食べない。寝るまえにオニオンスープを1杯だけ飲む。

コーラ　160円（2ドル）■朝食　1000円（12ドル50セント）■ペプシ（600mlボトル）、サーモンの缶詰380円（4ドル75セント）■計1540円

注1　風間深志　もと月刊オートバイ誌の編集者だった風間さんは、〝地平線追い人〟。その夢にそって、キリマンジャロ、パリダカ、チョモランマ、そして北極・南極点到達を成し遂げた人。その著書、『地平線への旅——バイクでやったぜ北極点』（文藝春秋　1989年）によれば、史上13番目の北極点到達だそうだが、スノーモービル・ソリのサポート隊（5人）を引きつれてカナダ最北端のワードハント島を出発した彼は、途中、4回のフライト補給を受けて、45日間で北極点に到達したという。

注2　河野兵市　1997年3月4日に、これまたワードハント島を出発して、北極点までの780キロを歩き通して、60日後の5月2日に北極点に達している。『この人は今年の3月にレゾリュートにやってくる。北極点から日本の愛媛まで徒歩完走を狙っている』と現地では書いたが、その後、思わぬ展開になって、私はショックを受けた。『冒険家河野兵市は、鮭が川に帰るように、「北極点から愛媛まで歩きたい」という素朴なきっかけから、2001年の現地時間3月26日北極点をスタートした。途中、無線機の故障や凍傷で一度中断があったのち、4月20日に北極点を再出発し、リーチングホームの旅が始まった。順調に見えた旅も、5月17日から河野兵市との連絡が途絶え、カナダ空軍の協力も得た捜索にもかかわらず、救援チャーター機が5月24日、ソリの発見された場所に着陸が出来、非常に残念ながら、河野兵市をソリの近くに遺体で発見した。6月1日㈮午後7時［日本時間6月2日㈯午前10時］から、カナダ　エドモントンにて葬儀が行われた。』［原文ママ。インターネットのウェブサイト『河野兵市リーチングホーム2001』のなかの『REACHING HOMEの旅』というコラムより抜粋］。［冥福を祈る、としかいいようがない］

ホームステイ先を世話好きダイアンが紹介してくれた！

［2月20日（火）］

朝10時ごろ起床。私が泊まっている部屋は食堂のすぐ隣にある。部屋を出ると世話好きダイアンがいる。

「今日、町長と会うアレンジメントしてあげたわよ。昼食が終わって午後1時か2時ごろハムレット・オフィスHamlet Office（市役所みたいなもの）にいくといいわ。その時間ならきっと町長はいるはずよ。名前はジョージ・エカルックGeorge Eckalook（55歳）。彼ちょっと言葉に問題があるけどね……」

と世話好きダイアン。私はこの際、ホームステイのこともいってしまおうと思い、

「あのー、じつをいうと、ぼく、ホームステイしたいんだよね。イヌイットの家庭がどんなものかっていうのを見てみたくてさ。もし可能なら今日からでも、明日からでも滞在したいんだよね。ハムレット・オフィスの人で、だれか助けてくれる人いないかな？」

と聞くと、

「ええ、いるわよ。ラルフRalphとサローウィSaroowie（スペル、間違っているかもしれない）が助けてくれると思うわ。でも、そのまえに私が知っている人に電話かけてあげようか？　彼女の家はたくさんのホームステイの人を迎えているから」

と願ってもないお言葉。ふたつ返事でお願いする。お昼の12時。食堂で食事をする。2階の各部屋からぞろぞろと人が降りてくる。チーズバーガーとジュース、ジャコウウシMusk ox（私には、彼らの英語の発音が、マスカウチャと聞こえる）という北極圏にいる牛のスープを食べる。スープを飲んでいると、世話好き

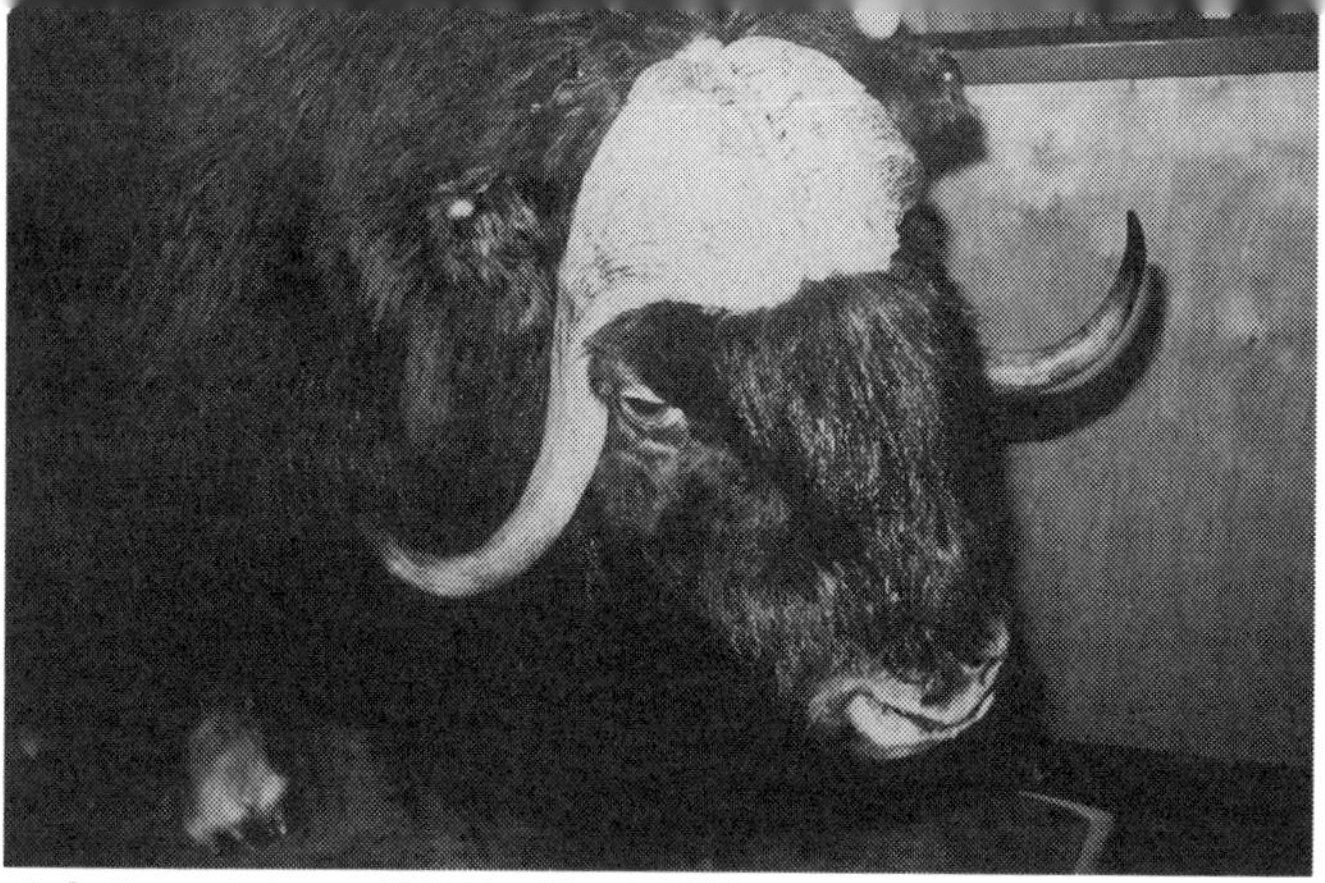

⬆⬇ジャコウウシ。博物館で撮った剥製。

ダイアンがパンを勧めてくれる。揚げてあるパンがとぐろを巻いている。彼らが漁や狩りに出かけるときに、おやつ代わりに持っていくものらしい。このジャコウウシのスープとあうんだ、これが。数種類の野菜の入ったジャコウウシのスープ、非常にうまい。

——話には聞いていたけど、本当にジャコウウシって、おつな味がするんだ。

今まで食べたことのない珍味を口にするとき、本当に幸せだと思う。北極圏彷徨《ほうこう》を始めてから、いくつかの〝はじめてのおいしいもの〟との出会いがあったただけでも、私はヌナブトをテーマにしてよかったと心から思っている。

食事をしているとき、世話好きダイアンがホームステイを受け入れてくれるかもしれないという家に電話をしてくれる。電話の内容を聞いていると、どうやら受け入れてくれるみたいだ。電話が終わり世話好きダイアン私のところにくる。

⬆ハンズ・アロンセン（右）とジポラ・K・アロンセン（左）――細めのハンズ、太めのジポラ。

「ホームステイ大丈夫みたいよ。ハムレット・オフィスにいくまえに彼女の家にいくといいわ」

と彼女の名前と家の住所を教えてくれる。ホテルから歩いて5分ぐらいのところにある。〝歩いて5分〟もなにもない。このレゾリュートの町では、どこにいくのも歩いて5分……。

――本当に狭いんだよな、この町。

午後1時、世話好きダイアンに紹介されたホームステイ先へ。

すぐにどの家かわかる。ドアをノックすると、痩《や》せ細ったイヌイットのオジサンが出てくる。そのあと、奥さんらしき太ったオバサンが出てくる。喜んで出迎えてくれる。彼の名前はハンズ・アロンセンHans Aronsen、彼女の名前はジポラ・K・アロンセンZipporah K. Aronsenという。彼らは夫婦。私はハンズに細めのハンズ、ジポラに太めのジポラの愛称を奉《たてまつ》る。

彼に年を聞くと、

「年？　忘れちゃったな。多分47歳か48歳だったと思うよ」

とのんきに答える。家はそこそこ広い。10畳ほどのリビング・ダイニングキッチン、3畳ほどの食料保存庫兼洗濯機置き場、そのほかにそれぞれ7畳ほどの部屋が4つ、そしてユニットバスがある。ふたつの部屋は彼らの孫が使っており、ひとつは彼ら夫婦の部屋。残りのひとつを私に貸してくれるという。彼女は1959年にカナダ政府の移住政策によりポンド・インレットからきたという。年齢は55歳。見た目は若く見える。彼は5年まえにグリーンランドからきたという。

細めのハンズいわく、

「おれは5年まえにジポラのこの家にころがりこんできたんだ」

軽く話したあと、私はハムレット・オフィスにいかなければならなかったので、太めのジポラの家（細めのハンズはころがりこみだそうだから、以後、彼らの家をこう呼ぶ）をあとにする。まだホテルのチェック・アウトもすましていなかったので、いろいろ用事を片づけ5時ごろ、ここにまたくるという約束をする。

〝北極への出発点〟の魅力を語るレゾリュート町長は、ちょっと小太りのオジサン。

太めのジポラの家から歩いて、2分ほどのところにハムレット・オフィスがある。なかに入る。ジム（そこそこの広さの体育館みたいなもの）を併設しているこの施設のなかに入ると、すでに町長がいる。ちょっと小太りの背の低いオジサン。さっきも書いたが名前はジョージ・エカルック（55歳）。

⬆レゾリュートのハムレット・オフィスはジムを併設している。

⬅町長のジョージ（左）とインタビュー中の私。

――ダイアンがいっていた「言葉に問題がある」ってどういうことだろ？

コンピューターがある小さい部屋に通される。そこで彼の話を聞くことに。

さっそく、「言葉の問題」発生。彼、英語はそこそこしゃべることができるのだが、聞き取ることができない。私がなぜここにきたか、あなたになにを聞

⬇レゾリュート町長ジョージ・エカルック（55歳）さん。

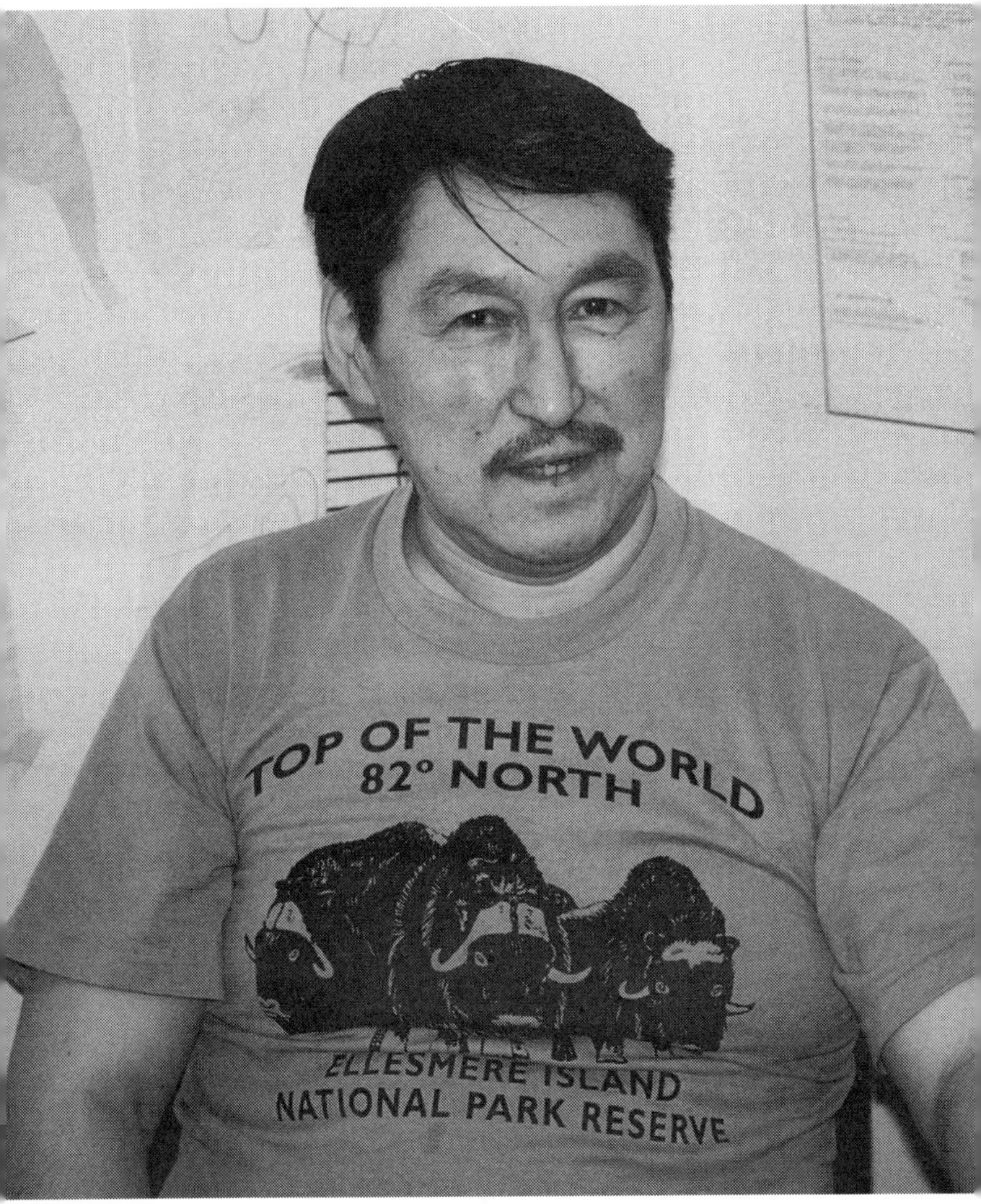

きたいかなど説明したがまったく〝わからん〟という顔をしている。私が質問しようとすると、

「大変申し訳ないんだけど、私はイヌイット。そして、母語はイヌイット語だ。だから、英語はかなりプアーなんだ。しゃべることは少しできるんだけど、聞き取ることと読むことがほとんどできない。だから君がいっていることを理解することができないんだ」

とジョージ町長はいう。

おれだって人のこといえたもんじゃない。おれだって日本人だし、英語は彼よりももっとプアーだ。それに彼らは本来英語をしゃべる義務なんてもんはない。自分たちの言葉をしゃべり、自分たちの生活をしていればいい。それが、文明の流入、コーカソイドの支配により、彼らは英語をしゃべらざるをえなくなった。それなのに彼はひたすら、

「I am sorry. My English is very poor.」

という。

この言葉に胸が痛む。私が本来ならイヌイット語をしゃべらなきゃいけないんだ。世話好きダイアンがいっていた、「彼ちょっと言葉に問題があるんだよね」というセリフも、本来なら彼らのセリフだ。彼らの土地に私たちが〝お邪魔〟をしているのだから……。このように私が思っていることを彼に伝えたいのだが、私の英語力のなさ、また彼と共通の言語を持たないため、伝えることができないことに非常なむなしさを感じる。伝わらないなりに、筆談も交えながら必死に伝える。すると私の熱意が伝わったのか、彼、

「えーと、君のいっていることはほとんど理解できない。でも、よーするに私はレゾリュート、そしてイヌイットのことについて話せばいいんだね？」

という。私はそれに大きくうなずく。

彼の話が始まる。

彼自身が、レゾリュートにきたのは1955年のこと。カナダ政府のイヌイットの移住政策により、ケベックからやってきたという（こさせられたというほうが正しいだろうか）。第一の移住は1953年。この1955年というのは、2回目の移住らしい。だから彼の出身地はケベックということになるらしい。彼、一生懸命に英語で話してくれる。それを私も一生懸命理解しようとする。

まず、レゾリュートの魅力について話してくれる。

「いわずと知れた、レゾリュートは〝北極点への出発点〟。世界各地から探検家がこの町にやってくる」

そして、教育について。

「レゾリュートには7人の先生がいる。彼らを含め町の人たちは子どもたちに言葉（イヌイット語）を教えたり、狩りの仕方を教えたり、外で生き残るためのわれらイヌイット独自の知恵を教えたりする。春になったら、課外活動みたいなもので、実際に狩りにつれていく」

40分ぐらい話しただろうか。話が終わったあとも彼、ひたすら、

「本当に申し訳ない。もっと、もっと、あなたにレゾリュート、イヌイットのことを話したいのだが、いかんせん言葉が不自由なものでね。イヌイット語なら君にもっといろいろなことを教えてあげられるんだけどね。本当にすまない」

と繰り返す。こっちこそ本当に申し訳ないと思っている。最後に彼に頑張って質問をする。

「まえ、ノースウェスト・テリトリー。今、ヌナブト。チェンジ……なんか変化、あった？」

私の英語もかなりブロークンだ。

「変化？　とくにないね。（私のノートにNWTとNUと書きながら）こういったように表記が変わったぐらいかな」

と笑いながら答える。私が見せた『ヌナブト・ハンドブック』を手に取りながら、

「私さー、字が読めないじゃない。だから、英語ができる友だちがこれを私に読んでくれるんだ。でもこの本、間違いがたくさんあるんだよね」

とジョージ町長はいう。どんな間違いかを聞きたかったのだが、いかんせん、どちらも英語ができないため、おたがいに笑ってごまかす。彼、どうやら私のことを気に入ってくれたみたいだ。写真を撮り終えたあと、ホテルに戻る。

父の本をお世話になった世話好きダイアンに——私なりの親孝行。

非常に天気がいい。気温はテレビで見ると、マイナス25度〜30度ぐらいだろうか。昨日と比べて断然暖かい。外に出て写真を撮ることにする。ホテルのまえに広がっている海岸線を歩く。いいアンバイに太陽と犬ぞりが重なる。外にいること30分ほど。手が寒さのためしびれだし、カメラが凍りだす。

——もう限界がきたよ。

と思いつつ、3時ごろホテルに戻る。今日チェック・アウトするため、荷物の整理をする。4時ごろホテル代の支払いをする。しめて、436ドル。

――あれ、食事代が入ってないな。

と思っていると、世話好きダイアンが、にっこりと微笑みながらいう。

「食事代は入れてないわよ。ここのホテル代高いからね。ときどき、私の気分で食事代はサービスしてあげるの。そのぐらいはしてあげなきゃね」

――どーりでみんな、コーヒーはバカバカ飲むし、ジュースはグイグイ飲むわって思っていたんだよな。それなのに世話好きダイアンはチェックしてないし……。それなら断食みたいなことしてないで、もっと飯食えばよかったよ。地元の人が食事しているときに、お金を取ってないからおかしいなと思っていたんだよ。

450ドルを世話好きダイアンに渡した。おつりはチップ。そして、彼女にはお世話になったので父の本を渡す。お世話になったという気持ちもあったけど、日本の探検家がここにくるということもあり、一応探検家のはしくれである父の本をこのレゾリュートに残して置きたいという気持ちもあり、残りわずか3冊になった『東西国境十万キロを行く！　礒貝浩』を置いていく。父もここ（レゾリュート）にきたいといっていたけれども、もう今年で61歳のため、生きているあいだにこられるかどうかわからないので、〝かたち〟だけでも残しておきたいという私の勝手な気持ちである。日本人の探検家はよくこのホテルにくるらしいので、もしきたらきっと世話好きダイアンはこの本を彼らに見せるだろう。このことに意味があるわけではないのだが、彼らも、

――こんなやつが日本にはいるんだな。

とでも思ってくれれば、幸いである。

⬆レゾリュートの子どもたちは、私をキズキと呼ぶ。

（日本に帰ってから、このことを父に報告したら、「レゾリュートにおれの本を置いてくるんだったら、まぼろしの名著『単細胞的現代探検論』を置いてくればよかったのに」だって！　子の心、親知らず！）

子どもたちのあいだで、私はキヅキ。

5時ごろ、世話好きダイアンに太めのジポラの家まで送ってもらう。部屋に荷物を置いたのち、スーパーに飲み物を買いにいく。そこにはたくさんのイヌイットの子どもたちがいる。ほとんどがヨーロッパ系カナダ人とイヌイットの混血らしい子どもたち。

私が店内で物色していると、みんなさかんに話しかけてくる。私のまわりに11歳～15歳までの子どもたちが6人ほどいる。みんな自分の名前をつぎつぎにいうから、覚えられない。

私が、

「ヒヅキ。ヒヅキっていうんだ」

と名前をいうと、みんなそれをおもしろがってか私の名前を繰り返し呼ぶ。

「キヅキ、キヅキ！」

と間違って呼ぶ。私が店内をぶらぶらしていると、キヅキと呼びながらアリの軍隊のように私のあとをついて歩く。買い物をすませて、帰ろうとするときに、また話しかけられたので、

「キヅキじゃないよ。ヒヅキだよ。ヒ、ヒ、ヒヅキ」

というと、みんないっせいに笑い、

「ヒ、ヒ、ヒヅキ」

と繰り返しいっている。ほんとイヌイットの子どもって人なつっこいんだよな。

ホームステイ先のイヌイットの家庭事情。

太めのジポラの家に戻り細めのハンズと彼女を交えて少し話をする。この家、たくさんのホームステイを受け入れているらしい。日本人も15人ほどきたとか。この夫婦、なんか複雑なんだよな。多分再婚同士だと思う。太めのジポラとまえの旦那さんの子どもは、今オタワの大学で勉強しているんだって。私とおない年の20歳。娘もオタワにいる。彼女は21歳。写真を見せてもらったのだが、なかなかの美男子と美女だ。ヨーロッパ系カナダ人との混血のような気がする。細めのハンズは犬ぞりのチームを持っているらしい。15頭の犬を飼っている。ヌナブトになってからなにが変わったかと聞くと、

「なんにも変わんないわ。ただ名前が変わっただけじゃない」

という。

スーパーにいた子どもたちと同様、彼らも私の名前をうまく発音することができない。やはりキヅキになってしまう。どうやら日本人に″r″と″l″の発音がむずかしいのと同様、イヌイットの人にとっては″ぴ″の発音がむずかしいようだ。苗字のイソガイを教えると、そっちのほうがわかりやすいといわれる。話が終わり、部屋に戻る。時間は午後7時。この時間に、なぜかうとうとと眠くなってくる。部屋の外は子どもたちの友だちもきているのか騒がしい。私はそれを気にせず、早めの就寝。ちなみに細めのハンズと太めのジポラも英語をしゃべるといってもそんなに流暢《りゅうちょう》じゃない。彼女のほうは私とおなじぐらいで、細めのハンズのほうは私たちより少しだけできない。

イヌイットの言語を考える。

イヌイットの言語について。

ここで私が気づいたイヌイットの言語問題について少しだけ書こうと思う。もちろん、イヌイットの大人同士(だいたい下は30代から、上は上限なし)で喋るときは、イヌイット語をしゃべる。子どもたちと喋るときは、イヌイット語と英語をおりまぜながら喋る。子どもたち同士で喋るときは、英語を喋る……。なんか世代間のギャップを感じる。完全なお年寄りになると、英語はまったく喋ることができない。私が太めのジポラと細めのハンズに、

「イヌイットの若い人ってイヌイット語、話すことできるの？」

と聞くと、

「ええ、彼らは話すことできるわ。でもほとんどしゃべらないわ。彼らは私たちがいっていること（イヌイット語）を理解しても、そんなにはよくイヌイット語をしゃべらないわ。私たちがしゃべりかけても、英語で返事がくるもの……」

と悲しそうに話す。

「なぜ、しゃべらないんだろう？」

「彼らはとてもシャイだわ。だから、あんまり話さないんだと思う。それと彼らにとっては英語のほうが親しみがあるしね」

と太めのジポラはいう。

彼らのまわりにあるすべては英語。テレビから映画、雑誌、漫画、学校の教育（もちろんイヌイット語を教えていないわけではない）、ゲーム、品物の表記……となにもかもが英語だ。交通標識をはじめ看板類にときどき英語と併記されているほかは、イヌイット語は、テレビ、雑誌などでたまに接するだけである。それも、全部英語と一緒でないと出てこない。彼らは多分自分の言語に誇りを持てなくなっているのだと思う。なにもかも英語で用事がすむのだから……。もし仮に私がここに住んでいたら、

――イヌイット語って必要ないじゃん。英語さえできればいいじゃん。

とやはり思うだろう。それが現実ってもんだ。日本にいて日本語を使うのは、日本語ができなくては日本での生活に不自由するし、困るからである。それと一緒でイヌイット語ができないと不自由するのであれば、

⬆道路標識や看板でイヌイット語は見かけるが……。

彼らもイヌイット語を一生懸命覚え、一生懸命しゃべるだろう。しかし、ここでの生活は英語さえできれば、なにも困ることはない。彼らの親の世代——少なくとも太めのジポラと細めのハンズはイヌイット語で彼らとコミュニケーションしようと図る。しかし、そのことを子どもたちは理解するものの返事はほとんど英語、たまにイヌイット語でしゃべるぐらいだ。私がいるせいというのもあるかもしれないが、けっこうショッキングなことである。この人口約200人の辺境のレゾリュートでさえこれなのだから、州都のイカルイトなどは、もっとひどい。まえにいったときなどは、イヌイット語をまったくしゃべることができないヨーロッパ系カナダ人とのハーフの女性までいた。

——こうやって言葉って消滅していくのかな。

少し悲しさを覚える。

言葉は文化。私なりに解決策があるのだろうかと考えたのだが、この文明が流入している今、昔の生

⬆州都のイカルイトに、まえにいったときにイヌイット語をまったくしゃべれないコーカソイドとのハーフの女性（左）に会ったことがある。この写真同様、ちょっとピンボケ気味の彼女は隣のヨーロッパ系カナダ人の男性と、なまりのない英語でしゃべっていた。

活に戻ることはとうていできない。やはり、彼らの心のなかにしか解決策はないと思う。

太めのジポラの孫のギャリー・カルック Gary Kallukとソニア・カルック Sonia Kallukのふたりも、おたがいが話すときは英語だ。ギャリーはなぜか、私に対してよそよそしい――冷たいギャリー。ソニアは不愛想――不愛想ソニア。ふたりがおたがいにイヌイット語で話しているのを聞いたことがない。どうなることやら……。

〝残す文化〟と〝残った文化〟。

子どもたちが大人になり、自分らの文化・言語に誇りを感じたときに、彼らの親がやっているように、自分らの子どもにイヌイット語を伝えようとするだろう。しかし、見境なく文明が流入している昨今、独自の文化を発展させることは、昔に比べて容易なことではないだろう。

私は〝維持する文化〟が、そのまま〝残す必要のある文化〟とはいいたくない。もちろん、〝残す文化〟と〝発展させる文化〟との違いはあるのだけれども、言語は〝原型を残しつつ発展させる文化〟であると私なりに認識している。極端な例になるが、たとえば日本で〝残す必要のあった文化〟というのは、チョンマゲだっただろうか。外国人のなかに、「日本人はチョンマゲを結うのをなぜやめたの?」というやつがいるが、今ほとんどの人がチョンマゲを頭に乗っけることなど考えることもない。イヌイットにもおなじことがいえて、よく団体〟の人は別だが。それは、あくまで〝残滓《ざんし》の文化〟である。イヌイットにもおなじことがいえて、よく日本人から、「イヌイットって、みんな犬ぞりに乗っているんでしょ?」と聞かれる。犬ぞりはもちろん今も使っているが、一般論的に乱暴にいえば、〝残滓《ざんし》の文化〟とまではいわないが、〝残った文化〟の区分に入ると思う。だから彼らだって便利なスノーモービルに乗るし、それで狩りをする。

『極北ロマン紀行』のウェブサイトに学ぶ……〝残す文化〟と〝残った文化〟余談。

ちょっと余談になるが、インターネットをあっちこっち検索していたら、おもしろいサイトを発見した。『犬ぞり北極圏22000キロ大横断――冒険とは、極限への挑戦である』と銘打った極北ロマン紀行探検隊を扱ったウェブサイト『極北ロマン紀行』(デジタルクリエイターカレッジ・WAO!作成 http://www.dcc-wao.com/inuzori/)である。

日本、アメリカ、ロシア人4人の混成チームからなるこの探検隊は、ロシア、カナダ、日本各国のいろんな団体の後援も受けており、ずばり、『モンゴロイドのロマン』を追って、１９９７年３月にロシアのイルクーツクIrkutskを犬ぞりで出発した。ベーリング海峡を渡り、アラスカ、カナダの北極海沿岸経由で、グリーンランドのアングマンサリックAmmassalikを目下目指している。日本人のメンバーは、マッシャー（犬ぞり使い）小嶋一男さん（注１）。

この小嶋さんが現地（カナダのバルタック村）から送ったファックス（現地時間５月28日発）が『極北ロマン紀行』のサイトに載っている。その報告のなかで、私がおもしろいと思ったのは、以下の文章である。

『アラスカの村々ではほとんど犬橇《ぞり》は用いられずスノースクーターが専らである。犬橇《ぞり》チームもポイントバローでは観光用として２チーム、ヌナサック村には１チーム、カクトービックにはゼロである。カナダに入って安心したのは各村々に於いて犬橇《ぞり》が見直され、又その数も多くなり、生活の中に犬橇《ぞり》が入りつつあると言うことである。アクアゼックの人口６００人に対して、４チーム、イヌビック２０００人に対して11チーム、タクトヤクタック８００人では11チーム、ここバルタックでは３００人に対して５チームといったところである。スノーモービルによる事故多発が多少影響しているとはいえ、彼らは犬橇《ぞり》を使用し、安全な狩猟方法と伝統を取り戻しつつあるようだ。』（原文ママ。ルビ追加は筆者。http：www.dcc-wao.com/inuzori/より抜粋）

小嶋さんは、こうも書いている。

『北極海に面したタクトヤクタック村人口約８００人とバルタック村人口約３００人では５～６年前より犬橇《ぞり》による白熊狩りが見直されつつある。昔ながらの狩猟方法で、そのやり方は約10頭引きの橇《ぞり》に７～８日分の食糧、寝袋、コンロそれにライフルを積込み狩りにでる。白熊の足跡を見つけると、まず一頭、橇《ぞり》からは

⬆イヌイットだけでなく、昔から「北極旅行者」には、犬ゾリは絶対に必要な「足」だった。

なし白熊の足跡を追わせる。その犬を追って橇《ぞり》を走らせる。大体1〜2時間たった所で白熊が目視できるという。そこで4〜5頭の犬達を引き綱から外し、至近距離でさらに3頭橇《ぞり》からはなす。白熊は8頭からの犬達に囲ませると動きがとれず、近くにある小さな氷山に登り犬をかわそうとするが、その氷山からは一歩も動くことができず、あとは至近距離より、イヌイットによる一発の銃弾で急所を打ち抜かれる。銃のなかった昔は槍を使用したため、7〜8時間、氷山上の白熊が完全に疲れるのを待って、槍で一突きという方法であったそうだ。その場で白熊の肉を犬達にたらふく食べさせ、あとは家路を急ぐだけ！　大きさにもよるが一頭あたりの白熊の毛皮は日本円にして約200万円位である。ここバルタック村では氷雪のシーズンになると世界の至る所から白熊狩りを目的に、ハンターたちがやってくる。狩猟許可証は一頭につき1700ドルである。もちろん毛皮は本国へ持ち帰る許可証付である。』（原

⬆今やスノーモービル全盛時代だが……。

文ママ。ルビ筆者。http：www.dcc-wao.com/inuzori/より抜粋）

私は安易に、犬ぞりを〝残った文化〟に区分して、『彼らだって便利なスノーモービルに乗るし、それで狩りをする』と書いたが、この小嶋さんの現地報告を読んで、

――安直な感想を書いてはいけない。その社会のことを深く知りもしないで、ちょいと見で、もっともらしい〝評論〟をしたり、きいたふうなことを書くのはやめよう。

としみじみ反省。

話が横にそれた。もとに戻す。

とにかく、イヌイットが自分の土地を持つヌナブトができたということには大きな意味があると思う。今後、コーカソイド支配を排除することができれば、ヌナブトというのはイヌイットにとって大きな道しるべとなるだろう。自分らで教育などについて考え、自分らの昔ながらのやり方のいいところは見直して、自分らの好きなように実行することができるのだから。

——州知事のポール・オカリックはじめ、政府のみなさん、頑張ってくれよ、本当に。あなたたちにカカッテイルンダカラ。所詮、私たちはヨソモン。文明を流入させておいて勝手なことというようだけど、自分たちのことは自分たちでなんとかしないと……でも、単純にそうもいってられないんだよな。彼ら全員が、小嶋さんが書いているような昔の技術をよみがえらせて——実際には不可能だが——〝昔ながらの狩猟中心の生活〟に戻ればとにかく、〝現代ふう生活スタイル〟をとっている現在、収入源がないため、カナダ政府に〝おんぶに抱っこ暮らし〟をせざるをえない人たちの数が増えている。とくに大きな町に住んでいる人たちほど、その傾向が強い。そこからの脱却を早くしないと……。本当に問題が山積みだよ、この州は……それにしても、おれのようなヨソモンのヌナブト・シンパは、今後、こことどうつきあっていけばいいんだろうか？どういう協力スタイルを取ればいいんだろうか？

　思いはちぢに乱れる。


ジャコウウシのスープ、チーズバーガー、ジュース　960円（約12ドル）■ホテル代3泊　36000円（450ドル）　＊1泊135ドル、電話代2ドル48セント、税金28ドル52セントの計436ドル　食事代をすべておまけしてくれた。450ドル渡し、残りはダイアンに■ペプシ、オレンジジュース　約445円（5ドル57セント）■計37405円

注1　小嶋一男　この人は1967年に日本大学北極スピッツベルゲン遠征隊員として極北の地にかかわったのを皮切りに、1968年に日本大学山岳部グリーンランド遠征隊（日本人初のグリーンランド氷床横断に成功）に参加

したときに犬ぞりにのめりこみ、その後、1985年から1996年まで世界的に有名な犬ぞりレース（アラスカ・アイデタロット国際犬ぞりレース［1800キロ］に7回、米・ソ横断犬ぞりレース、アルビロット国際犬ぞりレース［1800キロ］）をすべて完走している。私は故植村直己さんを除けば、現在生きている人のなかでは、この人が日本人のなかでは〝犬ぞりの権威〟だと思っている。

北極圏、はじめてのホームステイのあれこれ。

［2月21日（水）］

出かけなかった。けれども、太めのジポラの家でみんなとたくさんの話をした。昨日早く寝たせいもあり、朝7時に目が覚める。外はまだ真っ暗。〝夜明けがない町〟の名前のとおり、12月終わりから2月の始めまでは太陽を見ることができない。今の季節は10時ごろに太陽が昇り5時ごろ沈んでいく。リビングにいくと、もうすでに細めのハンズが起きている。ラジオを聞いている。彼としばらく話したあと、私はまた部屋に戻る。

細めのハンズが部屋をノックして、

「あなたはほとんどなにも食べていない。お腹がすいているに違いない。だから、冷蔵庫のなかにあるもの、好きに食べていいからね」

と優しい言葉をかけてくれる。そのあと、彼はどこかに出かけていく。冷蔵庫のものを好きに使っていいよといわれても、なんとなく気兼ねしたので、日本から持ってきた米を炊き、レトルトカレーの用意をキッチンでしていると、太めのジポラがどこからか帰ってきた。

「ちゃんと食べているかい？」

と聞かれたので、

「大丈夫。今から日本から持ってきたものを食べるから」

と答える。どうやら昨日からほとんど食べていない私を心配してくれているようだ。ありがたい。

〝文明化したイヌイット〟の代表的な家の近代的な生活ぶり。

ちょっとここで太めのジポラの家のなかの様子について書こうと思う。

現代のイヌイットの生活を知らない日本の人は、「ねえねえ、氷の家に住んでいるんでしょ？」、「生肉しか食わないの？」「犬ぞり乗った？」などの質問をする。大きく誤解をしている日本人が多い。テレビなどで北極特集なるものをやっても、ほとんどがイヌイットの現代の生活を取りあげるのではなく、昔からある〝残っている文化〟を取りあげる番組が多いから。太めのジポラの家はモダンかつ古典的なものである。リビングには2台のテレビがある。1台のテレビにはWOWOWみたいな衛星放送がついており、細めのハンズはそれでサッカー観戦を楽しむ。イギリスのプレミアリーグ、イタリアのセリエAなど。もちろんビデオもある。テレビの横にはソニー製のオーディオ器具がある。

――おれの部屋にもねーよ、こんなの。

と思うぐらいの立派なオーディオセット。そして極めつけは、コンピューター。ウインドウズ95 Windows95が入っている。細めのハンズは暇を見つけては、コンピューター・ゲームをしている。今はパイロットゲームを楽しんでいる。このゲームはセスナで世界じゅうどこへでもいくことができ、もちろんレゾリュート・ベイの空港にもいくことができる。どうやらこのゲーム、今日届いたみたい。太めのジポラも遊びにきていた友だちもおもしろがってこのゲームを見ている。私が、

「You are good pilot!」

というと、うれしそうに笑いながら、

「Thank you.」

という。

このコンピューターは基本的には、今私が泊まっている部屋（かつては今オタワにいる太めのジポラの息子の部屋）に置いてあるのだが、私がその部屋を使っているため、今はリビングにある。あたりまえのことだが、電子レンジだってあるし、冷蔵庫だってあるし、洗濯機だってある。トイレは水洗トイレだ。スノーモービルを所有し、犬ぞりも持っている。けっこうリッチな生活をしている。ほかのイヌイットの家庭を見たことがないので、わからないのだが、ほかに比べてもいろいろと電化製品などがそろっている家庭ではないだろうか？　〝文明化したイヌイット〟の代表的な家だと思う。かつ、古典的なものも数多くある。私の部屋には太めのジポラが使っているという足踏み式のミシンが置いてある。部屋の至るところに彼女がつくったのかどうかは、わからないが、毛皮の靴、毛皮の手袋、などの毛皮製品が置いてある。リビングには細めのハンズが捕まえたイッカクNarwhal（北極海に住むイッカク科のクジラ。頭には長い角がついている）の2メートル50センチほどのカナダ国旗がついた角が置いてある。毛皮をなめしたようなものも置いてある。

そして、彼らの友だち、家族などの数多くの写真が飾ってある。

ご主人の細めのハンズ あのイクオ・オオシマの（ラジオのパーソナリティー）は、〃大親友〃?!

話をもとに戻す。つくったカレーを食べる。太めのジポラがラジオをつける。聞いたことのある声がラジオから流れる。イヌイット語の放送だ。

「これハンズの声よ。ハンズは毎週この時間にこうやってしゃべって音楽を紹介しているの」

と彼女は満面の笑みを浮かべ、誇らしげにいう。彼はラジオのパーソナリティーをイヌイット語でやっているそうだ。カレーを食べ終えたあと、キッチンにたまっている食器を一緒に洗ってしまう。これぐらいしかおれにはできないし……。一旦部屋に戻り、昨日書き残していた日記を書いてしまう。10時ぐらいから書き出して、2時ぐらいまでかかってしまう。そのあと、小休憩のためリビングへ。細めのハンズも帰ってきている。友だちもひとりきていて、みんなでティータイムを楽しんでいる。この家、とにかく人が入れ替わり立ち代りくるんだ。みんなひょっときてはひょっと帰る。自分の家のようにくつろいで帰っていく。イヌイットの生活って本当におもしろいよ。少し話したあと、太めのジポラと友だちは外に出かける。細めのハンズも外へ。20分後ぐらいに彼は帰ってくる。昨日会った町長も一緒だ。

――そうだ、町長がおれに名刺をくれるって約束していたんだ。町長にここに移ったことをいってなかったわ。

ジョージ町長がいう。

レゾリュートの町長ジョージが、ホームステイ先の太めのジポラの家まで、約束の名刺をわざわざ届けにきてくれた。誠意のある人だ。➡

「いや、名刺をホテルに届けにいったら君、いないんだもん。だからここにいるって聞いてさ。ほら昨日あげるっていっていた名刺」

と2枚の名刺をくれる。そのあとしばし話したあと、町長は外に出かける。

午後3時半、細めのハンズとふたりでいろいろと話しこむ。彼に子どもはいない。太めのジポラには7人の子どもと14人の孫がいるという。旦那さんは……そんなこと、まだこの程度のつきあいでは聞けるわけない。きっとたくさんいたのだろう。細めのハンズはかつてはデンマーク本土にも住んでいたという。彼は5つの言語をしゃべることができる。英語、デンマーク語、イヌイット語（カナダ方面、グリーンランド方面、ロシア方面のそれ。彼いわく、「それぞれ別の言語だ」）。ここで彼からいろいろとおもしろい話が聞ける。彼はグリーンランドのカナック Qaanaaq（チューレ Thule）の出身。そうとう北のほうだ。

細めのハンズがおもむろにいう。

「おれ、イクオ・オオシマ知っているんだ。彼は大の親友なんだ。彼はおれの住んでいたカナックよりももっと北のシオラパルクSiorapalukってところに住んでるんだけどね」

という。これを聞いた私はびっくり。普通の人は、

――だれだ、イクオ・オオシマって？　知らねえ。

ってきっと思うだろう。私だってつい一年まえまでそうだった。しかし、彼はこのへんの北の人たち（ハンター、探検家）などのあいだではちょっとした有名人なのである。数々の探検家たちが北極点を目指したり、グリーンランドを横断・縦断するときにヘルプする人なのだ。

イエローナイフで会った鈴木さんもそういえばいっていたわ――「なんかグリーンランドの北のほうに、もう原住民（発言ママ）のようになっちゃっている日本人がいるみたいよ。狩りをしたりして、ほとんど原住民らしいよ。君がそういうのに興味があるのならば、一回訪れてみるといいかもしれないね」と。

――そういえば、おやじにもおなじことをいわれたっけ。もっとも、おやじは原住民とはいわなかったけど。

あの植村直己もヘルプした人。細めのハンズは今日にでもイクオ・オオシマに電話しようかといっている。彼に調子に乗って聞いてみる。

「ナオミ・ウエムラって知ってる？」

するど、

「ああ、知っているよ。彼とはグリーンランドで会ったことがある。私も彼をヘルプしたよ。そういえば、

犬の餌のためによく釣りをしていたのを覚えてるよ」

と自慢げに話す。私がそれを聞いて感心していると、

「今夜にでもイクオ・オオシマに電話してみようか？　彼とおれは大親友だからね」

と重ねていう。あとは私の勉強不足で、どんな人かわからないのだが、サオトメ・ウィモラス？　という人も知っているらしい。ちなみに、今日の夕食はシロクマ（北極グマ）の肉だ。私がきているから特別に配慮してくれたのかわからないけども、シロクマ（北極グマ）の肉を食べさせてくれるという。これは食べたことがないので楽しみだ。解凍されているシロクマちゃんの肉が、リビングの床にある。これは細めのハンズが獲ったものではなく、友だちが獲ったものをわけてもらったらしい。

一回部屋に戻る。

グリーンランドのイクオ・オオシマと電話で話す。

リビングにいる細めのハンズの話し声が聞こえる。だれかきているのかな、と思っていると、しばらくして、彼が部屋をノックし、

「テレフォン、イクオ・オオシマ」

という。

——おいおい、本当に電話したのかよ、あんた。「イクオ・オオシマ」っていわれても、なにを話せばいいんだよ。

とりあえず、電話に出る。
以下その会話の内容。

日（ヒヅキがしゃべったということ）「Hello, Hello?」
オ（イクオ・オオシマがしゃべったということ）「……（回線が遠いのか無言）」
日「あのー、もしもし?」
オ「あっ、もしもし?　どうもこんにちは。はじめまして、オオシマっていいます」
日「こちらこそ、はじめまして。議員と申します。なんかすみません。突然の電話」
オ「別にいいよ。そんな」
日「私、日本で大学生をやっておりまして、そして、ヌナブトの研究をしているんですね。ヌナブトってご存知ですよね?　それで、今、レゾリュートにいて、ハンズさんの家にホームステイさせていただいているわけなんですけど……それで、なんかハンズさんがオオシマさんとお友だちでいらっしゃるということで、今電話しているわけなんですけども……」
オ「ああ、そうなんですか。レゾリュートには、どのぐらいいらっしゃるんですか?」
日「一週間です。なにか本当にすみません、突然」
オ「全然気にしなくていいのよ、そんなの。たまに日本語しゃべるのもけっこう、いいもんだからね」
日「えーと、（なにか話さなければいけないと思い）私の父も若いころの植村直己さんを知っておりまして、それで、その探検をはじめ、数々の探検をオオシマさんがヘルプなさってるって聞いて……それで私としましては一度オオシマさんとお話してみたいと思ってましで……」
オ「ああ、そうなんですか。これからあなたはどちらのほうにいかれるんですか?」
日「グリーンランドはヌークのほうにいきます」
オ「なんか今年は寒いからね、十分体には気をつけてね。体だけはちゃんと気をつけてね。でも南のほう(ヌークはグリーンランドでも南のほうにある)はまだ暖かいから大丈夫かな」
日「あっ、オオシマさん、メールアドレスとかお持ちですか?」
オ「いやー、あのね、私、コンピューターとかまったくやらないんですよ。50歳近くになってね、なかなかああいったものを始めようとも思わなくてね。タイプライターでやるよりも、手で書いたほうが早いでしょ。だから、私が使っている最新のテクノロジーといったら、ファックスぐらいかな。今度もし生まれ変わり、チャレンジする機会をもらったら、コンピューターとかもやってみたいけどね」
日「(機嫌を損ねてはいけないと思い)そうですよねー。本当に突然、すみませんでした」
オ「いやいや、そんなこと全然ないよ。お父さんをはじめ、みなさんによろしくお伝えください。私もひさしぶりに日本語を話せてうれしかったよ。くれぐれもこれからの旅、体には気をつけてね」
日「はい、本当にどうもありがとうございました」
とここで細めのハンズに変わる。
彼とオオシマさんはグリーンランドのイヌイット語でたんたんとしゃべる。電話が終わり、彼になにをしゃべってたのと聞くと、
「カリブーについてさ。グリーンランドのあのへんの地方はカリブーが多いんだ」

とハンターの顔つきに戻り、誇らしげにいう。

オオシマさんについていろいろと聞く。細めのハンズいわく、彼は25年ぐらいシオラパルクに住んでいる。奥さんもおり、孫までいるという。彼は生粋のハンターらしい。自給自足の生活をしている。

——いやー、それにしてもいい人と知りあった。

さっそくインターネットで『YAHOO! JAPAN』をチェック。

大島育夫で検索すると1件だけ出てくる。地平線会議の機関紙『地平線から 1979』(1980年11月24日発行)『第二部・冒険者たち』のなかで、『日本人エスキモー・大島育夫』とある。この育夫はまちがいだと思う。大島育雄で検索すると18件も出てくる(注1)。〝探検界〟では、有名な人で日本の「北の探検隊」は、ずいぶん、この人に助けられているらしい。

奥さんの太めのジポラいわく。「ウエムラはこの村のみんなと友だちよ」

5時ごろ、太めのジポラが帰ってくる。彼女にも、

「ねえ、ナオミ・ウエムラって知ってる?」

と聞くと、

「ええ、よく知っているわ。彼はこの村のみんなと友だちよ。彼はレゾリュートの隣町に滞在していたんだけどね。彼、私の母のうちに泊まっていたんだよ。彼は本当にいい男だったねー。彼はこの(床で解凍中のシロクマ[北極グマ]の肉を指差しながら)この肉が大好きだったよ。でも早くに死んじまったよね。死体

は見つかってないんだろ？　でも、あんなむちゃなことやってたらそりゃ死んじゃうわよ」

太めのジポラも植村さんのことはよく知っているんだ。彼女はつづけていう。

「なんで日本人っていうのはああいうむちゃな冒険をするんだい？　私たち（イヌイット）だってあんなむちゃなことやりゃしない。死ににいくようなもんだからね。それがわけわかんないね」

それに対して私が、

「That's great！（こっちにきてからこの言葉が口癖になっている。相手のしゃべる英語が理解できないときや、相手がなんか誇らしげにいったときや、ものを見せてくれたりしたときによくいってしまうから）すばらしいじゃない。でも理由はわかんないけどね」

というと、太めのジポラ、びっくりしたような顔をして、

「すばらしい？　なにがすばらしいのよ。あんなのっていかれているわ」

と怪訝《けげん》そうな顔をしていう。私がまたそれに対して、

「すばらしいじゃない。でもおれはあんなむちゃなこと、やりたいと思わないけどね。たしかに、いかれているといえば、いかれているよ。頭は普通じゃないと思うよ」

というと、それを聞いた太めのジポラと細めのハンズは大笑いしながら、

「ええ、本当にいかれているわよ」

と繰り返す。

今日、9時半の飛行機で太めのジポラはイカルイトにいくという。

「なんでいくの？」

「ミーティングがあるのよ。ディスカバリー・ロッジ・ホテルに泊まるわ。4日仕事で、3日休日。あそこは大きいから、ショッピングやら、食事やら、楽しんでくるわ」

「ディスカバリー・ロッジってあそこでいちばん高いホテルだよ。いったいなんのミーティングなの?」

「なんのミーティングだかわからないわ。私は呼ばれたからいくだけ。政府が飛行機代から、ホテル代、滞在費を出してくれるから、いちばん高いホテルとかは関係ないわ」

とゲラゲラと笑いながらいう。

——ずいぶんのんきなもんだな、そんなのにここの政府は金出すのかよ。

ところが飛行機が遅れるとの電話が入る。エンジントラブルかなにかで深夜の2時半出発になるそうだ。

お気の毒に。

脂身がまずい!……はじめてのシロクマ(北極グマ)料理。

そんな話をしていると、昨日スーパーで会った子どものうちのふたりが太めのジポラの家にやってくる。最初に話しかけてきたいかにもガキ大将といった感じのリーバイ・カルックLevi Kalluk(13歳)と少しシャイなサム・カルックSam Kalluk(11歳)だ。子どもたちはやっぱりおたがい英語でしゃべっている。太めのジポラも子どもたちと話すときはほとんど英語を使う。彼らはまたおもしろがって、「ヒ、ヒ、ヒヅキ」と繰り返している。しばらくしたあと、彼らは帰る。そして彼女もまたあわただしく出かけていく。時間は夜の7時、いよいよ待ちに待った〝ポーラベアー・アワー〟だ。料理という料理をしたわけじゃない。ただ普通

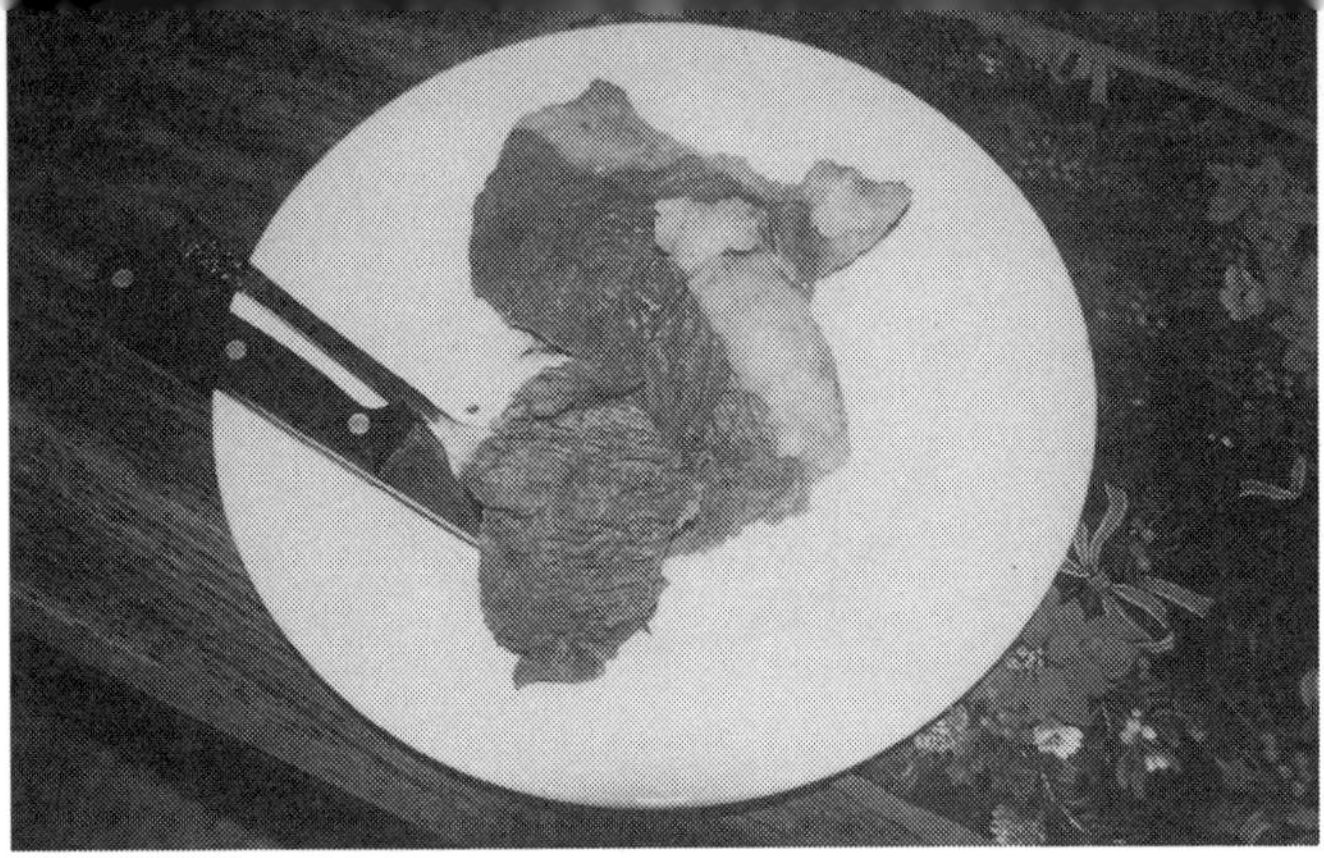

⬆シロクマ（北極グマ）の肉——2切れとも片側に脂身がびっしりついている。
——おれ脂身嫌いなんだよなー。まさかこの脂身、全部食うんじゃないだろうな。

の鍋で、シロクマ（北極グマ）の肉をぐつぐつと2時間ほど煮こんだだけだ。お皿の上に無造作に大きめの2切れの肉が乗せられる。なんて表現したらいいのだろうか、かみごたえがありそうだけども、柔らかそうなお肉という感じがする。2切れとも片側に脂身がびっしりついている。

——おれ脂身嫌いなんだよなー。まさかこの脂身、全部食うんじゃないだろうな。

と思いつつ、

「これ全部食べることできるの？」

と聞くと、

「もちろん。ぜんぶおいしいところだよ」

予想していたが、返ってきて欲しくない回答が返ってくる。ナイフとフォークを使って、まずは肉の部分から食べる。肉はそこそこの味。そんなに硬くはなく、噛みやすい柔らかい肉。場所によってチューインガムのようにクチャクチャ噛まなくてはいけないところがある。脂身にチャレンジしてみる。

↑ここヌナブトでは、家の軒先に無造作にシロクマ（北極グマ）の毛皮が干してある光景に、ときどき出くわす。

——ひょっとしたら、シロクマの脂身はおいしいかもしれないしな。

などと少し楽観的な気持ちを持って食べてみる。

——やっぱりこれ脂身だよ。牛肉に比べても、臭みが強く、少しなら食べられるが、こんな量、食べられたもんじゃない。でも残すとせっかくつくってくれたハンズにわるいしな。

と思いながら、1切れ目の脂身はなんとか我慢して食う。お茶で流しこむ。またこの喉越しが気持ちわるいんだ。2切れ目はどうにもならず、脂身を口に含み、気づかれないようにトイレへ。本当に、本当に、シロクマ（北極グマ）にも、細めのハンズにも、これを獲った猟師にも、これをおいしいといって食べる人にも申し訳ないのだが、トイレにペッと吐き捨ててしまう。下水管のなかに脂身が消えていく……と思っていたら、これがうまく流れない。何度やっても流れない。仕方なく、便器に手をつっこんで脂身を取り、丁重にティッシュに包み、トイレにあるゴミ箱へ。ばれないように奥のほうへまたまたゴミ箱に手をつっこんで押しこむ。トイレからリビングに戻る。細めのハンズはきれいに食べているのかなと彼のお皿を見ると、きれいに脂身が残っている。この残した脂身を煮こんだ鍋のなかに戻す。

——なんだ、あんただって全部食べないじゃないか、そうならそうと早くいえよ。

食事が終わり、太めのジポラも帰ってくる。彼女も器用にイヌイット独特のナイフ・ウルゥを使いながら、おいしそうにシロクマ（北極グマ）を食べている。彼女のお兄さんもやってきてそれを食べる。

テレビでクイズ番組をやっている。日本でもみのもんたが司会をやり、人気がある「クイズミリオネア」だ。こっちでも、みのもんたに似たうさんくさいカツラっぽいオッサンが司会をやっている。これを見て、

——この司会に似せて日本でも、みのもんたを司会に抜擢してんだな。

と納得する。細めのハンズがこの番組をニコニコ顔で見ながら、

「おれ、この番組大好きなんだよ」

といっている。「A」だの「D」だの、「ファイナルアンサー」など、「テレフォン使え」など、キャピキャピしながら一緒に参加している気持ちになって番組を見ている。

——この光景は世界じゅうどこへいってもおなじだな。

とヘンな安心感を覚える。

10時ごろになり、細めのハンズと太めのジポラが北極に関するさまざまなビデオを見せてくれる。彼が自分で撮ったものと日本のテレビ東京制作の番組——『命の北極圏——自然たちの大いなる四季』。藤竜也がレポーターを演じ、ナレーションを野際陽子がやっているレゾリュートに関するビデオも見せてくれる

（1996年に1年間かけて撮影したもの）。ところどころに太めのジポラも写っている。これを見ながら細めのハンズがいう。

「1頭のシロクマ（北極グマ）を捕まえるために（猟にかかる費用ではなく、その許可を得るために）、アメリカ人は2万ドルも支払うんだよ」

――2万ドルって日本円に換算すると、約200万円強だ。ほんとよくこんな大金払うよ。

ビデオを見ていると、太めのジポラと細めのハンズは外に出かけていく。近くに住んでいるお父さんの世話にいくという。私はしばらくビデオを見たあと、11時半ごろ就寝。

子どもたちはシロクマ（北極グマ）の肉を食べない。彼らはそれぞれが冷凍食品などをレンジでチンして、食べる。

私が覚えたイヌイット語

突然で唐突だが、忘れそうなので、ここで今までに私が覚えたイヌイット語をメモしておく。

とてもおいしい　ママトゥン
ありがとう　ナコミー
こんにちは　ハーイ、ハロー
美しい　ビューユアル
枕　ビュッキャ

私　　　　　ウワガ
あなた　　　イッピィ
寒い　　　　イッキィ
犬　　　　　クゥンマ
友だち　　　ビュカチエル
私の友だち　ビュカチエルーガ
はい　　　　イー
いいえ　　　アッガ
ごめんなさい　マミヤーナ
すみません　アイ
……まだまだ、先は長い。

＊出費なし

注1　大島育雄（おおしま・いくお）　植村直己の3か月あとに、イヌイットの民具採集が目的でシオラパルクに入り、そのまま村の女性と結婚して、そこに住みこんでしまった人。植村と現地でイヌイット社会に溶けこむ苦労をともにやった〝日本の極地探検関係のパイオニア・ワーカー〟のひとり。のちに北極点をめざした日大隊のメンバーとして、植村直己と北極点到達を競いあうことになるのは有名な話（日大隊のほうが一歩先に北極点に到達した）。

細めのハンズのアザラシ猟に「つれてってくれ」といえない私。［2月22日（木）］

――もう疲れた。今日はそんなに書かんぞ。

朝9時ごろ起床。子どもたちは学校にいっていてもういない。キッチンにいく。食器がめちゃめちゃ溜まっている。溜まりすぎて、水も排水溝に流れない状態だ。ここの家にホームステイさせてもらっているし、ということで食器を洗うことにする（一応断っておくが、私は自分で使ったお皿は、家でもやっているように、そのたびにすべて洗っている）。私が滞在しているあいだは、私はここでは「食器洗い係」になっている。

食器洗いが終わったあと、朝食をとることにする。昨日寝るのが遅かった細めのハンズは、10時ごろ起きてくる。いつもは彼、だいたい7時か8時には起きている。彼はパンを食べている。

細めのハンズと犬ぞりについての話をする。犬ぞりでグリーンランドのカナック（チューレ）までいくのに、14日かかるらしい。カナダのいちばん北にある町グリス・フィヨルドまでは、犬ぞりで4日。スノーモービル（スキードゥー）では2日。近代装備を使うとだいたい半分の時間でいけるようだ。

――そりゃ便利なスノーモービルをみんな使うわな。

しばらくすると、細めのハンズがなんか厚着をしている。どこにいくのかなと思っていると、おもむろに倉庫から銃を持ち出す。かなり古い銃だ。どこかこわれているのか、テープを持ち出して、補強をしている。

「これから猟にいくんだ」

とおもむろにいう。

犬ぞりを引く犬にエサを➡
やる細めのハンズ。

「なんの猟にいくの？　シール（アザラシ）？」

と聞くと、

「そうだよ」

と答える。おれもいきたいけれども、どうせ邪魔になるだけだし、率直に「いきたい」とはいえない。それで、必死に、「うらやましい」だとか、「おれも猟をしてみたい」だとか、いきたい気持ちをアピールするが、お誘いはなし。

――やっぱり猟に一緒にいくのは、邪魔だよな。

彼は銃を持ってスノーモービルで出かけていく。

午前中は文章を書いて過ごす。昼食は明太子茶漬けを食べる。

3時ごろ細めのハンズが戻ってくる。どうやら一頭も獲物を捕ることができなかったらしい。少し不機嫌だ。そのあと、彼の犬ゾリのチームを見せてもらうため、スノーモービルで海岸にいく。そこには、13頭の犬がつながれている。スノーモービルが近づいていくと、みんないっせいに吠え出す。彼は持ってきたドックフードをばらまく。写真を撮ったあと、また太めのジポラの家に戻る。家のまえで私を降ろしたあと、彼はどこかに出かけていく。

——なんか今日、機嫌わるいんだよな。まあ、いいか。

私は世話好きダイアンにホテルのキーを返すのを忘れていたのでキーを返しにいく。

「これヒヅキが持ってたの!? 私がヒヅキからもらったのに、なくしたのかと思って一生懸命探しちゃったわよ。(私がごめんというのを聞いて) いいのよ、全然気にしなくて。私のミスでもあるんだから」

といつも元気な世話好きダイアン、今日も相変わらず元気だ。明日、彼女が車でいろいろなところへつれていってくれるという。ー時半にここ (ホテル) にくる約束をする。

日没寸前、町のそばの丘へゼイゼイと息を切らせて登る。

外に出ると夕日が沈み始めている。天気がよく、とても夕日がきれいだ。そんなこともあり、いい写真を撮ろうと思い、町に覆い被さるように存在を誇示している丘に登ることにする。その丘は海岸沿いにあるホテルとは反対側にあるハムレット・オフィスのちょうど真裏にある。最初はこんなの簡単に登れるな、と思っていたのが間違いだった。これがかなりきつい。ところどころで休む。そして写真を撮る。

——山に登る人はもっと重い荷物を持って、もっと急なところを登るんだよな。これでもきついのに、おれには山登りは無理だな。

と思いつつ登る。途中で息が切れて、ゼエゼエいいだす。デジカメのバッテリーが切れる。2台持ってい

⬆やっとの思いで登ったレゾリュートの丘の上からの夕景……それにしても寂しいところだ。

るうちの1台のカメラの電池も切れる。こんなときに限って、換えの電池、バッテリーを持っていないおれ。写真を撮るために登っているのに、だんだん意味がなくなってきた。

——もうやめようかな。

と思ったが、ここでやめたら〝根性なし〟といわれる。〝男がすたる〟と情念世界にひたりながら登ることをつづける。丘を登ること40分。やっと丘の上までくる。写真は1台のカメラでしか撮れないのに、なんともいえない満足感。

——こういう意味のない満足感のために探検家たちは北極点を目指すんだろうな。

こんなちょっとした丘を登っただけで、そんな壮大なことを考えたりする。

——でもやっぱり太めのジポラも世話好きダイアンもいってたけど、徒歩で北極点を目指したり、犬ぞりでグリーンランドからきたりなんて、ほんとただのクレイジーだな。おれは絶対にそんなのやりた

↑サイエンス・テクノロジー・フェア会場にて。

くないな。だって着いたら着いたでそれなりの満足感があるかもしれないけど、帰りがあるんだもん。

下に広がる町を見てくだりのことを考えると、登りきったという爽快感が風に流されていく。

サイエンス・テクノロジー・フェア
——レゾリュートの小学校観察記。

5時半ごろ太めのジポラの家に戻る。中華丼をつくって食べ、ひと休み。部屋にいるとだれかがドアをノックする。冷たいギャリーが、

「サイエンス・テクノロジー・フェア Science Technology Fair始まっちゃうよ!」

と声をかけてくれる。時計を見たら、もう6時50分。始まる時間だ。いつもは冷たいギャリー、話しかけてもよそよそしいのに、こうやって知らせてくれるあたり優しいところがある。このサイエンス・テクノロジー・フェアというのはカナダ全土の学校

で一年に一度開かれる展覧会。日本の学校の文化祭に当たるだろうか。生徒がなんらかのテーマを持ちプロジェクトを組む。それぞれについて調べてレポートを書いたり、作品をつくったりする。こうした学校の行事を見ることができて運がいいと思う。しかも、ヌナブト、レゾリュートで。急いで用意をして、カメラを持って学校に向かう。学校にいくと小さい子どもたちが話しかけてくる。そのなかにまえに会ったシャイなサムとガキ大将リーバイもいる。相変わらず「ヒ、ヒ、ヒヅキ」といっている。それを真似してまわりの子どもたちも、「ヒ、ヒ、ヒヅキ」と声をそろえていう。つぎつぎに自己紹介をされる。

――おい、おい、そんなにどんどんつぎからつぎに名前をいわれても覚えられないよ。

作品を見てまわる。この学校の名前はカーマータリック・スクール Qarmartalik School という。生徒数は全部で62人。この展覧会は今年で4回目だ。クラスは幼稚園クラスを別にして、全部で12クラスに分かれている。当然、上のクラスにいけばいくほど、作品の質もあがってくる。重力について調べたとか、オゾンホールについてだとか、極地の温暖化についてだとか。私が作品を見ていると、みんな一生懸命に自分の作品について説明してくれる。

10歳の女の子に興味を持たれて……。

小学校低学年クラスの作品を見ていると女の人に話しかけられる。

「こんにちはー、あのー日本人ですか?」

とヨーロッパ系カナダ人の女性に日本語で話しかけられる。彼女、この学校の先生でケーリー・ギスブレークKelly Giesbrechtという。日本の北九州に1995年の4月から1997年の7月まで2年間いて、英会話学校のジオスで働いていたという。1999年の8月にこの学校にきた。2年間日本にいたわりには、日本語はそれほどできない。こんなところで日本人に会えたことを喜んでいるようだ。軽く話したあと、明日会う約束する。今度はヨーロッパ系カナダ人でもなく、イヌイットでもない男の人に話しかけられる。アジジ・ケラフAziz Kheraj（47歳）。レゾリュートにある3つのホテルのうち、サウス・キャンプ・インSouth Camp Innというところのオーナーらしい。明日ホテルにきてくれといわれる。

いろいろと作品を見てまわったが、みんなちゃんとやっている。ヌナブトの教育問題については少し懸念をしていたのだが、少し安心した。町じゅうの人がみんなここにきている。世話好きダイアン、町長のジョージ、細めのハンズ、ハムレット・オフィスの人、太めのジポラの娘、などなど。作品の表彰式も終わり、一段落していると、ひとりの女の子が話しかけてくる。彼女の名前は……忘れちゃった。年は10歳。猪八戒、サモハンキンポーに似ている。頭に500円玉ぐらいのハゲがある。一生懸命いろいろなことを話してくる。私は何人兄弟がいるだとか、レゾリュートの話だとか、あなたは何人兄弟がいるのだとか、日本はどうだとか、彼女はいるの、などなど。シャイなサムとガキ大将リーバイも一緒にいる。シャイなサムが、

「こいつヒヅキのこと好きなんだぜ」

というと、彼女、

「あんた、なにいうのよ」

と照れながらシャイなサムのことを手ではたく。

なんでも欲しがる子どもたち……こわれたフロッピィーをあげて反省。

時間は8時半。帰ろうとすると、さっきの3人がついてくる。彼女の積極的なアプローチがつづく。でも10歳の子はちょっと……そんなにかわいくないしな。外で3人の写真を撮り、みんなに別れを告げる。太めのジポラの家に戻ったあと、いろいろと写真を撮ろうと思い、ハムレット・オフィスに併設しているジムにいく。子どもたちがたくさん遊んでいる。シャイなサムとガキ大将リーバイもいる。また写真を撮る。今度はデジカメでも撮ってあげる。デジカメの画像を見せてあげると、みんなはじめて見るのか食い入るように見入っている。フィルムではなしに、フロッピー・ディスクに映像が保存されるというのも興味の的のようだ。20分ぐらい子どもたちと写真を撮ったあと、太めのジポラの家に帰る。ガキ大将リーバイとシャイなサムが部屋にきたがる。しょうがないから部屋に入れてやることにする。小学1年生ぐらいの子どもも入れて5人ぐらいが家にくる。低学年の子どもが部屋に入ろうとすると、ガキ大将リーバイが、

「おまえ、家に帰れよ。もうこの部屋、人数がいっぱいで入れないだろ」

とすごみをきかしていう。私が、

「いいよ、いいよ。入ってきな」

というと、ガキ大将リーバイがしぶしぶという感じの表情をする。子どもたちが入ってくる。彼が、

「そのフロッピー・ディスクくれよ」

という。

⬆ホームステイ先の私の部屋に押しかけてきた子どもたち。

——どうせ、おもちゃにして遊ぶんだろう。

と思ってこわれたフロッピー・ディスクをあげる。小さい子どももフロッピー・ディスクを欲しがったのだが、またまたガキ大将リーバイが、

「おまえの家、コンピューターないから、これもってもしょうがないだろ。意味ねえよ」

と強い口調でいう。やっぱりリーバイはこのなかではガキ大将としていばっている。なかなかみんな部屋に居座って帰ろうとしない。しょうがないからラップトップのゲームを見せてあげたり、MDで日本の音楽を聞かせてあげる。みんな、

——なんじゃこりゃ？

というような顔をして見る。サムが自分の持っている時計を指差しながら、

「これとMD交換しない？」

という。当然、丁重にお断りする。

——ここの子ってみんななんでも欲しがるんだよな。カメラとかパソコンまでくれって一応みんないい

うんだよな。

おれももう疲れたし、寝たかったので、みんなに帰るようにうながす。日本から持ってきた飴をみんなに1個づつあげ、家に帰す。どうやらガキ大将リーバイとシャイなサムはいとこ同士で?、冷たいギャリーはガキ大将リーバイのお兄さんらしい。

――このへんの家の家系図、本当によくわからないんだよな。リーバイとおなじ名前の苗字のやつって学校の生徒のなかで13人もいるし……。

ガキ大将リーバイは兄弟が5人いるらしい。トイレにいこうと部屋を出ると、冷たいギャリーの部屋にまだリーバイとシャイなサムともうひとりが残っている。リーバイが私の存在に気づき、私があげたこわれたフロッピー・ディスクを持ちながら、

「ねえ、これ今コンピューターで見ようとしたんだけど、見れないよ」

という。早くもこわれているのがわかったみたいだ。まさか、子供の彼にパソコンに向かってフロッピーのチェックをする〝能力〟があるとは思わなかった。私は甘かった。反省。

ガキ大将リーバイもあきらめたのか、しょうがないという顔をして冷たいギャリーの部屋に戻る。私はもう疲れたので寝る。

イヌイットの子どもたちは、ませている――乱れた性生活?……問題山積社会。

余談だが、ここの子全員に当てはまるかわどうかは、わからないのだが、けっこう、みんなませている。と

くにドリー（仮名）とクシ（仮名）はそうだ。私にしつこくいってくる。「（セックスをしている動作をしながら）おれ、もうセックスしたことあるんだぜ。絶対にほかの人にいうなよ。兄ちゃんも、もうセックスしたことあるだろ？　どう？　セックス好き？　彼女いるんでしょ？」

まだドリーって13歳だよ、13歳。10歳のときに初体験をすませたんだって。でもイヌイットの習慣では、もう13歳、14歳で大人なので、そのころにはみんな赤ちゃんを産んでいる子もいる。そう考えると10歳で初体験をすませていてもおかしくないか。

――でもこれがまたヌナブト、イヌイットの問題でもあるんだよな。子どもが子どもを産むってこともあるんだけど（日本でも最近この問題は話題になっているけどもヌナブトはもっとひどい）、だれが父かわからないらしい。

若年層のセックス相手というのが、おなじコミュニティーの人ではなく、私みたいに観光客（これは予測。ほとんどこのケースはないと思う。でも私のことを気に入っていた女の子とセックスをしたりしたらその可能性もありうるということだ）であったりだとか、南のほうから出稼ぎにきているヨーロッパ系カナダ人の労働者であったりだとか、ほかの町からきている若者だとか、いろいろだ。だから、州都のイカルイトでは13歳、14歳の女の子が子どもを背中に背負っているのをよく見かける。もちろん、ちゃんと旦那さんがいる家庭がほとんどだろうが、先にもあげたようなケースもありうるということだ。あとはレゾリュートのような小さい町ではいとこ同士、血がつながっている者同士でセックスをしたりした場合にできる子ども、近親相姦の問題もある。だれがいっていたのか忘れたが（多分鈴木さんのはず）、奇形児も多く生まれるという。本当に問題が山積みだよ。

ふたりに「彼女いるの?」と聞くと、ふたりとも「いる」と答える。

——おれが13歳のときに女の子のことなんて考えていたっけ? 考えていたにしても、彼女なんていなかったな。

ドリーはけっこう、かわいい顔しているので彼女がいるのはわかる。でもクシにはわるいが、彼はごつごつとした岩みたいな顔をしている。彼に彼女かわいいのと聞くと、横からガキ大将リーバイがいう。

「気温でいうとマイナス22度ぐらいの女」

どういった基準でいったかわからないけど、それってあんまりかわいくないんじゃ……。

「テーマ探しの旅」の「思いつきテーマ3」はセックス問題。

どの〝社会〟にも、昔からのセックスに対する〝尺度〟がある。(まだ、本腰を入れて研究しているわけではないので、えらそうな〝講釈〟は述べられないが)いろんな本を流し読みした感じでは、イヌイットの〝社会〟には、昔から独特のセックス・モラルがあるようだ。

「イヌイットはひとり以上の妻が持てる」「客に自分の妻を一夜の相手として提供するのが客に対する最大の歓迎」「集団のボスは、部下の男の妻にセックスを強要できる」「妻たちは、ほかの男のもとに走ることができる」などなど、〝私たちの社会〟では、〝イヌイット社会〟の〝セックスのありかた〟を、実際には知りもしないのに、まことしとやか、かつ、おもしろおかしく興味本位のヨタバナシの種にする。ヨソモノの尺度で、このことを指弾して、「すごく性生活が乱れていて仕方がないところだ」と一方的に断じるのは簡単だ。でも、私はこうした〝先入観的尺度〟で、セックスを含めたイヌイットの人たちの〝その日、その日〟を見たくないと思っている。

イヌイットの若者のセックス問題の研究は、今後の課題として残しておこう。「テーマ探しの旅」の「思いつきテーマ」、その3とするか。

＊出費なし

世話好きダイアンとデート？

［2月23日（金）］

朝9時ごろ起床。いつものようにお茶を飲む。ジャスミン茶だ。ラジオがついている。またまたこのまえにつづいて細めのハンズがしゃべっている。私は『ちゃるめら』のラーメンに玉子を入れて食べる。ラーメンを食べていると彼が帰ってくる。めずらしく買い物をしてきたみたい。部屋に戻り、日記を少し書いたあと、出かけることにする。気分転換に昼食を外で食べようと思い、世話好きダイアンが働いているホテルにいく。おっとそのまえに昨日約束をしたサウス・キャンプ・インにいく。かなり大きめの建物。なかに入り昨日会ったオジサンがいるかどうか探したのだが、いないのでまたあとでくることにする。世話好きダイアンの働いているインズ・ノースにいく。昼食時だが、人はあまりいない。ここのところ〝料理〟という料理を食べていなかったので、なにか食べることにする。チーズバーガーとスモールサイズのポテトを頼む。そして自動販売機でコーラを買う。私のほかに客はふたり。あとからレンジャー部隊の隊長がくる。世話好きダイアンも一段落ついたのか、私の席で一緒にポテトを食べる。午後1時半、世話好きダイアンが車でレゾリュートの町、および空港近くの施設を案内してくれる。ナーウェール・インNarwhal INNというホテルや、湖、ヘルスセンター、空港近くにある政府の建物など。この政府の建物は3月～11月まで開いており、科学調査などに訪れる団体に宿泊先を提供したり、ヘリコプターを安く貸したりしているという。今は休業中。

世話好きダイアンが海を指差しながらいう。

「夏にはこの海に人が飛びこむのよ。氷が浮いているなか、ぶるぶる震えながら海に入るの。いかれているわ」

世話好きダイアンが案内してくれたなかでいちばん興味深かったのは、数多くの探検隊をヘルプしていて、インズ・ノースのマネジャーでもあるテリー・ジェスダーソンTerry Jesudasonの家と、探検隊が泊まり、3月から営業が始まるというインズ・ノースの別館である。もとは彼女の旦那であるベザルBezalと探検隊のヘルプを始めたのだが、1995年の彼の死後以来、ホテルのマネジャーをやりながら、探検のヘルプもしているという。家のなかには数多くの探検をした者たちの写真がある。植村直己の写真もある。泉雅子もいる。そして、数多くの日本語の本がある。植村直己、河野兵市、風間深志、泉雅子、堀江謙一、大野晋などの本。

1962年に世界初の単独太平洋横断をやった父の友人である堀江謙一さんは、1978年に氷上ヨットで北極点をめざそうとした北極氷上帆走チーム（サポート隊員6人）の主人公（プロデューサーは島崎保彦さん）だったから、ここに本があるのは、よくわかるが、現代の国語学の第一人者でありベストセラー『日本語練習帳』（岩波新書）の著者大野晋（学習院大学名誉教授）の本が、なんで、ここにあるの？　ほんと、レゾリュートってへんなところ。

ちなみに、礒貝浩の本は残念ながらぱっと見では、発見することができなかった（あるわけないか）。インズ・ノースの別館には、数多くの日本語のビデオもある。彼女の旦那のベザルは20の言語を話せたと世話好きダイアンはいう。そのなかに日本語も入っていたそうだ。

ヨーロッパ系カナダ人の〝オツカレサマデシタ女先生〟を小学校に訪問。

いろいろと案内してもらったあと、小学校のサイエンス・テクノロジー・フェアで会ったサウス・キャンプ・インのオーナーのアジジに会いにいく。約束どおりアジジはホテルで待っていた。彼はタンザニア出身の47歳。5人の子どもと7人の孫がいる。いろいろホテルのなかを案内してくれたあと、夜の食事に誘われる。最近おいしいものを食べていなかったから、お言葉に甘え、6時にまたくる約束をする。彼は私にとても丁寧に接してくれる。『ヌナブト・ハンドブック』の取材ということもあって、「こいつはメリットがある」と踏んだみたい。まあ、いいか。

4時ごろ学校にいく。ヨーロッパ系カナダ人の女先生ケーリーと話をする。しどろもどろの英語で必死に伝えたいことをいう。

「この『ヌナブト・ハンドブック』の日本語版編集者というのは、私の本当の仕事じゃありません。私は大学でヌナブトの勉強をしています。この州について、ひとこといわせてもらうならば、いちばん教育のことが心配です。今の若い世代、彼らは英語とイヌイット語の両立、トラディショナル・ライフとモダン・ライフのバランスをうまく保たなければならない。彼ら、自身の意思というのが、いちばんの重要なポイントなんですが、彼らにはあなたたち（先生たち）の力がこれからもっともっと必要になってくる。それと、私はもっともっと日本の人にカナダの現状、ヌナブトを知ってもらいたいのです。日本のアイヌ民族の状況を考えると、このことは非常に大きなことだと思います。日本人のなかには、アイヌ民族の存在すら知らない人もいますから……」

といっているのを日本のインテリに聞かれたら、

――おまえはどこまでヌナブトやイヌイットの現状を知っているんだ？　どこまで日本のアイヌの現状を知っているんだ？

とお叱りを受けそうなセリフを、自分の勉強不足をひた隠しながら、偉そうにいう。しかも、私の英語力というのは、よく外国人で日本語があまりできない人の日本語、

「ワタシ、キマシタ、ニホン。ヌナブト、ベンキョウシテルネ」

というような感じだ。でも、一生懸命の会話が伝わったみたい。もしいろいろな質問があったら日本に帰ってからもメールをくれれば、協力してくれると彼女がいう。最後に日本語もまじえて、

「私、〝ガンバル〟（握りこぶしを力こぶができるように上にあげながら）、……〝ガンバル〟ってわかるよね？　あなたも、〝ガンバル〟、ＯＫ？」

なにがＯＫなのかわからないが、どうやら〝頑張る〟という日本語の意味は知っているみたい。彼女に名刺を渡す。

「おお、ケイオウ大学ですか？　いい学校にいってますね」

というので、彼女が日本にいたことがあるとはいえ、

——こんな辺境の地にいる人が私のいっている大学を知っているなんて……。と少し誇らしげな気持ちになる。最後に彼女、日本で覚えたのか「オツカレサマデシタ」という言葉をいって別れる。

——なんか「オツカレサマデシタ」っていかにも日本ぽいな。

ヌナブト僻地の学校事情。

少しこの学校について。

この学校ができたのが3年まえ。先生は7人。そのうちのひとりがイヌイットの女性の先生。あとは、みんなヨーロッパ系カナダ人。この学校ができるまえまでは、生徒たちはみんなポンド・インレットの学校にいっていたという。そのときに問題だったのは、みんなそこで彼女をつくり、レゾリュートにつれてきてしまい、大変だったらしいというオツカレサマデシタ女先生ケーリーの話。若い子も彼女をつれてきてしまうらしい。やはり昨日おませのドリーがいっていたことも、まんざらでたらめじゃない。去年の卒業生は5人。そのうち、ひとりがイエローナイフの空港で特訓を受けており、もうすぐレゾリュートに戻ってくるという。ふたりはオタワにある芸術系の専門学校に通っており、ふたりは無職でレゾリュートでぷらぷらしているとか……とまあ、こんな感じ。

しかし、私、ここにきて子どもたちに、

「英語とイヌイット語、どっちが得意?」

と聞いても、イヌイット語と答える子どもはひとりもいない。ましてや、イヌイット語をしゃべれないと答える子どもまでいる。どうなることやら……。

6時ごろアジジにホテルにお呼ばれしていたので、ホテルにいくことに。ひさしぶりのまともな夕食だ。

——野菜なんて食うの2週間ぶりだよ。

料理はサラダ、スープ、お肉とチャーハンみたいなもの、それにデザートまでついている。遠慮なしにたらふく食う。イギリスからきているアフリカン・アメリカンAfrican-Americanがコック。ここは家族を抜かしてスタッフは全部で4人いるとか。お掃除する人がふたり、コックがふたり。ひとりのコックは休暇中。食事を終え、太めのジポラの家に戻る。そして、寝る。

サキイカは、子どもに不人気。

蛇足。

今日、居間で細めのハンズと一緒に私が日本から持ってきた〝サキイカ〟を食べた。これ、彼が満足して食べたかわからないけど、一応2回、サキイカの袋に手を伸ばす。3回目は、部屋にいる太めのジポラの孫の不愛想ソニアにあげるため、手を伸ばす。10個ぐらいのサキイカを持って、彼女に食べさせてあげたいといい、不愛想ソニアの部屋へ。しばらくして、細めのハンズが戻ってくる。彼に「どうだったか?」と聞くと、「彼女もこれが気に入ったみたいだ」と答える。その答えを待ってからのように、不愛想ソニアが足早に居間へ。そして、そのままの勢いでキッチンへ。手にはなにか持っている。水道の蛇口をひねり、うがいをしている。私が、「どうだった？」と聞くと、ひたすら嫌な顔をし、すぐに部屋に戻る。

——この女、ほんとに無愛想で感じがわるいんだよな。子どもなら子どもらしく、もっとかわいい顔をしろよ。

キッチンに私がいくと、無惨にも残された7つのサキイカが……。

どうやら嫌いだったみたい。

——ハンズもいいかげんな答えをしなくてもいいのに……なんでこんなうまいもんが嫌いなんだろう。まだ子どもだから酒のつまみの醍醐味がわかんねーんだな。

たしかにこの味は駄目な人には駄目だろう。日本人ですら、これが嫌いな人がいるのだから。

チーズハンバーガー、コーラ、ポテト（小）約1280円（約16ドル）

さて、このはじめてのイヌイット・ホームステイは、有料？無料？

［2月24日（土）］

朝10時ごろ起床。もちろん細めのハンズは起きている。彼がつくったレトルトの野菜スープとパンを朝食に食べる。部屋に戻って荷造りをする。今日、私がこの家で生活をしていたなかでいちばんの疑問が明らかになる。それは、「この滞在はお金のいる滞在だったのか」についてだ。つまり、本当に親切でホームステイを受け入れてくれたのか、それとも、ただのB＆B的な感じで商売で受け入れたかだ。そういったたぐいの話をしたことはここにきてから一度もない。しかし、キッチンは自由に使っているし、シロクマ（北極グマ）は食わしてもらったし、冷蔵庫のものも勝手に使っているもんな。
――これで、タダってことはないよな、やっぱり。

などと、考えながら荷造りを進める。世話好きダイアンから電話がある、

「ヒヅキ、午後2時半に飛行場にいくけど、乗ってく？」と。

私の飛行機の時間は午後5時40分。だけれども、飛行場とか、そのまわりの写真を撮りたかったので、「いく」との返事を世話好きダイアンにする。細めのハンズが部屋を覗く。私がこの4日間のステイを本当にありがとうと思っているということを伝える。なにかいいたそうにしているが、お金の請求はなし。今のタイミングでお金の請求がないということは、

――この滞在はタダの滞在だったのか。

と少しでも旅を安くしたい私は、ほっとする。気持ちよく最後の荷造りのラスト・スパートをかけていると、だれかが部屋をノック。ドアが開くと同時に細めのハンズが少し遠慮し、そしていいにくそうな顔をしながら、たどたどしい英語で、

「ジポラ、イカルイトにいくまえ、あなた、お金払う」と。

私は少し怪訝《けげん》そうな顔をし、

「パードゥン？」

といい返すと、またまた、

「ジポラ、いっていた。あなた、お金払う」

という。

——やっぱりタダなわけねえよな。それならそうと早くいえよ、このおっちょこちょい。直前にいうんじゃねえよ。

と思いながら、

「いくら?」

と聞くと、ほっとしたような顔をして、

「あなた、学生だから50ドル。本当は75ドルだけど、あなた学生だから」

という。

——50ドルも取るのかよ。

と一瞬思う。なぜそう感じたかというと、イエローナイフのインテリ・ロザリー女史のところも50ドルだからだ。あそこはきれいだし、なにかと居心地がいい。それに比べると(比べてはいけないと思うのだが……)こっちはいろいろと見劣りする。

——しかも、おれが学生だから安くしてくれるのは、ありがたいけど大人からは75ドルも取るのかよ。ふざけてるな、本当に。

と今までの恩をあだで返すような考え方をする。

——お金を払うってわかっていたならば、最初から遠慮なんかするんじゃなかった。冷蔵庫のものは使いまくればよかったし、食器なんて洗うんじゃなかった。

と現金主義者の私は手のひらを返したような考え方をし出す。

——しかし、まあ、ホテル代を払うことを考えたら安くすんだし、まあ、いいか。

と思い直して気持ちよくお金を払う。弁解するようだが、お金を払うのがいやなのではない。そして、感謝の気持ちも変わらない。しかし、人間っていうのは〝気持ちの持ちよう〟というのがあって、最初から払うとわかっていればそんなに不満はないが、最後の最後の「もう家を出ますよ」というときに、いきなりお金といわれたから、少し生意気な発想をしてしまっただけだ。しかし、私にもミスがある。やはりここにきたときに確認を取ればよかった。それが私のミス。今度から気をつけよう。

レゾリュート出発。ふたたびイエローナイフへ。

みんなに別れを告げ、空港へ。写真を撮ったり、おみやげを買ったりしているうちにあっという間に時間は5時に。飛行機はファースト・エアー（7F 956便）、17時40分発、18時02分着（フライト時間は2時間22分、時差があるためにこの時間の到着になる）。

私が乗る予定の飛行機がイエローナイフから到着する。すると、ひとりの日本人らしき人が……明らかに、日本人らしい。探検家らしい風貌だ。人見知りする私は話しかけられないでいる。そうすると、世話好きダイアンがこっちにつれてきてくれる。彼の名前は上村博道。やはり私の予想どおり探検家だった。2年後に徒歩による北極点到達を目指しているため、訓練をかねて、ここにきたという。はじめての滞在で私とおなじように1週間いるという。彼、私の名刺を見ながら、

「ああ、慶應大学にいってるんですか。ああ、『ヌナブト・ハンドブック』の編集の手伝いをしているんですか。随分ここにくるまえにインターネットで『ヌナブト・ハンドブック』について見ましたよ。あれすごく役

ったら、もう、それっきり。ナヌ～!? まあ、きたないこと」と、さすがの私もあきれているのだが、そんな先生の姿を見ていたイエローナイフ出身の女生徒からは、「先生、私たち、ヌナヴットへ戻るまでの間、もう少しはいてくれるのでしょう?」

「ごめんね。また来月戻ってくるけど」

という。私も、彼もそんなに長く話している時間がなかったので、また今度横浜ででも飲みましょうといって別れる。

飛行場にシャイなサムとガキ大将リーバイがきている。もちろん、私の見送りにきたのではない。ガキ大将リーバイのお母さんが、今日イエローナイフにいくという。お母さんは学校のイヌイット語の先生。

まわりを見まわすと、レゾリュートの学校の先生が7人とも空港にきている。オツカレサマ女先生ケーリーの姿もある。どうやらみんなでイエローナイフにいくみたい。

――そういえば、来週(2月26日から)1週間休みだっていってたもんな。休暇をみんなであっちで過ごしながら、ビジネスもやるのかな。

ガキ大将リーバイとシャイなサムがこっちにくる。私が電子辞書を使っているのを見て、またも興味津々。即、使いたがる。使い方を教えてやると、「shit」などの〝汚い言葉〟を調べだす。私のこの電子辞書には、そんなに語数は入っていないので、「shit」の意味は出たが、ほかの語句の意味は出ない。あきらめて、自分の名前を検索している。出るわけがない。

最後にはもちろんシャイなサムが、

「これ、ちょうだい。もし駄目なら、おれの時計と交換しない?」

と決り文句のようにいう。またしても私は丁重にお断りをする。

彼らに別れを告げて、イエローナイフへ。

「テーマ探しの旅」の「思いつきテーマ4」
——来年はカナダ最北の町グリス・フィヨルドまでスノーモービルでいくこと。

レゾリュートで最後におもしろいなと思ったこと。そして、私がちょっとやってみようかなと思ったことを書く。

太めのジポラの家で〝モダン・ライフとトラディショナル・ライフの共演〟を見た。居間で細めのハンズが一生懸命ろうそくを灯しながら、はりと糸で犬ぞり用の犬の肩かけをつくっている。これは昔からあるトラディショナル・ライフだと思う。そして、かたやテレビを見ている冷たいギャリー。番組は『クイズ・ミリオネア』だ。そして、おもむろにコンピューター・ゲームをやりだす。それを見た細めのハンズは作業を中断して、コンピューター・ゲームを食入るように見はじめる。そして、交代して彼がゲームをやりだす。テレビからは、

「ファイナルアンサー?」

という司会の声が。

その光景をおもしろいなと思いながら見ている私。

——やっぱりホテルなんかにいるよりおもしろい人生模様を見ることができてよかったな。

私がちょっとやってみようかなと思ったこと。

私は探検家ではない。だから自分の命の危険を冒すような真似はしないが、少しやってみようかなと思ったことがある。たいしたことではないのだが、レゾリュートからカナダ最北の町のグリス・フィヨルドまでチャンスがあったら、来年、スノーモービルでいってみようと思う。もちろん、地元の人の力を借りて。まあ、今もっと大きなことを考えているのだが、実行できる自信がないので、今はまだここに書かない。この小さな小さな冒険を実行してから、またつぎのチャレンジを書きたいと思う。

インテリ・ロザリー女史と働き者ジェームスは、シロクマ（北極グマ）を食ったことに興味を示した。

イエローナイフ空港。今やご当地の私の常宿《じょうやど》となったB＆Bを営んでいるインテリ・ロザリー女史と働き者ジェームスが迎えにきている。車のなかでいろいろとレゾリュートでの話をする。人口が200人だとか（これに対して、働き者ジェームスは「みんなと、もちろん握手したろ？」と笑いながらいっていた。もちろん、私はしていなかったが、「したよ」と笑いながら答えた）、ひとつしかお店がないとか、シロクマ（北極グマ）を食ったとか、いろんな話をした。シロクマ（北極グマ）を食ったというのに彼らはいちばんの興味を示した。女史はシンジラレナイといったような顔をしており、働き者ジェームスは、

「よくシロクマなんて食えたな。おれはまえに普通の熊を食おうと思ったけど、臭いはきついし、口に入れることもできなかったよ。おまえはもうイヌイットだな」

と相変わらずオチャラケていう。

←↑シロクマ（北極グマ）。（イエローナイフの博物館の剥製）

――たしかにシロクマ、今考えてもうまいものじゃなかった。臭いは鼻につくツーンとした臭いだし。あれをイヌイットたちは生で食うのかな、信じられないな（注1）。

B&Bに着く。どうやらふたりの日本の女の子が滞在しているみたい。

宿泊費　16000円（200ドル）　※1泊50ドル　4日分■絵はがき2枚　ナイフ　レゾリュートの看板　オレンジジュース　ポテトチップス　3925円（49ドル7セント）■カリブー・ジャーキー　185円（2ドル32セント）■

計20110円

注1　シロクマを生でくう　あとで調べてみたら、シロクマ（北極グマ）は青白い旋毛虫Trichinella spiralisの宿主として、オオカミ、キツネ、アザラシ、ミンク、セイウチ、イノシシなどとならんで有名な存在で、生肉は食べてはいけないということが判明した。なんでも宿主の小腸に寄生して、そこで幾度か脱皮して、48時間以内に成虫になるんだそうだ。トリヒナ症と呼ばれる、この人獣共通感染症にかかると、かゆみ、筋肉痛、顔面浮揚、発疹、倦怠感などの症状が現われるそうだ。今はイヌイットもこのことを知っていてシロクマ（北極グマ）を生では食べなくなったので、この感染症にかかる人は、ほとんどいなくなったが、昔は、けっこういたらしい。日本でも、三重県や北海道で熊の生肉を食べて発病した例がある。（以上、インターネット調べ）。父の話では、このことを知らなかった初期のころの北極探検隊の隊員も、これにやられたそうだ。

インテリ・ロザリー女史の家に日本人女性がふたり滞在していた。［2月25日（日）］

朝7時起床。朝食をインテリ・ロザリー女史と働き者ジェームスと一緒に。カリブーソーセージが食卓に出た。そのあと、女史が働いている本屋さんへ。そこで『ヌナブト・ハンドブック』についての話をする。

「一応、私が日本語版の編者をやるのだが、それが完成したらこの店にも置いて欲しい、できれば平積みにして欲しい。ついては、どういう手順を踏めばいいのか」……この程度のことを伝えるのに、けっこう、もたつく。日常の会話は、なんとか通じるがビジネス英語になると、からきしダメ。

1時ごろB＆Bに戻りテレビを見る。もう動きたくない。一緒に泊まっているふたりの女の子も一緒に夕食をみんなで食べる。ふたりは社会人で、語学留学もかねてカナダにきているという。カルガリーからきたとか。ひとりは奥野順子さん。看護婦をやっていたが、留学するために病院を辞めて、1年間こちらにいる予定の26歳。もうひとりは、太田千恵子さん。こちらはコンピューター関係のアシスタントをやっていて、今は仕事を休んできているという25歳だ。夕食はカリブー・ステーキとポテト、にんじん、グリンピース、働き者ジェームスがつくったワインにデザートはバナナケーキだ。

食事を楽しんだあと、彼女たちは例のツアーへ。私は働き者ジェームスとジェームス・ボンドの007を見る。

そのあと、ホームステイ代を払う。

運よくこれからいく予定のイカルイトでの滞在先をインテリ・ロザリー女史が手配してくれた。

――最初の1週間ホテルに泊まるのかよって思ってたんだよな、よかった。

本当に今回の旅は女史にいろいろお世話になった。

――本当に本当にロザリー、ジェームス、ありがとう。そしてこれからもなにかあったらよろしくお願いします。さあいよいよ明日からランキン・インレットだ。また気合い入れ直さなきゃな。

ふたりと固い握手を交わしたあと、就寝。

インテリ・ロザリー女史は、ヌナブトが嫌い。

インテリ・ロザリー女史とヌナブトについて話をする。

女史はヌナブトが嫌い。イヌイットの独立は、いいことだとは思っているけども、自分たちの州から土地を持っていかれたという気持ちが強い。カナダの〝大きいお荷物〟だと思っている。彼らは自分たちで収入源を持たず、そして、彼らは働くことができないということを力説する。それは、彼女自身のイエローナイフでの経験をもとにいっているのだろう。

イヌイットをはじめ原住民は、時間という概念を持っていないため、時間にルーズで、毎日の決められた時間に仕事にくることができないと女史はいう。もちろん、それは全部の人に当てはまることではないが、ただ、その割合が多いと彼女はいいたいのだと思う。

そして、州内で時差が３つもあることを強く指摘する。

ヌナブトはこの統一を求めているが、カナダ政府はそれをどうやら認めない様子だという女史の話（**これはのちに調べたのだが、今は一時的に時差はヌナブト内では統一されている。しかし、今年の4月1日からまたふたたび3つに戻るとか**）。

おそらくヌナブトのことを勉強したいといっている私のことも「ヘンな子」と思っているに違いない。

宿泊費（チップ代も含む）　8000円（100ドル）※1泊45ドル

北極圏ではよくあること――エンジントラブルで飛行機が飛ばない。［2月26日（月）］

ふたつも最悪な事件が起きた。私にとって多分この旅最初で最後の大事件だろう……と思いたい。

朝8時起床。朝食を急いで食べる。半熟卵ふたつ、パン3枚、ジュース。食べていると一緒に泊まっている女の人たちが起きてくる。彼女たちに別れを告げ、タクシーで急いで空港へ向かう。のちに急ぐ必要がなかったことが判明するのだが……。

空港に9時20分ごろ着く。

カナダ航空（オペレートはファースト・エア）―AC895―便、10時5分発、13時46分着（フライト時間―時間41分）……のはずだった。今回の旅は移動が多い。3つある時差をまたぐカタチで飛行機に乗っている。

搭乗手つづきをする。カウンターのオネエサン、私のチケットを見ながら、

「あなたこれからランキン・インレットへいくのよね？　そして、先週はレゾリュートにいたのよね。なんか北ばっか、いってるのね。それもレゾリュートになんかいくなんて……You are crazy！」

「ああ、おれ、頭狂っているよ。北が好きだからね」

飛行機に乗る……とここまではよかったのだが、ここでひとつ目の大事件発生。

エンジントラブルで飛行機が飛ばない。みんなブウブウいいながら、飛行機を降りる。いや、正確にいえば、降ろされる。

――まあ、早くいくにこしたことはないけど、これも旅の醍醐味かな。

⬆カナダの北極圏を中心に、グリーンランドまで飛んでいる「北の足」ファースト・エアーのジェット機。

などと、とくに大事な用事もビジネスもない私は気楽に考える。つぎのイカルイトゆきの便はカナディアン・ノースCanadian Northの11時40分の便。急いでいる人は、ファースト・エアーのカウンターに文句をいって、この便に乗っていく。でも、その数は少ない。ほんの2、3人。あとの人は、みんな、私とおなじようにそんな大事な用はないみたい。音楽を聴きながら待っていると、空港内にアナウンスが……どうやら12時半にイエローナイフを出発するみたい。そんなに時間がかからなくてよかった。待つこと2時間。12時ごろアナウンスがふたたび……。

——おいおい、ふざけんなよ。2時半だってよ。大幅に遅れんじゃねえかよ。

さすがにまわりに座っていた人たちもざわめきだす。みんなよってたかってカウンターにいく。

——そんなにみんなで文句をいいにいかなくても……。

と思っていると、どうやら違うみたいだ。みんなチケットみたいなものをもらっている。

アナウンスの英語を完全には聞き取れなかった私も、不安になってカウンターにいく。チケットの半券を差し出すと、1枚のチケットをくれるではないか……遅れたお詫びとして12ドル分の昼食代が出る。

——よかった、これでタダ飯にありつける。

空港内にあるレストランにいく。12ドル分めいっぱい使う。ホットドック、ベーコンチーズバーガーとペプシ。たらふく食べて窓の外を見ながら、ぼうっと過ごす。

そうこうするうちに、エドモントンからの飛行機がイエローナイフに着く。日本人のツアー客がたくさん乗っている。

飛行機から降りたお客たちは、みんなでキャピキャピしながら写真を撮りあっている。オバサンたちもキャピキャピしている。けっこう大きいツアーだ。全部がツアー客かどうかはわからないが、日本人は全体の7割ぐらい。若い人はごくわずか。おじん、おばんがほとんどだ。空港の建物のなかに入ってきて荷物を取るコンベヤーの真んなかにあるシロクマ(北極グマ)の剥製と一緒にみんな記念写真を撮っている。

あっという間に時間は2時半。飛行機に乗りこむ。さあ、はじめての土地、ランキン・インレットに出発……

…と思いきや、なかなか出発しない。機内に嫌な機械音が鳴りつづける。

「ウイーン、ガタン。ウイ、ウイーン、ガチャ」

と操縦士がなにかを試しているかのような金属音が鳴りつづける。はじめはみんな穏やかだったが、フライト・アテンダントが操縦士のところに向かったあたりから、みんなざわめきだす。なにをいっているのかわからないが、日本語であれ、英語であれ、フランス語であれ、イヌイット語であれ、心のなかは、

——おいおい、またかよ。勘弁してくれよ。

という気持ちは一緒のはずである。まもなくすると操縦士の声がアナウンスで聞こえてくる。具体的にはなにをいっていたかわからなかったが、故障していることは間違いないようだ。そのまま待つこと1時間。結局午後3時半の出発になる。5時間半の遅れだ。とくに機内では、これといったサービスはない。いつもなら、英語が通じないのを恐れ、通じやすいコーラを頼むのだが、思いきってスプライトと赤ワイン2杯を頼む。無事に通じる。

ランキン・インレットで安ホテル探しに悪戦苦闘——極北は旅行者に不親切な地域。

7時30分ごろランキン・インレットに着く。

——さあて、これからホテル探しをしないとな。

『ヌナブト・ハンドブック』によるとこの町にはふたつしかホテルがない。とりあえず、B&Bの情報もないし、安いほうのホテルに電話してみる。3回ほどかけるが通じない。仕方なく、タクシーを呼んで、高いホテルにいくことにする。タクシーの運転手に聞いてみる。

「ナヌーク・インNanuq Inn(安いほうのホテル。安いといっても食事なしで1泊95ドル[7600円])の場所、知らない?」

すると運転手がいう。「ああ、そのホテルならつぶれたよ。2年まえぐらいかな」

⬆ランキン・インレットの町も、ほかの北極圏の町と同様、凍てついていた。

——おいおい、まじかよ。そんなにホテルって簡単に潰れちゃうのかよ。

Ｂ＆Ｂについて聞いてみると、一軒知っているということなのでつれていってもらうことにする。ところが、このＢ＆Ｂは満員。のちにわかったことなのだが、この町には観光局によると、このＢ＆Ｂしかないらしい。もちろん、ユースホステル、ＹＭＣＡなどのバックパッカー、安旅行の若者が好むようなものはない。

——ヨーロッパと違って、カナダの極北はこの〝宿泊施設〟がないのが困りもんなんだよな。本当に旅行者に不親切な地域だ。とくに若者のバックパッカーに対する配慮はまったくないな。

もっとユースホステルなどを充実させて欲しい。まあ、とはいっても、それだけ需要がないというのも現実なんだけど……。

1泊160ドルの高いホテルでウンコ騒動！――わが人生で最悪な出来事発生！

ホテルに着きチェック・イン。このホテル1泊160ドルも取る。汚いし寂れているし、エドモントンで泊まったYMCAとおなじぐらいだ。日本の地方にある民宿のほうがまだましだ。

部屋にいく。テレビはアンテナの故障なのか全然写らない。文句をいう気力もないのでそのまま放っておく。ここで今回の旅、おそらく最初で最後の（と望みたい）今日ふたつ目の事件発生。というよりもこのたぐいの事件では、私のこれまでの人生において最悪な出来事だった。トイレでうんこをする。そして、だいたい予測はつくだろうが、トイレが詰まる。これは正確にいうと、〝私のもの〟で詰まったのではなく、はじめから詰まっていたのである。そのことに、事前に気がつかなかった私はうかつだった……もっと書きたいのだが、あまりにも汚いためここまで。概要を簡単に書くと、〝便器が詰まる➡お風呂も詰まる➡洗面所の水道も詰まる➡トイレとお風呂と洗面所がつながっているのか、便器をゴム製のポンプで押すと汚物がバスタブと洗面器に逆流しだす➡最悪な事態になる➡このどうしようもない〝ミッション・インポッシブル〟を私のすばらしい発想力と行動力を発揮して解決の方向へ➡えんえんと汚物との格闘➡なんとか解決〟とこういったようになる（**汚い話に強い方は『事件顛末《てんまつ》詳細覚え書き』を読んでください。苦手な方は、とばしてください**）。あくまでここに書いたのは〝概要〟である。本当は途中、途中の過程ですさまじい〝うんこ汁〟との戦いがあったのだが、具体的にはとてもじゃないが、まともな神経では書けたもんじゃない。この格闘についやすこと4時間。やっとのことで解決をする。そして、ひさしぶりに家に電話をする。父が出る。これまでのことをいろいろと話す。この〝事件〟のことはいわなかったが……。

この余計なことで時間を費やしてしまった。絶対にはじめから詰まっていた。これでこのホテルは忘れられないホテル、しかも最悪な思い出で忘れられないホテルになった。これで疲れが余計に溜まる。日記を書いて2時ごろ就寝。

●やっとの思いで書いた事件顛末《てんまつ》詳細覚え書き●

1. カウンターのオネエチャンに便器に詰まった汚物を押し出すために、「バスタブの吸いこみがちょっとわるい」と適当に嘘をついて柄のついたゴム製のポンプを借りる。しかし、それを使って便器の汚物を押し出そうとすればするほど事態は悪化。バスタブに逆流をはじめ、最悪な事態に。
2. コップで便器のなかの汚物を洗面所に流す。ところが、ここも流れない。結果として便器とバスタブと洗面器のすべてが汚物まみれ。
3. ポンプ活動をさらに1時間ほどする。虚しい努力。好転の兆しまったくなし。
4. ドライバーでお風呂の吸いこみ口をはずしてみる。なんの意味もなし。
5. このままの状態でホテル側にバレた場合の補償問題を恐れる……このことがおおやけになり騒ぎになって「明日、市長に会えないかもな」とふと心のなかで思う。すでに名刺をフロントに渡してあるから、騒ぎを起こしたわたしの名前が市長の耳に入って会見拒否ということになるのでは、と恐れる。
6. いちばん近いトイレを探し、そこにコップで汚物を運んで流す案を思いつく。
7. 隣の部屋は空き部屋であるうえに鍵があいているが、廊下を回って隣のトイレまでいくのには遠い。それにコップに入れた汚物を持って廊下を何度も往復できない。
8. そこで部屋から隣につながっているドアが開けられないか工夫する。
9. 隣の部屋に忍びこみ、部屋と部屋のあいだにある普段は両側からロックされている2枚のドアのあちら側のドアのロックをはずす。
10. こっちの部屋のドアのロックもはずしたことで、あちらの部屋のトイレへの往復を廊下にでないでできる……と思っていたら廊下で足音がして隣の部屋のドアが開く。警備員の見回りだ。そのとき隣の部屋にコップに入れた汚物を持って不法侵入していた私は部屋にうまく隠れ、ばれずにすむ。
11. 私の部屋の便器、バスタブ、洗面器からコップですくった汚物を隣の空き部屋のトイレに流すために往復を繰り返す。果てしない作業。
12. すべての汚物を移し終えたところで、コップをきれいに洗って隣の部屋のコーヒーメーカーと交換。というのは、コーヒーメーカのガラスのコーヒー沸かしのコップ（容器）を使ってこの不毛な作業をしていたから。いくら洗ったからといっても、〝わるい思い出のしみついたコップ〟で、いくらなんでも、あとでコーヒーを飲みたくない。
13. 新しいコーヒー沸かし器でおいしいコーヒーを入れて、それを飲んで最後は感動的なエンド。コーヒーの色が悪戦苦闘した〝うんこ汁〟を思い出させてくれたのが難点だったが……。

ジュース代　120円（1ドル50セント）■タクシー代（ランキン・インレットの空港〜ホテル）　480円（6ドル）
■計600円

↑ランキン・インレットの市役所。

「町のトップ、つまり町長・市長と会う作戦」第2弾スタート！［2月27日（火）］

昨日の夜の事件のこともあり、疲れておりかつ寝るのが遅かったので、起床は昼12時。町を見にいく。今回の旅の目的である「町のトップつまり町長・市長と会う作戦」のため、市役所へ。すったもんだのすえ、あれこれ説明をし、明日の朝8時半のアポイントメントを取る。そのあと、タクシーで空港へ。この空港には観光案内所があるからだ。昨日は遅く着いたせいで、寄れなかった。観光案内所のお兄さんにいろいろ話を聞く。またまた、タクシーで市内へ。この町あんまり好きじゃない。もちろん、昨日の嫌な出来事もあったし、ホテル代が高いせいというのもあるのだが、なんとなく雰囲気が好きじゃない。これといった特徴もなく、微妙に大きい。ヌナブトの州都を決めるときにイカルイトと争って、敗れた町。だが、町の発展の様子はかなりのもの。イカル

⬆ランキン・インレットの小学校のコンピューター・ルームは、けっこう充実していた。

イトに見劣りしないぐらい、発展している。大きなスーパーはあるし、銀行はあるし（「銀行があるのはあたりまえだろう」と思う日本人が多いだろうが、ヌナブトでは銀行があることが大都市の証……と私は勝手に判断している。多くのコミュニティーには銀行はおろか、キャッシング・マシーンもない）、ファーストフード・ショップもある。このファーストフード・ショップがあるのも大都市の証。イカルイトとおなじようにあらゆる設備がそろっている。ないのは〝州都〟という名前の権威だけ……。イカルイトみたいに島にない分、ここのほうがカナダの南とはアクセスしやすそうだ。

――ここが、州都になっていたら、ヌナブトの未来は変わってたのかな。

などと考えながら町を歩く。

湖のほとりにある小学校にいってみる。ガイドブックに、ここでインターネットにアクセスできると書いてあったからだ。学校の先生に頼み、コンピューター・ルームを使わせてもらう。なかなかの充実度。広い部屋にコンピューターが30台ほど置いてある。そこで持ってきたラップトップを接続しようとしたが失敗。学校を少し見学したあと、またまた市内へ。

この町に日本人がいること——しかもこんな時期に——は、めずらしいとホテルのネエチャンも、市役所のネエチャンもかなりの勢いでいっていた。そのため、この町の住民はめずらしい顔をして、私の顔を見る。けっして鼻くそなどが顔についているわけではない。たまに〝社会の窓〟は開いていたりするけど……。北の町、レゾリュートには多くの日本人の探検家が訪れるため、人びとはそんなにめずらしい顔をして、私を見ないけども、ここではかなり強い目線で見る。ここのほうが南なのに。ひさしぶりに、外国人が味わう〝嫌な視線〟をこの町では味わった。気分が心底わるい。

タクシー代　800円（空港と市内の往復）■コーラ（1ドル83セント）、プリングルス（スナック菓子、1ドル45セント）、オレンジジュース（2ドル75セント）　482円（6ドル3セント）■ケンタッキーフライドチキン2ピースセット（8ドル79セント）、カナダディアンピザ（5ドル49セント）　1142円（14ドル28セント）■計2424円

英語ができない市長と、あんまり英語のできない通訳と、これまたカタコト英語の私とのチンプンカンプンな会話……前市長もやってきてテンヤワンヤ。

［2月28日（水）］

おとつい起きたのが今回の旅いちばんの大事件だと思っていたら、世のなかそんなに甘くない。今回は人との出会いには恵まれているけども、飛行機運はからっきしないな。「天は二物を与えず（？）」とはこのこ

とかなとさえ考える。

朝、8時10分起床。急いで仕度をして、ホテルの目のまえにある市役所に向かう。市長がいる。彼の名前はジャック・カビトクJack Kabvitok、61歳。ただのイヌイットの老人という感じ。そんなには迫力を感じない。彼、英語ができない。まったくできないというわけではないが、少しこみ入った話になると駄目らしく、通訳がつく。まったく英語ができない私にも通訳が欲しいくらいだ。通訳はこの市役所で秘書的な役割をしているリウニ・カーピィさん。年齢を聞くのを忘れたが、かなりの高齢の方。足がわるいらしく、杖をつきながら、隣の会議室へ。英語ができないイヌイットの老人、そこそこの英語とイヌイット語ができるオバサン、そして英語がほとんどできず、日本語だけは達者にしゃべることができる日本の大学生。はたから見たら変な光景だ。

――私のみにくい英語を、さらにバイリンガルでないイヌイットのオバサンが通訳をするのだから、多少ジャックには変形して伝わっているのだろうな……。

この市長、そんなに多くを語らない。私が質問しても、ふたこと、みことで終わる。どんな質問をしても、

「ヌナブトには期待している。ヌナブトはまだまだ新しい。ヌナブトはこれから……」

といったような答えが返ってくる。あまり会話が弾まない。紋切り型の返事が返ってくるので、最後にはイヌイット語がわからない私まで彼がなにをいっているかわかるような気がしたぐらいだ。だいだいあの言葉は〝希望〟という言葉だろうな、などと想像がつくようになる。話すこと20分ほど。盛りあがらないまま、つつがなくインタビューは終わる。

写真を撮っているとひとりの男が部屋に入ってくる。40代ぐらいのイヌイットの大柄な男。私のカメラを

⬆ランキン・インレットの現市長のジャック・カビトクは、小学校でイヌイットの伝統文化であるドラムダンスを教えている先生（左）である。（地元の新聞『キバリック・ニュース［Kivalliq News］』より転載）

見ながらひとこと、

「おまえ、なんでおれのカメラ持ってるの？　いつおれの部屋に入って取ったんだ？　その写真、撮り終わったら返してくれよ」

　とガハハと笑いながら冗談を飛ばす。

「あなたはここで働いていらっしゃるのですか？」

　と聞くと、一瞬躊躇《ちゅうちょ》して、

「いや、違う。えーと、いや、働いているよ。というよりも、（市長のジャックを指差しながら）このオッサンが、おれの仕事を取ったんだ」

　とまたまたガハハと笑いながらいう。それに対して、ジャックは無言。どうやら彼は前市長のようだ。彼はそれなりの雰囲気を持っている。今の市長にはそれがないが、まだ彼が市長になってから3か月。今年の1月から市長になったばかりだから仕方ない。任期は2年。まだ前市長のほうが市長面《づら》をしている。

　市役所をあとにして、ホテルに戻る。新聞を読んだのだが、現市長のジャックは、小学校でイヌイットの伝統文化である〝ドラムダンス〟を教えている先生である。新聞に写真が載っている。先ほど私に見せた顔とは違う、精悍な顔つきで写真に写っている。市長に選ばれた理由をこの写真が物語っている。「イヌイットの伝統文化を若い世代に」ということで、最近、ランキン・インレットのレオ・ウサック小学校Leo Ussak Elementary Schoolでは、このプログラムを始めたらしい。非常にいいことだ。

部屋で荷造りをすませ、11時ごろチェック・アウト。カウンターのイヌイットではなさそうな、アジア系の女性と話す。彼女は去年ウィニペグからきて、1年間ここで働いているという。母国はインドネシアだとか。彼女、私がここでなにをしているのか、興味津々。私が概要を説明し、先週はレゾリュートにいたと話すと、一瞬、まじまじと私を凝視して、びっくりした顔をする。

私がそれを見て、

「あなたは私のことをクレイジーだと思ったでしょ?」

と聞くと、微笑を浮かべながら、

「思ったとしても、私はそれを口に出してはいわないわ」

という。

イカルイト悪天候につき、ファースト・エアーは飛行中止。

飛行機の出発時間は2時ごろ。少し時間があったのでホテルのロビーで待つことにする。時間は12時20

分。そろそろ空港にいこうかなと思っていると、ホテルのカウンターから嫌な単語が耳に入ってくる。「バットウェザー」、「ノーフライト」など。

冒頭にあげた事件発生。

さきほどの彼女が私の顔を見て、顔をしかめる。嫌な予感的中。まもなく、ホテルのカウンターに私あてに電話が……ファースト・エアーからだ。

「イカルイトの天候がわるいため、今日のフライトはありません。それで……」

……電話だとうまく英語が聞き取れず、このあとの展開が不安だったので、電話先の彼女の「あなたは、空港にくる必要はないわよ。でも、もしきたかったらご自由に」という言葉を聞いたあと、空港へ向かう。空港は人ひとりいない状態。ファースト・エアーのカウンターにひとりの金髪のオネエチャンと、カナディアン・ノース（calm air）のカウンターにイヌイットの眼鏡をかけている太めのオネエチャンがいるだけ。あとは4人ぐらいのスタッフが奥の事務所で電話の応対に追われている。もうひとつのローカル線の航空会社のスタッフは、われ関せず。ファースト・エアーのオネエチャンと話す。

概要は以下のとおり。

ランキン・インレットは快晴。しかし、今日の夜、イカルイトの天気が大荒れのため、ファースト・エアーのイカルイトゆきは今度の金曜日まで飛ばない。しかし、夜6時ごろランキン・インレットを出発するカナディアン・ノースのイカルイトゆきの便に乗ることはできる。ただし、もしイカルイトまでいき着陸できなければ、飛行機はイエローナイフに戻る。彼女いわく、可能性は「フィフティー・フィフティー」。その場合、私は2日間をイエローナイフで過ごし、金曜日にまた飛行機に乗ってイカルイトにいく。でも、でも、この金曜日というのも〝くせもの〟。金曜日まで天気予報では、大荒れらしく、金曜日にもイカルイトにいける保証はない。

私、しばし考える。

悩んだ理由はふたつ……まず、ランキン・インレットには、これ以上いたくなかったということ。すなわち、あの1泊1万2000円もする高いホテルに泊まりたくなかったということ。

――ランキン・インレットは、まだまだ見る場所があると思うので、もう少しいても楽しめると思うけど、あのホテルに泊まるとなると冗談じゃない。そんなのごめんだ。

ふたつ目は、もしそのチャレンジをして、失敗したときに、6時間ものフライトはごめんだということと、こっちの気持ちとしてはイエローナイフという町に、あと2日もいるのはごめんだということ。

このふたつの理由を考慮に入れて考える。もしランキン・インレットのB＆Bに電話をしてあいていればこのトライはやめ、もしあいていなければトライしようと決心する。案の定、B＆Bはあいていなかった。

カナディアン・ノースでイカルイトに……でも置いていかれそうになって……。

結局、カナディアン・ノースの便に乗ることにする。ホテルに荷物を取りにいく。荷物を取ってふたたびタクシーで空港へ。若いイヌイットの運転手と話す。

「イヌイット語で話すことできる?」

「できるよ」

「英語とどっちが得意？」

「あー、おれは英語だな。おれはというよりも、ほとんどの人が英語でしょ」

「学校でイヌイット語も習うんでしょ？」

「もちろん、習うよ。でも若い世代は、ほとんど英語をしゃべるよ。逆に60歳以上の古い世代の人は、英語をしゃべることができないね。グリーンランドでは、みんなイヌイットは自分たちの言葉のほうが得意だぜ」

「なんで知っているの？」

「おれ、まえにグリーンランドにいたんだ」

などなど。

5時ごろから空港でフライト待ち。お昼ごろの静けさとはうってかわり、人がベンチに座れないほどの混雑振り。イカルイトゆき以外の便に乗る人とイエローナイフから私たちが乗る便が着き、人が降りてきたせいもある。

飛行機のチケットをもらいにカウンターへ。私はファースト・エアーからカナディアン航空に変えたので、手つづきがめんどうくさいらしく、まだ私の手元には切符がない。

カウンターのオネチャンが、

「大丈夫よ。もうすぐ切符、渡せるから」

さすがにこれ以上待たせられないということで、飛行機の搭乗が始まる。ざわざわしていたロビーに人がほとんどいなくなる。さすがに、私もカウンターのオネエチャンも奥で作業をしている男の人もあせりだす。

時間は6時20分。

――本当におれイカルイトにいけるのかよ。

という気持ちがふつふつとわいてくる。今にも飛行機は私を置いて、飛び出しそうな勢いだ。

「おれ、イカルイトにいくことできるの？　バックだけイカルイトにいかないよね？」

とカウンターのオネエチャンに聞くと、少しの笑みも見せず、真顔で、

「わからないわね」

と答える
――おいおい、さっきまでの〝優しい微笑み〟をもう1回見せてくれよ。その余裕のない顔と返事はなんだよ。

時間は6時半。みんなが飛行機に乗りこんでから20分が経過。普通だったらもう飛び立っている時間だ。奥のオフィスから作業をしていた眼鏡の男の人が走ってこっちにくる。

「待たせてごめんね、やっとできあがったよ」

といいながら私に念願の切符をくれる。私は「ありがとう」といいながら、足早に飛行機に向かう。結局、原因はわからず。なんで、あんなに時間がかかったのだろう。

飛行機は無事に、6時40分ごろ離陸。でも、まだイカルイトに確実に着陸すると決まったわけじゃない。ここからがまた正念場だ。ちなみに、この飛行機のフライト・アテンダントはふたりとも男だ。ひとりは中年、ひとりは若い。若いほうは左耳にふたつのピアスをしている。ふたりとも銀髪のかなりの男前。失礼なのだが、なぜか直感的に、

――このふたりゲイかな。

と感じる。英語のトランスジェンダー言語の区別はつかないが、なぜか彼らがしゃべる英語が、

「新聞はいかがーん?」

と女っぽく聞こえてしまう。しかも、中年のほうは、声が甲高い。

――それにしても、こんなふうに人の外見を観察して想像をたくましくするなんて失礼な話だ。

……でも、私が本を読んでいると、私の手を触れ、

「新聞はどう?」

という。

――まあ、この話はいいわ。

私自身はトランスジェンダーではないが、〃性の少数民族〃に対して、いかなる偏見も持っていない。

さて、飛行機は、すごいとまではいわないが、イカルイトに近づくにつれ、いつもよりは余計に揺れを感じる。時間は8時半。どうやら着陸にチャレンジするみたいだ。揺れが激しくなる。みんなも緊張した顔をして、窓の外を見ている。雪が降っている。揺れを象徴するかのように翼が上下に不安定に揺れているのがわかる。無意識に手がシート・ベルトをきつくしめる。町の明かりが見えてくる。どうやら、無事イカルイトに着陸できるみたいだ。しかし、この揺れはなんか恐いな。着陸するまで安心できない。翼が上下に不安定に揺れたまま着陸する。うまく車輪が滑走路に着くと、機内の乗客から拍手が。みんな安堵の声をもらす。

私の隣の女性の乗客も私のほうを見ながらひとこと、

「Nice landing!」

イカルイト、小雪。マイナス22度。タクシーはスト中。町まで1キロの歩き。

外に出ると、それほど寒くない。気温はマイナス22度。レゾリュートで寒さに鍛えられたせいか、この程度なら手袋と帽子がなくても過ごせる。雪もそんなに降っていない。ちらちらというぐらいだ。どうやら上空が大荒れだったのだろう。1年ぶりのイカルイト。なんら変わりはない。荷物をピックアップし、ホームステイ先のポール・レディーPaul Reddy（51歳）に電話をして住所を聞く。今ちょうどイカルイトでヌナブトの予算案を決める会議をやっているらしく、それに乗じて町に4社あるタクシー会社すべてが運賃引きあげのため、ストライキをやっているらしい。

――こりゃまいったな、どうやっていこうかな。

と考えていると、ディスカバリー・ロッジ・ホテルのシャトルバスが空港にくる。運転手のヨーロッパ系カナダ人の女の人にこの住所、知っているかと聞くと、

「詳しいことはわからないわね。でも、多分ここから歩けると思うわよ。この車でつれていくことはできないわね。もしわからなくなったら、だれかに尋ねれば、教えてくれるわよ」

とそっけない答え。

――あんたのホテルまでつれていってくれてもいいじゃねえか、まったく。

仕方なく総重量40キロのバックを背負って歩くことに。大きいバックひとつに、ノートパソコン、カメラなどが入っているバックがひとつ、そしてウエストポーチふうのバックがひとつ。しめて50キロ。重い。と

りあえず、空港からダウンタウンの入口までの約一キロの小雪が降っている道のりを歩くことに。文明社会にどっぷりつかっている私は、

「なんでタクシーねえんだよ。ふざけんなよ。なんで歩かなきゃいけねえんだよ」

とぶつぶつと文句をいいながら歩く。

親切な男ふたり——ピーターと車で送ってくれたホテルの運転手、ありがとう!

ダウンタウンの入口のディスカバリー・ロッジ・ホテルのまえで、イヌイットの男性にこの住所のありかを聞く。すると、

「この住所、(遠くを指差しながら)丘の上のほうだぜ」

という。

——まじかよ。

ぞっとする。

するとこの男性、

「おれが手伝ってやるよ。その家までつれていってやる(一緒にいる娘と妻を見ながら)いいよな?」

という。なんと優しい人なんだ。彼は荷物を持ってやるといったが、荷物を持ってもらうのはわるかったので、自分で持って彼に案内してもらう。途中、フロビッシャー・インFrobisher Innという丘の上にあるホテルのシャトルバスが通る。彼がその車をとめて、おれを乗せてくれないかと交渉してくれる。車は止まり

私を乗せてくれることに。彼、本当に親切だ。名前はピーターという。車はフロビッシャー・インでほかの客を降ろしたあと、私をその家までつれていってくれる。住所を見ながら丁寧に探してくれる。これがかなり遠いんだ。運転手が、

「この距離をおまえ、歩こうとしてたんだぜ。とてもじゃないが無理だろう」

という。私がピックアップしてもらったところから車で10分ほど。距離でいうと5〜6キロといったところだろうか。しかも坂だ。あの荷物を持って歩いたら、1時間半から2時間ぐらいかかっただろう。考えただけでもぞっとする。あのピーターは、もしホテルの車が通らなかったら、ここまでつれてきてくれようとしたのだろうか。本当に、本当にピーターありがとう。そして、運転手の人も。運転手には、チップを10ドル渡す。

こうやって、やっとのことでポールの家にたどり着いたのです。ポールについては明日書こう。

やっと開通したメールを読み、日記を書き、就寝。時間は夜中の2時。

タクシー代　1280円（16ドル）■宿泊費　約28800円（約360ドル）※1泊160ドル、2日分＋消費税など もろもろの経費を加算■お菓子代　約320円（約4ドル）■チップ代　800円（10ドル）■計31200円

きまじめポールを紹介しよう。

［3月1日（木）］

朝11時半ごろ起床。ポールは朝5時ごろから起きていたらしい。

ここで、ポールの紹介をしよう。彼はインテリ・ロザリー女史の友だちで、女史とおなじニューファンドラ

⬆きまじめポールを紹介しよう。

ンド州出身。ちなみに兄弟は海軍で働いている。ノースウェスト・テリトリーの政府のオフィスで働いていたんだけども、ヌナブトの誕生とともにイカルイトにあるヌナブトの政府のオフィスに飛ばされた不運な男。じつにまじめな人――きまじめポール。日本でいう大蔵省みたいなところで働いている（Department of Finance and Administration, Manager of Budgeting）。彼いわく、僻地勤務の任期はあと3年間。もう1年働いているので、2004年に帰れるのだそう。

――長い赴任期間で大変だな。

家族は妻に息子、娘の4人家族。家族はイエローナイフにいるため、単身赴任でイカルイトにきている。

インテリ・ロザリー女史に、

「彼はヌナブトに飛ばされた不運な男だね」

というと、女史、ニヤッとし、

「そうね、彼はついてないわね」

↑ポールの家はひとり暮らしの男の部屋とは思えないほど、きれいに片づいている。

という答えが返ってきた人だ。

本人に聞いてないから内心はわからないが、ヌナブト・イカルイトにいることは本意ではないはずだ。小柄で無口な男。働き者ジェームスと違い、必要以上のことは、そんなにしゃべらない。考えてみれば、日本にあてはめると、北のA県で働いていた地方公務員が、単身赴任でさらに北のB県に飛ばされたようなもん。家族とイエローナイフで釣りをしたりして、楽しく過ごしたいはずなのに、こんな〝辺鄙《へんぴ》〟なところにいるのだから、内心は穏やかではないはずだ。それに、そんな地方公務員の50歳ぐらいのオッサンが、おしゃべりだったら逆に恐い。まあ、私から見れば、A県もB県も「どちらも北に位置する県」というだけのことで、南にあるほかの県となんら変わらないように、イエローナイフもイカルイトも北にあるだけ。そんなに変わるもんじゃないけど……(こんなことといったら怒られそうだな。誤解のないように私の個人的見解を述べれば、どちらも僻地ではない。個人の気持ちの持ちようの問題。いわばA県で働くのが好きな人が、B県出向を嫌がっているというだけの話)。

彼の家はダウンタウンから歩いて20分から30分ぐらいのところにある。家はひとり暮らしの割に広い。大きい20畳ほどの居間に、10畳ほどの個室がふたつ。それに、広めのユニットバスがあり、ワイン、ビールなどが置いてある物置がある。そして、裏口につながるドアが。ひとり暮らしの男の部屋とは思えないほど、きれいに片づいている。キッチンなんかもピカピカで、食器なんかもきれいに並べられている。かといって、そこで料理をしないというわけでもない。ちゃんと料理もする(今日の夜は彼が食事をつくってくれた)。私がくるから掃除をしたということも考えられるが、きれいに片づいている。かなりのきれい好きと思われる。

1年ぶりのイカルイト……大都会で閉塞感に襲われる私。

昼はおかゆをつくって食べる。食事を終え、出かけようと思っていると、きまじめポールがランチタイムに家で食事をするために帰ってきた。彼の仕事時間はだいたい朝8時に出勤し、早い日は5時ごろ、遅い日でも6時ごろに帰宅というのが日課らしい。かなりハイパーな犬を飼っている。名前はマギー、1歳、メス。なにがハイパーかというとにかく元気で、やたらと噛んでくる。もちろん、本気で噛むわけじゃなく、遊ぼうとして噛んでくるわけだが、これがけっこう痛い。私はそれで手が切れてしまい、今負傷中だ。

きまじめポールがオフィスにいくついでに、車でダウンタウンまで送ってもらう。時間は午後1時。まず

⬆1年ぶりのイカルイトの町の中心地には、まえの年とおなじようにスノーモービルがあふれ、あいもかわらぬ建築ラッシュ。そんななかで、私は……。➡

は観光案内所へ。とくに去年と変化なし。もらった地図には多少の変化がある。どうやら、ホテル、B&Bが増えたみたいだ。

町を歩くことにする。若干家が増えたような気がする。普通の住宅だけでなく、オフィス・ビルのようなものも増えているようだ。

出版社にいく。父に頼まれた用件と、メールで頼んでいた「ヌナブトの知事、ポール・オカリックに会えないか」ということを確認するためだ。私が会おうと思っていた副社長スティーブン・ロバーツはいない。4時ぐらいに戻ってくるという話なので、またくることにする。

イカルイトの町を1年ぶりに歩く。レゾリュートにいたせいもあり、田舎から都会に上京してきた者の独特の閉塞感を味わう。まえにアークティック・カレッジの先生がいっていた、「ヌナブトのほかの町からきた生徒は、このイカルイトの大きさに翻弄《ほんろう》されて、ほとんどが鬱病《うつびょう》になったりして、地元に帰ることが多い。なかには自殺する人まで出る」という気持ちがわかる。もともと〝鬱病《うつびょう》ふう無気力感愛好者〟の私は、レゾリュートでの楽しい1週間（今思うと）を考えると、この町の〝都会さかげん〟に嫌気が差してくる。

スーパーを見てまわる。やはり、でかい。私が今住んでいる場所にある某大型スーパーと匹敵するぐらいのでかさ。相変わらず、物価は高い。東京の1・5倍から2倍ぐらいといったところだろうか。

お腹がすいたので、この町で唯一中華料理が食べられるホテルのレストランへ。ここにはまえに、父と何回かきて、店の主人と顔見知りになった……はずだが、彼、全然私のことを覚えていない。

「日本人ですか？」

とまでいう始末だ。去年の出会いを説明するが、

「この日本人。なにをいっているんだ？」

という顔でこちらを見る。この出来事がまたここの〝都会さかげん〟に嫌気が差している私の憂鬱《ゆううつ》な気分に拍車をかける。

4時になったので、出版社にいくことに。彼は忙しいらしくてまだ帰っていない。彼は、去年も開かれた

「トレードショー」のプロデューサーをやっている。これが金、土の明日、明後日と開かれるので、ちょうどオープン直前の忙しさ。名刺と今いる滞在先と、伝言を残して帰ることにする。帰りに去年はまった冷凍カリブーと燻製《くんせい》チャーを買うため、イカルイト・エンタープライズというおなじみの店にいく。閉まっている。時間が遅かったかなと思い看板を見ると、「3月14日まで休みます」という文字が。大ショックを受ける。これを楽しみにしてイカルイトにきたのに……。今日の予定では、〝北の大地や海が生んだ恵み食品〟をサバイバル・ナイフで切りながらビールを楽しみ、前半戦の疲れをここで取ろうと思っていたのに。イカルイトの〝都会さかげん〟と、この出来事が重なり、なにもやる気を失う。人と接触するのも疲れた。

歩いてきまじめポールの家に帰る。途中、小さなコンビニみたいなところで買い物をしていると、子どもに話しかけられる。

「(帽子に書いてある日本語の漢字を指差しながら)これ、なんて書いてあるの?」

「〝友・とも〟だよ。意味はね、〝フレンド〟って意味だよ」

と教えてやると、「クール!」といって喜ぶ。

きまじめポールとテレビで議会のやりとりを見る……これが、おもしろいんだ!

5時半ごろきまじめポールの家に着く。まもなくして、きまじめポールも帰ってくる。大きな買い物袋を4つ掲げながら、困惑した表情でいう。「本当にここは物価が高いよ。これだけで、120ドル(約1万円)

もするからね」

　きまじめポールが夕食をつくってくれる。ライス、パン、鶏肉を煮たもの、野菜の炒め物。私はコーラで、きまじめポールは牛乳。けっこう、おいしい。私は残さずすべてを食べる。彼が食事をつくってくれたので、私が洗い物をする。食事後、お茶を飲みながら、彼と一緒に今日の昼ごろ行われたヌナブトの予算審議会議（正式名はわからないが、日本の国会で行われている質疑応答みたいなことをやっている）をテレビで見ることに。

　この予算案の審議がまたおもしろいんだ。ヌナブトの知事と閣僚たちと、それぞれの町からきているMLA（Member of the Legistlative Assembly＝議員）の代表で行われる。MLAは全部で17人。英語をしゃべっていたと思っていたら、突然イヌイット語に切り替わる。もちろん、そのテレビ中継には通訳がついている。英語にイヌイット語の通訳はつかないが、イヌイット語には英語の通訳がつく。生放送でないのだが、彼らはいきなりイヌイット語をしゃべったり、英語をしゃべったりする。それに対して、あわてて通訳もつく。彼らはもちろん、両方の言語を流暢《りゅうちょう》にしゃべることができる。きまじめポールに聞く。

「なんで彼ら、いきなり英語からイヌイット語、イヌイット語から英語に変えるの？」

「わからないね」

　とそっけない答え。本当に見ていておもしろい。通訳も油断することができない。はじめに演説をした委員長みたいな人はヨーロッパ系カナダ人。彼は英語でしゃべる。途中からイヌイットの人が話し始める。彼はイヌイット語でしゃべる。もちろん、委員長みたいな人以外にも、ヨーロッパ系カナダ人の閣僚の人もいる。MLAの代表のなかにも、ヨーロッパ系カナダ人がいる。彼らは英語しかしゃべらない。きまじめポー

⬆イカルイトの高台にあるこのアストロ複合ビルのなかに、映画館・ホテル・プールなどが入っており、警察署を含む政府関係の諸設備もこの丘の上に集まっている。

ルの話だと、このエリート・コーカソイドたちは、じつはイヌイット語もしゃべれるとか。イヌイットの人たちは話の途中でいきなり、言葉を切り替える。

ひとつおもしろいやりとりがあった。どこかの町のMLAの代表のイヌイットの老人と、閣僚の女性のやりとり。最初はイヌイット語で質疑応答をしている。すると、いきなり女性のほうが3回目の応答から、英語に切り替える。それを聞いた、質問している側のイヌイットの老人も英語に切り替える。いきなり切り替えたので、ある英単語が出てこず、場内から笑い声が聞こえる。

知事のポール・オカリックもいる。彼はイヌイット語の質問でも、英語の質問でも、私が聞いている範囲では、英語ですべて答える。最後に、なにをいっているかわからないが、ひとこと、ふたことだけイヌイット語をしゃべる。断固として、英語をしゃべらないのが、文部大臣Minister of Educationの大柄な男。どっちの言葉の質問であれ、イヌイット語で答える。英語もきっとペラペラなのだろうが。このやりとりを、テレビで辞書を手元に置きながら、1時間ほど見る。そのあと、シャワーを浴び、日記を書いて、夜2時ごろ就寝。

余談。去年いこうと思っていたが、時間の都合上いくことができなかったレッド・ドアRed Doorというアルコール・ライセンスを持たず、違法に経営をしているバーが、きまじめポールによると1か月まえに潰れた、というよりも閉店させられたそうだ。違法にもかかわらず、東京・新宿とかなら話は別だが、こんな小さな町で1年近くも営業していたという事実もすごい。オーナーは教師だったのだが、教師の職を剥奪され、今はもうこの町にいなくてモントリオールにいったとかいってたかな。彼に会ってみたかったのだが、これで彼に会うのもむずかしい話になったたな。

昼食代（ルーベンサンドイッチ、コーラ）　800円（10ドル）■ジュース代　約240円（約3ドル）■買い物代（グレープフルーツジュースふたつ、オレンジジュース、ドクターペッパー、コーラ、グレープ炭酸、プリングルス、パイナップルオレンジジュース、コーラフロート）　1313円（16ドル42セント）■計2353円

前半戦、終了。〝今と昔の生活方式の共存状況〟を探ること――「思いつきテーマ5」

［3月2日（金）］

なにもなし。きまじめポールの家でごろごろと〝鬱病《うつびょう》ふう無気力感〟を満喫する。昼はレトルトカレー。

⬆イカルイトのレストランで、あれこれ、これからのヌナブト研究のテーマを思索する。

夜はきまじめポールが、チキンを調理し、それにポテトとニンジンを添えた料理と手製のパンをつくってくれる。

前半戦終了。ここまでにいろいろと思いついたことがある。それを簡単に書いてみようか。

まず、今は一応この旅の名目上は、「ヌナブトを勉強するにあたってのテーマ探しの旅」ということにしているが、だいたいテーマが絞られたというわけではないが、やってみたいことが見つかった。今回のレゾリュートでの経験が私には役に立った。本多勝一さんが、『カナダ・エスキモー』を書くにあたって、できるだけ伝統文化やトラディショナル・ライフが残っている地を探して、滞在しようとしたのに対し、私がおなじことをやっても意味がない。現に昭和女子大学大学院教授スチュアート・ヘンリ先生や国立民族博物館助教授岸上伸啓先生などが、ヌナブトのペリー・ベイPelly Bayというところでフィールド・ワークをおやりになっているという話を聞いた。

私は、この文章にもまえに書いたが、〝モダン・ライフとトラディショナル・ライフの共存〟というのをテーマにあげたいと思う。州都のイカルイトのように、レゾリュートでは、モダン・ライフが入りすぎていてもおもしろくない。かといって、トラディショナル・ライフに偏りすぎているのもおもしろくない。かつ、日本人に多少なじみがあり、そうかといって、ただの観光客がいかない場所……レゾリュート。この場所はおもしろいと思った。人口200人。すべてを観察するのには手ごろな大きさの場所だ。私がもし英語が流暢《りゅうちょう》であるならば、イカルイトに滞在し、政府機関で働いている要人に話を聞くのはおもしろいと思うが、今の私にはまだ早すぎる。そして、それだとテーマが広すぎて漠然としすぎてしまう恐れがある。それとこの〝都会さかげん〟もあんまり好きではないし……。この旅行中イエローナイフで日本人の社会人の女性ふたりに、「そんな北に人が住んでるんですか？　なんか氷の家に住んでるんしか想像つかんわ」といわれたように（もっと勉強している人はこんなことをいわないと思うが……）、そのぐらい情報が乏しい。もちろん、この場所はしょっちゅうテレビクルーもきているし、そんな氷の家などとんでもない。皮肉っぽく書くならば、氷の家は、日本人がオーロラ鑑賞をするために待つ場所として、イエローナイフにたくさんあるのではないだろうか。それはいいとして、レゾリュートでは、モダン・ライフも垣間見れる（**まえに書いた文章参照**）。とにかく、いろいろと興味深かったことはたしかである。（学生なので、そんな長期間というのはむずかしいと思うが）そこに滞在し、観察できたらおもしろいと思った。ここなら英語とイヌイット語の勉強にもなる。今のイカルイトにいる私と、レゾリュートにいる私とでは、どっちが「イヌイット社会に入りこめているか」は、この一連の文章を読んでいただければ明白だと思う。無論、今はちょっと中だるみ状態で、ここの現地社会に入りこむ努力はしていないのだが……。

そして、もうひとつ。

きまじめポールにもイエローナイフにあるゴールデン・レンジ・バーについて聞いた。あの冷静沈着なきまじめポールがこの名前を聞いて、

「おまえ、あそこに泊まりたいのか！　信じられないね。いくだけならまだしも、泊まるなんて……。日本人があんなところに泊まったら……おれは知らないね。そんなこと薦められないよ」

と少し私を軽蔑するかのようにいう。今回結局、根性なしの私がびびっていかなかった場所……ゴールデン・レンジ・バー。イヌイット、デネなどの先住民のアルコール問題が騒がれるなか、ここに滞在すれば、おもしろい「アルコールと少数民族」についてのルポが書けるのではないかと思った。

上村博道さんの北極点徒歩到達のサポートをすること——「思いつきテーマ6」

そして、最後に。

これはヌナブトとは遠くかけ離れるのだが、私が今回レゾリュートで知りあった日本人、上村博道さん。2年後か3年後に北極点徒歩到達を目指している。そのとき、大学での単位が順調に取れていれば、私は3、4年生（ヌナブトの現地フィールド・ワークに本腰を入れながら、大学の全単位を規定の期間内に全科目取るのは、むずかしいと思うけど……）。私自身徒歩で北極点にいこうなどと、到底思わないし、その力もない。そこで、彼に対するオファーは簡単。私は違う目的でレゾリュートにいく（さっきあげた計画）。そして、なんらかのかたちで彼の手伝いをボランティアでする。その代わりに、こちらの条件として、かなり浅はかな

考え方なのだが、彼が北極点に到達したときに、飛行機で北極点にいくサポート部隊に、私も便乗して北極点にいきたいという提案。なんにも意味はないのだが、ただ北極点というものを見てみたい。これは、ただの夢物語。だが、北極点に立てないにしても、いろいろとレゾリュートで手伝ったらおもしろいかも。

なによりも現場主義——テーマが見つかったあとのイメージ作戦の展開。

さて、上村さんのサポートの件も含めて、まだ「テーマ探し」の最終結論は出ていないのだが、見つかったあとは、総論としてなにがなんでもイメージを大切にしようと思っている。その各論は……これからのお楽しみ!……などと、もったいをつけることはないか……正直に書けば模索中。

そして、なによりも現場にいくこと。

文献で徹底的に調べに調べるという方法もあるけども、これは、努力を嫌う私にとってはなによりも大変。人とおなじ土俵で、ライバルが多いなか、人1倍、いや、人2倍ほどの努力が必要だから。現地に足繁く通うことに、努力がいらないといっているわけではない。質の違う努力をするだけ。そして、これもイメージ作戦のひとつ。文献にはない生の情報を自分でつくる。文献で見るのではなく、自分の行動が文献になるぐらいの勢いでやる(ちょっと、力みすぎだな)。そして、あとから既存の文献を調べ、ひとつひとつたしかなものをつくっていく。もちろん、両方やる人がいちばんすごい(現に本多勝一さんなんかは両方を兼ね備えている人。学者が持っている資質のひとつである緻密なデータ採集力にもすぐれ、それを検証したり発展させたりする行動力も持っている。さすが、梅棹忠夫先生の弟子だ)。おれは両方を器用にやる力が今はない。

だから、親が生きていて、全面的ではないにしても金銭的なバックアップをしてくれている今、〝現地にいくこと〟をやっている。これは、あとからやろうと思っていてもなかなか簡単にはできないから、今、できるうちにたくさんやっておく。

だからといって〝社会〟から逸脱しすぎることをやっても意味がない。ひとりよがりになるだけだ。それを、一定の社会のレールに乗せながら、かつ、少しレールを踏みはずしたものをつくる。踏みはずしたもの、というのは〝脱落（ドロップアウト）〟という意味ではなく、違うレールに乗っているという意味。新しいレールを自分でつくる。インサイダーに踏みとどまりながらのアウトサイダー的見地――なんていうと、ちょっと格好よすぎるか。でも、こういうのって口でいうのは簡単だが、実際に実行するのはむずかしい。でも、楽しい作業でもある。

イメージをつくる➡現場にいってデータを集める➡それを事実にそって、イメージをわかせながらクリエートする➡そして、それをわがキャッチフレーズ『手で考え足で書く』方針で表現する……大変だなあ、いろいろ。イメージ能力、リサーチ能力、クリエイティブ能力、表現力、そしてなによりも努力……結局は人間、最終的には〝才能〟なんかじゃなしに、〝努力〟なのかと、ふと考える。

＊出費なし

1年に1回のヌナブトのトレードショー。

［3月3日（土）］

朝8時半起床。朝食に、簡単にパンを食べて、きまじめポールと一緒にトレードショーにいく。一年に一回のビジネスショー。これを見にきたわけではないが、運よく見ることができる。ヌナネットのブースはない。なんでないのだろう。

——もしかして、なんでも手がける例の出版社と仲がわるかったりするのかな？

会場では資料集めに没頭する。出版社の副社長と会う。しかし、彼は忙しいみたい。一応用件だけ伝えるが、どうなることやら。12時ごろここをあとにする。きまじめポールに少し町を案内してもらったのち、彼の家に帰る。大好きなカーリングを見る。このスポーツ、なんかむずかしいようで、むずかしくなかったり。夕食はきまじめポールがパスタとチキンをつくってくれる。

この1年間で〝無機質〟な家が増えたイカルイト……家不足と飲酒問題は、本当に深刻。

今日イカルイトを車で見てまわった感想ときまじめポールと交わした会話。

1年間で本当に〝無機質〟でセンスのない家が多く建った。市内から少し離れたところにある家は、ほとんど今年1年間で建った家だときまじめポールがいう（ちなみに、値段は4人家族が住むような家で30万ドル、2400万円。私がもし小さい家を1か月借りるとしたら、8万円ほど）。私の目から見ても、明らかに去年はなかった真新しい家が立ち並ぶ。

きまじめポールいわく、

「ヌナブトの問題は家がないこと。明らかに家が足りなすぎる。このへんの家（50軒ほどある家をすべて指しながら）はすべてここ一年のあいだにできたもの。本当に建設ラッシュだよ。あとは、アルコール問題。この問題も深刻だね。仕事がない？　そんなことはない。ヌナブトにはいたるところに仕事があふれているよ」

人口も増えている。イカルイトでは、ヨーロッパ系カナダ人とイヌイットの比率は5対5。

人口もたしかに増えている。今は6000人近くの人がこの町に住んでいるとか。4年まえは3500人の町だったのに。どんどん大都市になる。イカルイトではそれにともない、ヨーロッパ系カナダ人とイヌイットの比率が5対5ぐらいになりつつあるのではないかと思う。みんなここにくる人間はヌナブトのほかの部落からではなく、南（オタワ、モントリオールなど）からビジネスをするためにくる人間。町を歩いていても、たしかに5対5ぐらいの感触だ。仕事があるのは、ヨーロッパ系カナダ人だけ。イヌイットは仕事もないし、仕事もできない。まえにオーロラ・ツアーの鈴木さんもいっていた。

「原住民（発言ママ）の人を雇おうとしたんだけども、彼らは3日ともたない。お腹が痛いだとか、頭が痛いだとか4日目には、なにかといい訳をしてこなくなる。そして、9時に始めますよといったら、彼らは9時にくる。こっちの感覚では8時半に集合して、9時に仕事を始めたいんだけどね。それを、いっても彼らはなかなか理解してくれないんだ。あんまりきつくいうと、『あんたは私を殺す気か！』とまでいわれちゃうしね。なかなかむずかしいですよ」と。

ほんと、もう、疲れちゃったよ！――「鬱病《うつびょう》ふう無気力感愛好者」なんていっているけど、これが本音。➡

――やっぱり、むずかしいのかな。彼らのいい分も聞いてみなければな。現に私が旅をしていて、仕事をできない場面に何回かでくわしているし……なんともいえない。仕事はあるが、イヌイットには仕事なし、なんてことはないよな、きっと。そう願いたい。

政府のトップたちはイヌイットだが、それを動かす官僚はヨーロッパ系カナダ人たち。

そして、知事のポール・オカリックについて、きまじめポールの意見。

「彼は人気があるよ。スマートだしね。弁護士でもあるし、よくやっていると思うよ」

とヨーロッパ系カナダ人の官僚の人間からお褒めのお言葉。きまじめポールいわく、彼はイヌイットで唯一の弁護士。この資格を持っているイヌイットは彼以外にいないそうだ。任期は4年間。

――あと2年か。もう1期、彼はやるのかな。

＊出費なし

郊外の滞在先、タクシーがスト中、無気力——3つの理由で出無精になっている私。

［3月4日（日）］

休日。どの店もやっていない。本来なら夜な夜なバーとかにいって〝聞き取り調査〟をしたいという気持ちもあるのだが、きまじめポールの家がダウンタウンから遠いうえにタクシーがストライキ中で私が〝鬱病《うつびょう》ふう無気力感愛好者〟であるという3つの要因が重なり日本にいるときみたいに〝出不精〟になっている。できるかぎり人と接したくないというのが、今の心境だ。きまじめポールの家にこもってテレビでカーリングを見ているか、マギー（犬）と遊んでいるか、コンピューターでこうして文章を書いているか、きまじめポールのおいしい料理を食べているか、寝ているか……。

長い休暇は終わりだ。明日からまた気を取り直してフル活動期間に入る。

——明日の予定は……まだわからん。とりあえず、予算案審議でも聞きに政府の建物にでもいこうかな。なにかおもしろい発見があるはずだ。

＊出費なし

州議会見学。おっ、知事のポール・オカリックもいる！

［3月5日（月）］

朝10時ごろ起床。シャワーを浴び、朝食をとる。いつものように、12時ごろきまじめポールが家に帰ってくる。昼食を食べ終えたあと、きまじめポールに町まで送ってもらう。タクシーが街じゅうを走っている。1週間つづいたストライキも、粘った末、町に軍配があがる。ストライキの原因は、ヌナブト・イカルイトにおけるガス代の値あげが引き金だったとか。タウン・オフィスのまえで降ろしてもらう。市長との面会のアポを取ろうと思い、ビルのなかに入っていく。受付にひとりの眼鏡をかけたイヌイットの男がいる。名前はジョセ・アレークJose Arreak。市長は午後3時まで出かけていていないという。伝言と今いる滞在先の電話番号を残して帰る。

つぎに向かったのは、州政府の建物。ここで、いつも質疑応答形式のミーティング――州議会が開かれている。今日の開始は午後1時半。私はこのミーティングを見るため、1時43分ごろいく。

――おっ、やってる、やってる……。

と思いきやすぐに終わりそうな感じ。手元にある資料には、たしかに1時半開始と書いてある。しかし、ぞろぞろとMLAの人たち、州の閣僚のメンバーが会議場から出てくる。州知事のポール・オカリックの姿もある。話しかけるチャンスだと思ったのだが、チャンスを逃す。一瞬躊躇《ちゅうちょ》してしまった。情けない。

どうやら会議は終わったようだ。まだ、15分しか経っていない。

――どうしたんだろうか?

警官射殺事件のために、急きょ、議会は中断。

あとからわかったのだが、今日、イカルイトのあるバフィン島西部にあり、イカルイトの隣町のケープ・

ドーセットというところで、発砲事件があり、警官が撃たれて死亡するという事件があったため、急きょ会議を中断したらしい。

州政府の建物をあとにし、ヌナブトの犯罪について聞くために、RCMP（カナダ騎兵警察隊＝警察署）にいく。ところが、ここはもっと大騒ぎ。

この銃社会でないカナダ、かつ、冬は飛行機とスノーモービルと犬ぞりでしか逃げられない人口一一〇〇人の氷と雪で囲まれた町で殺人事件が起こったのだから、州都の警察署は問い合わせに答えたり、会見を開いたりやらで大慌てだ。ことの真相をくわしく聞こうと思っても、相手に余裕がないので、らちが明かない。こっちも、本職のベテラン社会部記者じゃないし……。

仕方ないので、通りすがりの警官にちょっと視点をずらして、イカルイトでの犯罪について聞いてみると、

「犯罪？　今日、殺人事件があったばっかしだぜ。でも、このような事件はそうめったにない。まったくないとは、いいきれないけどね。よくある犯罪は、やっぱし、暴行・けんか（assult）だな。アルコールが絡んだけんかが多いよ。年齢は年老いたやつに比べると、若いやつが多い」

との答えが返ってくる。

彼も少し話したあと、忙しそうに足早にどっかにいく。

RCMP殉職警官のこのニュースを日本語でサーチ（検索）できるなんて……。

——なんという時代なんだ！

あっちこっちのサイトを、いつものようにしつこく検索していたら、『カナダの出来事』というウェブサイトに『200人目のRCMP殉職警官――家庭内争議の犠牲に――』というタイトルで、つぎのような一文が掲載されていた。原文のママ、それを転載する。

『ヌナヴート準州の首都イカルイトから400kmほどのケープ・ドーセット（人口1100人）で、3月5日（月）早朝、家庭内の争いの仲裁に駆けつけたRCMPの警官が撃たれ、近くの診療所に担ぎこまれたが、まもなく死亡した。亡くなったのはユルゲン・シーウォルド巡査（47）で、26年の経験をもつベテラン警官だった。

容疑者は別の建物にバリケードを築いて立てこもったので、RCMPはイカルイトから15名の警官を空路派遣し、住民には家から出ないように指示。学校や店、役場なども1日閉鎖された。警察はラジオを通して投降を呼びかけ、ついに男は同日夜、投降した。人質はとっていなかった。

警察は同市の市長の兄、サラモニー・ジョウ（46）を第一級殺人罪の容疑で逮捕した。彼は仲裁に入ったシーウォルド巡査と言い争いになり、かっとなって発砲したのだが、その時、早朝にもかかわらず、かなり酒に酔っていたらしい。家庭内の抗争は何をするかわからない分、ドラッグ関係の手入れなどよりも警官にとって危険なことが多いという。

ケープ・ドーセットはバフィン島南西の入り江にある小さな町で、イヌイットの彫刻で有名であり、比較的豊かな町だ。しかし、収益のほとんどがアルコールや麻薬に費やされるという深刻な問題もかかえている。

1999年にこの部署で処理した900件をこえるトラブルのほとんどは、性犯罪、家庭内暴力、盗みなどで、「どの家にも銃はある。酔っ払うと何をしでかすかわからないので、いつも防弾チョッキを着用しているのです」とここの署長は言っている。「酔ってさえいなければ、ここの人たちは本当にとてもいい人たちで、警察の仕事なんて全くないほどなんですが」

ケープ・ドーセットはいわゆる「コントロールド・コミュニティ」で、酒類の購買、持ちこみが規制されている。酒類が買えるのは、長老によって「責任感あり」と認められた者に限られており、しかも35日間に、リカー1・2リットルのボトル3本か同等のワイン、ビールしか買えない。しかし、この規制は闇の売人を生み出し、その値段は375mlで100ドルというものから、1・8リットルで1000ドルというものまである。ドラッグの売買もあり、警察ではここだけでも30人近くのストリート・レベル（末端）のドラッグ・ディーラーがいると見ている。（中略）

アルコールと薬物の問題はどこも共通だ。

ラブラドールのイヌイットも同様で、昨年の秋にガソリンを嗅いでいる子どもたちの衝撃的な映像がテレビで放映された。その子どもたちは今リハビリを受けているが、村に戻ればまたすぐにガソリンやシンナーを嗅ぐようになるだろうと予想されている。デイヴィス・インレット（人口600人）のチーフによると、169人の若者のうち、154人が過去にシンナーなどを吸ったことがあり、そのうち60人は今でも毎日吸っているという。大人はほとんど皆が昼間から酒びたりで村の文化は荒廃しきっている。（中略）

シーウォルド巡査は'75年にRCMPに入り、'70年代の終わりにノース・ウェスト準州で勤務したことがあるが、その後ノヴァ・スコシアで22年勤務、昨年10月に志願してこの僻地へ赴任した。'93年に旧ユーゴでピース・キーパーとして6ヶ月間勤めたこともある。赤毛で大柄、温厚な性格の巡査は、ジェントル・ジャイアントと呼ばれて人びとから親しまれていた。彼は1873年のRCMP創設以来、200人目の殉職した警官となった。2児の父。』(http://www.yahho.com/pages/canada.html)
……あくまでウラを取っていない出所不明のインターネット情報の転載である。どこまでこの情報が信用できるかは、不明だが、とにかくこうしたインターネットの素早い情報にはビックリ。

町が大きくなってしまうと、わるいやつも出てくる。

警察署をあとにし、町の写真を撮りながら、ぶらぶらする。非常に天気がいい。空に雲ひとつない。町を歩いていると、私より明らかに年下（13歳〜18歳ぐらい）の子どもたちがすごい勢いでスノーモービルを飛ばして走っている。だいたいはふたり乗り。3人で乗っているときもある。ちょっと油断して歩いていると、ひかれそうな勢いだ。日本にいる暴走族がバイクに乗っているのと一緒である。そして、ロサンゼルスなどでよく見かける（もちろん、渋谷、新宿、池袋などにもいる）ギャングの格好をしたイヌイットの若者をしょっちゅうではないが、ほんのたまに見かける。坊主頭に赤いハンカチ、スカーフを巻き、サングラスをかけ、アフリカン・アメリカンのラッパーがする格好をしている。こっちを威嚇するかのようにじろりと睨《にら》みつける。

――やっぱり、これぐらい町が大きくなってしまうと、わるいやつも出てくるわ。若いやつのけんかが多いというのも、わかるよな。

とそれを見ながら思う。しかし、この地で犯罪を犯しても逃げようがない。まわりはひたすら氷と雪の世界。ヌナブト最大の町といっても、飛行機から見れば、白いなかにあるほんのちっちゃな黒い点。車で逃げようにも道がない。かといって、スノーモービル、犬ぞりで逃げるとしても、そんななんの準備もなしに、町の外に出て、えんえん何百キロかの氷の世界を逃げようなんて、みずから、死刑囚になるようなものだ。もちろん、飛行機で逃げられるはずもない。ただひたすら町のなかで捕まるのを待つだけ。犯行がばれなければ、別の話だが……。

いくら町が発展したといっても微々たるもの。日本から観光客がきたら、この町の狭さにはびっくりするだろう。その気になれば、1日で町のなかを歩いて見てまわれてしまう。どこまでこの町は大きくなるのだろうか。たしかに10年まえに比べたら、比べられないぐらい家が建っているし、町も大きくなっている。ここに、5、60年住んでいる人から見れば、それはたいそうな変化だろう。だが、この厳しい土地。発展するといっても限度がある。左を見たら海、右を見たら山。この町に私が10年後に訪れたらはたしてどうなっているのだろうか。どうなるにせよ興味深いことは事実である。

時間は午後5時。きまじめポールの家にタクシーで戻る。荷物を置いたのち、写真を撮るため、見晴らしのいい丘に登る。町の明かりがきれいに輝いている。レゾリュートに比べたら大都会だ。写真を撮り終わり家に戻る。きまじめポールが帰ってきている。テレビでニュースをやっている。例の殺人事件についてやっている。イカルイトにある警察署で会見が行われている。関係ないがカルフォルニアの学校でも発砲事件が起きたみたい。ふたりが死亡したとか。

――アメリカに比べたら安全だとされているカナダだからといっても、気をつけないとな。

食事をする。ビーフ、野菜を煮たもの、ポテトだ。

——今までずっとチキンだったからな、ありがたい。メニューを変えてくれて、ありがとう、ポール。

食器を洗い、寝る。

明日はいよいよグリーンランドだ。果たしてどんな土地なのだろうか。父が去年いったことで、情報が少しあるが、そんなに細かい情報まではない。いろいろと不安ではあるが、楽しみだ。

ここで突然、私の独断的ペット論——愛玩用に犬を飼うのは文明病。

イカルイトでの滞在で思ったこと。

犬について……イカルイトにくると軟弱な犬が増える。レゾリュートを歩いていてもそんなに目につかなかったが（レゾリュートのホテル・オーナーのアジジのところにいた白いシェパードぐらい）、この町は愛玩犬であふれている。きまじめポールの家にいるのも愛玩犬だ。外にも愛玩犬がいる。私がスーパーの裏手を歩いていると、ポメラニアンのような犬が私に吠えかかってくる。無視して歩きつづけたが、100メートル、200メートルとひたすらうしろを、吠えながらついてくる。あんまりうるさいので足に力を入れ、脅かしてやると尻尾を丸めて退散する。そして、また歩き出すとひたすら吠えながらあとをついてくる。このように弱いくせに吠えかかってくるような、犬ぞりをひけない愛玩犬がレゾリュートに比べ増えた。

実際、私も犬を飼っているし、わるいこととは思わない。ただ、動物を〝労働用（家畜）〟として飼うのではなく、〝ペット〟として飼うのは、文明国の証である。極論を吐けば、文明病である。昔のイヌイットたちは犬を〝ペット〟として飼うなんて発想はなかっただろう。彼らの生活が文明化した証でもある。北にいく

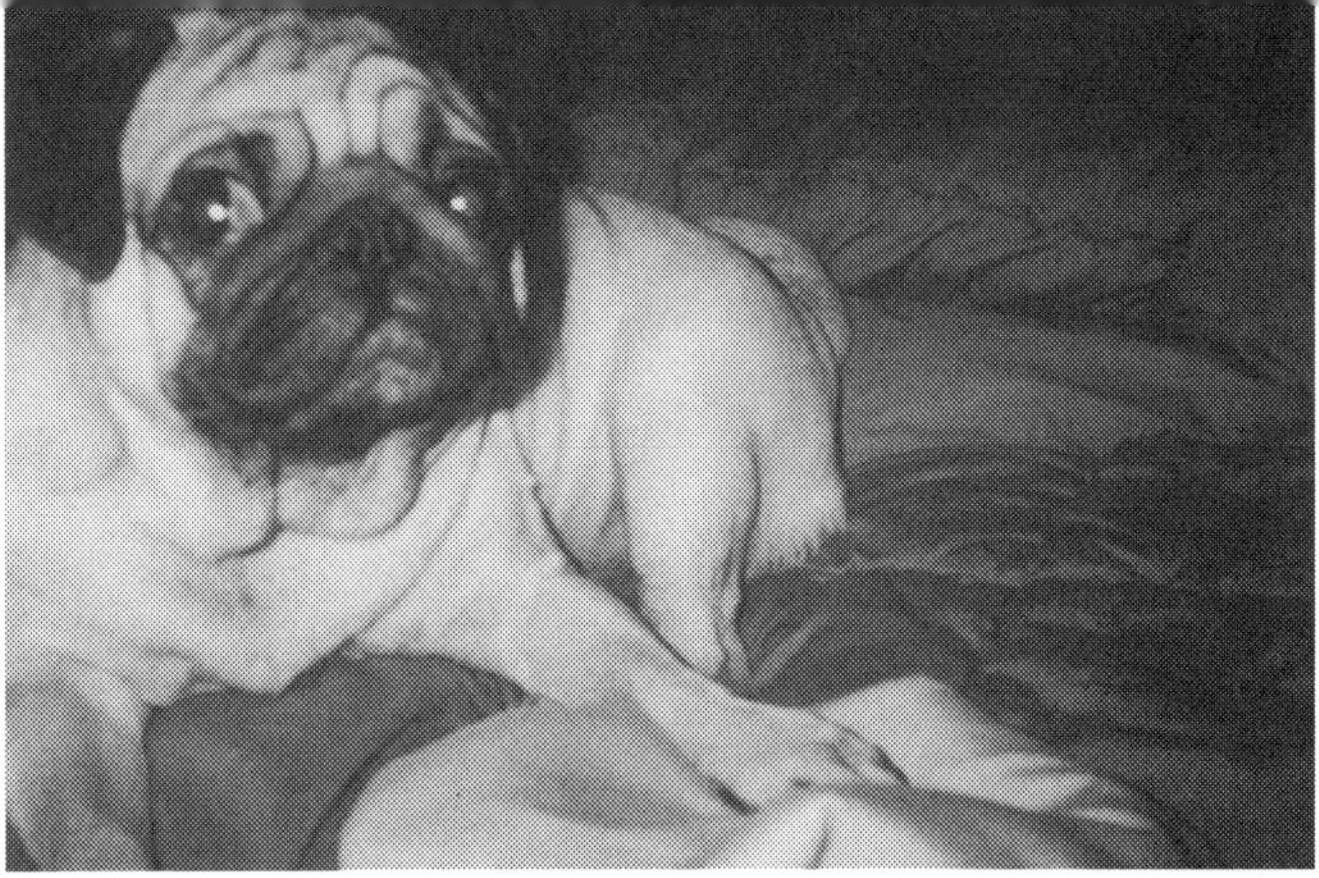

⬆私のもと愛犬チャラ（パグ種）……今は、ほとんど母の愛玩犬になってしまったが……。

きまじめポールのペット犬は生意気。➡

ほど強い犬がいるとは思えないが、環境からいっても、弱い犬は生き残れない。比率的には強い犬が多いはずだ。そして、南にいくほど、ペット化した弱い犬が増える。そして、南極までいくと、外からつれてこられるという条件つきだが、また強い犬が増える。

ここでくだらないことを考える。日本はあらゆる犬がいる平均的なところ。強い犬もいれば、弱い犬もいる。北と南には強い犬しかいない。ところが、文明病が北の果てまでどんどん広がって、弱い犬がイカルイトまでくるようになった。

きまじめポールのところにいる犬もじつに生意気だ。かわいいのだが、人の手を平気で噛み、吠えてくる。そこで、きまじめポールがいないときに少し〝制裁〟を加えてやる。前足を押さえて目を見据えて、日本語で「静かにしろ！」と怒鳴っただけだが……そうすると、頭を床につけ、私にひれ伏した。弱い犬ほどすきをみせるとつけあがる。だから、ペットといっても、ときには教育が必要なのである。過度ではない、適度の教育が……。

タクシー代　320円（4ドル）

さあ、グリーンランドだ！――カンゲルルススアークへ〔3月6日（火）〕

グリーンランド……遠いようで近いし、近いようで遠い国。なかなか観光客が訪れないのは事実である。

朝、荷造りをして軽くパンを食べて出発。きまじめポールが空港まで見送りにきてくれる。飛行機はファースト・エアー（7F－868）13時20分発、16時40分着（1時間20分のフライト、時差のため）イカルイト発、グリーンランドのカンゲルルススアークKangerlussaqゆき。どうしてもこの地名は読めない。人によって読み方も違うし、グリーンランドの地名はどれも発音するのに苦しむ。この便は週に1便、火曜日しか出ない。カナダに戻ってきたい場合は、嫌でも1週間グリーンランドにいなければいけないということだ。

出国のときに入念に時間をかけて私の荷物検査をした税関の役人が、ひとこと。

「詰めすぎだよ」

飛行機の機内。半分ほど座席があいている。70人ほど乗れる席は、半分の30人ぐらいしか埋まっていない。飛行機は今回はすんなり出発。イカルイトの町並みが見える。こうして見ると、レゾリュートほどではないけれども、この大きな町もやはり陸の孤島である。海と丘に囲まれた小さな小さな町。まわりはひたすら白一色。人が住むのに困難な土地に人が住もうというのはやはり大変だ。

どんどん町が小さくなっていく。そしてまわりは氷の世界となる。カナダからグリーンランドにいくのだから、当然海の上を飛んでいるはずなのであるが、いかんせん、どこもかしこも白いので海と陸地の区別などつかない。ひたすら凍っている海の上を飛んでいく。

一時間ほど経過。ごつごつとした雪に覆われた山が見え始める。かすかに下に青いものが見え始める。このへんだと海は凍っていないのだろうか。全部分ではないが、凍っていない海をひさしぶりに目にする。どうやらグリーンランドに着いたみたいだ。ひさしぶりの山を目にする。カナダ北極圏というのは比較的山が少ない。ひたすら平地が広がっており、ところどころ軽い丘程度の起伏があるくらいだ。そんなに細かに飛行機から見ていたわけでもなく、そんなに下まで見えるわけもないが、2回の旅を通してのそれが私の感想。犬ぞりなどで町から町へと移動したら、もっと体感的にわかるのだろうが。

飛行機がだんだん降下していく。両サイド雪に覆われていない山のあいだを器用に飛んでいく。凍っているがそんなに厚い氷でおおわれているようには見えない川の上を飛んでいく。

空港に到着。この空港は、山と山に囲まれている。海から川沿いにきたところに人工的につくられているといった印象の小さな町が、すぐそばにある。

空港ビルに入る。けっこうな人で賑わっている。この空港はカナダ・アメリカ側の玄関、そしてグリーンランドの西側の北に位置する町にいくときのハブ空港の役割を果たしている。耳を澄ましていると、聞こえてくるのはデンマーク語かグリーンランドのイヌイットの言葉。英語はほとんどといっていいほど聞こえてこない。

空港の端にある観光案内所にいってみる。カウンターにいる中年の男の人は、英語を流暢《りゅうちょう》にしゃべることができない。ここは、どうやら町のホテルのチェック・インはすべて空港にあるホテルカウンターですま

⬆もと米軍基地の施設を改良したホテル・トゥットゥの外観——父が昨年、ここにやってきてイカルイトにいた私に「ビック・ブラザーの世界」というメールを送ってきたが、今、その意味がわかったような気がする。

せる。そのカウンターでお金を換える。200カナダドルを渡し、975クローネ（Denmark Kroner）返ってくる。ここの掲示板によると日本円100円に対し、6・5クローネ（カンゲルルススアーク空港のホテルカウンターに張り出してあった掲示板による［2001年3月6日現在］）。ホテルの予約をすませる。この町でいちばん安いホテルを頼む。部屋はドミトリー式。荷物をピックアップしてバスでホテルへ向かう。

「なんでおれ、わざわざ春休みにこんななんにもない寒いところにいるんだ?」

気温マイナス20度。けっこう寒い。

町の第一印象、夜の6時ということもあるのだろうが、なんか薄暗い町。人びとの顔にも、暗さが宿る。空港から車で5分ぐらいでホテルに着く。ホテル・トゥットゥHotel Tuttuというらしい。部屋に入

⬆犬を連れて散歩している家族。

母子づれ。➡

……こんな光景を見たとき、久しぶりにホーム・シックにかかった。
——ああ、こんな寂しいところにも、ちゃんとした家族の営みがあるんだ。

る。私の部屋は3段ベッドが両端に4つ置かれている(12人部屋)。今はまだ私ひとりしかいない。しかし、人がくる様子もまったくない。トイレとバスは共同。洗濯機とキッチンもある。とりあえず、荷物を置き外に出てみる。町の中心地のはずだが……人はほとんどいない。寂しさがこみあげてくる。

——なんでおれ、わざわざ春休みにこんな寒いところにいるんだ。しかも、こんななにもないところに……。

寂寞感《せきばくかん》に襲われる。本当になにもない。灯りがついている店に入ってみる。コーラとポテトチップスを買う。店番の女の子に町のことについて聞いてみるが、この子、ほとんど英語がしゃべれない。たどたどしい英語でなんとか答えが返ってくる。基本的には、この町にはなにもないみたいだ。時間は夜の7時。部屋に戻る。当然だれもいない。12人部屋のドミトリーに私ひとりというのは、けっこう寂しいものだ。本を夜の1時ほどまで読む。そして、お腹

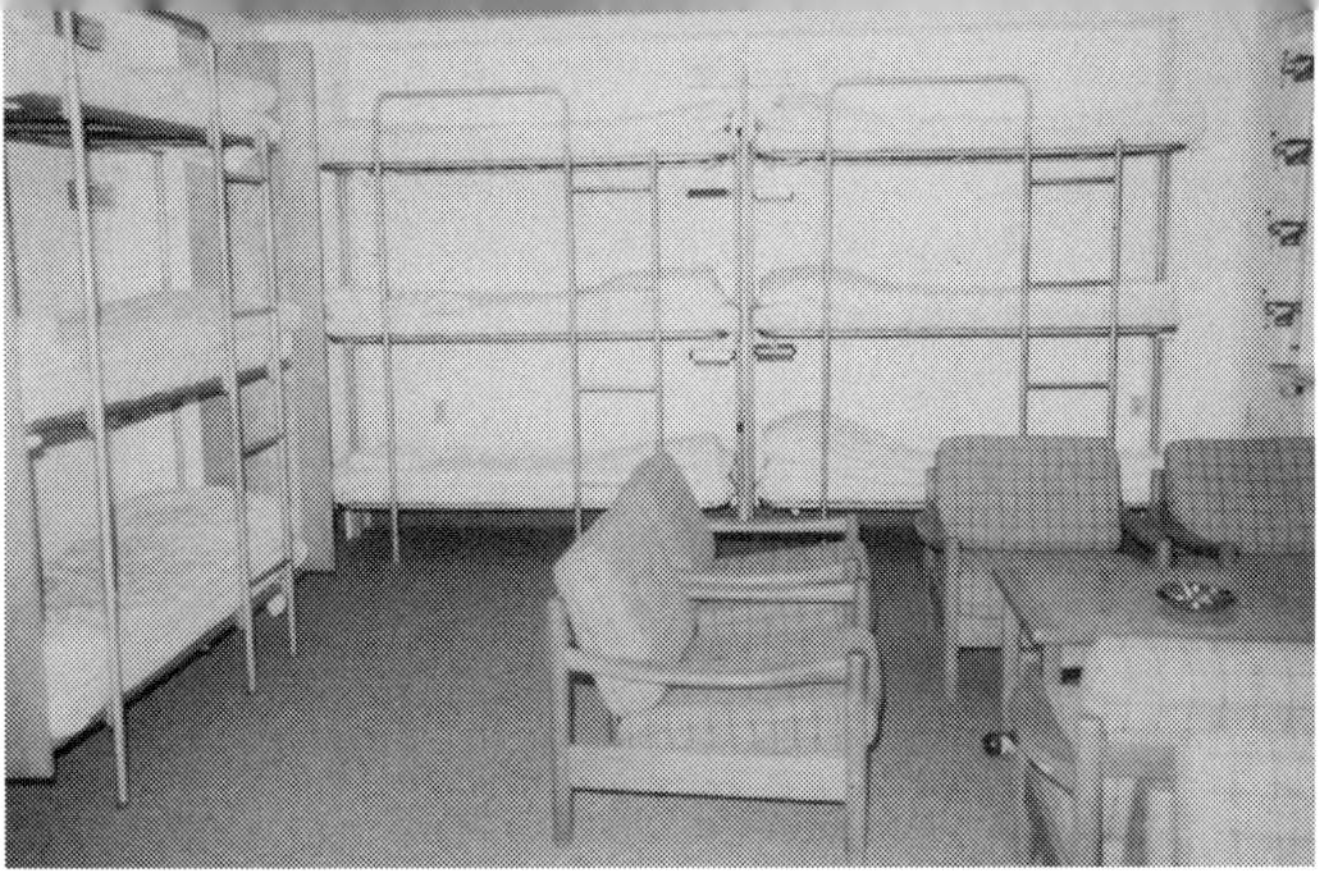

⬆12人部屋のドミトリーにひとり……寂しい。

がすいたのでキッチンへ。なんともいえない異臭が鼻につく。どれからというわけではなく、いろいろなものが混ざって異臭になっている。おもむろに冷蔵庫を開けてみる。おそらくカリブーだろうか。肉の塊が冷凍庫と冷蔵庫にぶつぎりで入っている。肉以外には、なにも入っていない。

持ってきたラーメンふたつと、わかめスープを食べる。ラーメンに腐りかけている高菜を入れる。だれもいない食堂でひとりで夕食。これもけっこう寂しい。

眠れなく、寝ついたのは朝方の4時ごろ。

宿泊費　24000円（300ドル）※1泊50ドル、6日分■ポテトチップス、コーラ　459円（約30クローネ）　計24459円　＊1クローネ＝15・3円換算（グリーンランドでのお金の計算は、厳密ではない）

北の旅ではじめて見た馬。

［3月7日（水）］

←町を観察しにいく。
天気はいいが寒い。
――まいったな。

午後1時ごろ火災報知器の音で目が覚める。どうやら故障しているみたいだ。

町を観察しにいく。

天気はいいが寒い。

あまり見るところがない。

ひたすら写真を撮る。

観光用の馬（乗馬代1時間2500円ほど）がいる。北を旅していて、はじめて見た馬だ。

空港までの2キロほどの道のりを歩いていってレストランで軽く昼食をすましたあと、6時ごろホテルに戻る。

夕食のハヤシライスをつくりながら隣のビルの窓を見ると、金髪の美女とそこそこの男がおなじようなつくりのキッチンでキスをしている。

――ああ、あ!……。

なぜかため息が出る。

アップルパイ、ジュース、ハムサンド　約765円（約50クローネ）

グリーンランドの首都ヌークへ——黄、青、緑と色鮮やかな家が印象的。

［3月8日（木）］

グリーンランドの首都ヌークいきの50人乗りほどのプロペラ機に乗りこむ。グリーンランド・エアーGreenlandair（GL549便）11時40分発、12時35分着の55分のフライト。

外を見ていると山だらけ。ここがカナダ北極圏と違う。カナダ北極圏にあるのは、丘という感覚の高地しかない。いつのまにか海から氷が消える。青黒い、どんよりとしたぶきみな海が顔を出している。

あっという間にヌークに着いてしまう。グリーンランドの首都、ヌーク。カンゲルルスアーク空港よりも降りた感じでは小さい。気温はマイナス9度。手袋なしでも耐えられるが、手袋があったにこしたことはない。帽子はいらない。

小さな空港ビルのなかに入ってみる。ドアを開けると小さいベルト・コンベヤーがぽつりとある。首都の空港とは思えないほど小さい。グリーンランドでは、政治の中心地はヌーク、交通の中心地はカンゲルルススアークといったところだろうか。

荷物をピックアップしタクシーに乗りこむ。黄、青、緑、赤と色鮮やかな家が立ち並ぶ。やはり、ヨーロッパ、北欧的な臭いがする。だが町はけっしてきれいとはいえない。排気ガスで汚れた雪が道路の両面に人間の腰ぐらいの高さでつまれている。

観光局に着く。ここで、ユースホステルの予約をする。しかし、大勢の子どもたちの予約が入っていて日

⬆グリーンランドの首都ヌークのユースホステル。右奥がユースホステルになっている。まえの部分は、かなり大きな体育館。

正面入り口。➡

曜までしか滞在できないという。とりあえず、日曜までの予約をする。

とりあえずユースホステルに滞在。ヌークの第一印象——なにか暗い。

タクシーでユースホステルがあるスポーツセンターへ。ユースホステルは全部で3部屋。ダイニングキッチン兼2段ベットが4つの8人部屋。あとの2部屋はそれぞれ2段ベットがふたつ置いてある4人部屋だ。それに、ユニットバスがある。

ひとり金髪の女の子がいる。彼女と少し話す。彼女はフィンランドからきているという。ここにはもう3週間もいるとか。氷細工などのアートの勉強をしているのだそう。彼女が英語がまったくわからない管理人との通訳をしてくれる。彼女は今日ここを発つらしく、荷物の整理をしている。女の子3人と、男の子ひとりと一緒にここを去る。去りぎわに、

「いい本書いてね。そして、気をつけて」

といわれる。

彼女はヌナブトのことについてはまったく知らなかった。

町に出てみる。ベンツのタクシーがよく走っている。ベンツがタクシーだとベンツに見えない。その逆もいえて、タクシーがベンツだとタクシーに見えない。ワーゲンのタクシーも多い。そのつぎはトヨタ。

町の雰囲気はなんとなく暗い。

〝北欧的〟に整っているとまではいえない家が立ち並び、灰色の雪が道路の横にある。なんともいえない暗い雰囲気というのが第一印象。

ホームルール・ガバメントのオフィスで会った人たち。

とりあえず、グリーンランド・ホームルール・ガバメントのオフィスにいってみることにする。ひとりの男性がいる。彼はイヌイット（ここではまだこう書く。本当はグリーンランダーズ。詳しくはあとで書く）。もちろん、英語はしゃべることができない。別に彼とはなにも話していないのだが、おもむろにどこかに案内してくれる。どうやら英語ができる人を探してくれているようだ。

偶然にもここで幸運の出会いがあった。ひとりの女性がいる。彼女はここのヌナブト関係のオフィスで働いている。彼女の名前はミカエラ・エンゲル Mikaela Engellさん。一応肩書きは外務省事務局員 Foreign Affairs office, Secretariat to the Cabinet（オフィスの名前はNunavut Allanut Allaffeqarfik）。

⬆ヌークにあるグリーンランド政府関連の建物。

　こちらの事情を説明すると、この政府のオフィスから歩いて1分ほどのところにある彼女のオフィスにつれていってくれる。彼女、先週までイカルイトのトレードショーにいっていたという。私とおなじ便でグリーンランドに帰ってきたみたいだ。

　いろいろとヌナブトについての話を聞く。

「私たちは文化、歴史、などともに共通点はたくさんあるわ」

という言葉から始まる。ヌナブト論を始めるときに〝共通点〟という言葉から始まるときは、たいていBut……とくると思うのだが、

「しかしね……」

――ほらきた。

「しかしね、私たちは基本的にはまったく異なった存在なの。まず、彼らはイヌイット。私たちはグリーンランダーズ（この言葉をやたら強調する。イヌイットとしては、おなじだが、まったく別の人間だと考えて欲しいということを強くいう）。そして、

地理的にもまったく違う。私たちはヨーロッパ圏のデンマークの人間。そして、彼らはカナダの人間。私たちは島の人間だし、彼らは陸の人間。おおまかな文化、歴史は共有していても、根本的には違うの。彼らが独立を果たしたというのは、おおいに喜ばしいことだと思うけども、基本的にはまったく異質なものと考えて欲しいわね」

私が、

「でも、彼らはグリーンランドのようになりたいんじゃないの？」

と聞くと、

「それは違うわね。彼らは〝私たちの国〟のようなカタチは目指していないと思うわ。そりゃー、私たちのことを見本にする部分はあると思うけども、私たちのようには、なろうとは思っていないはずだわ。それに、まったく異なっているのに、おなじようになれるとは思わないわ」

と強い調子で〝different〟という言葉を何回も繰り返す。彼女がなにかを思い出したかのように、

「そうそう、おもしろい（funny）写真があるの。見せてあげるわ」

と一枚の新聞の切り抜きを持ってきた。

カナダの首相をはじめとする州知事全員が中国を訪れたときの写真である。10数人の人が写っている。もちろん、私はわれらのポール・オカリックの姿を探す。ノースウェスト・テリトリーの知事はすぐに発見できた。首相は真んなかにいる。彼らのうしろには、中国独特の石の兵隊たちが並んでいる。その兵隊たちと並んで、ポール・オカリックが少し集団をはずれて、小さくなっている。なんとも情けない姿だ。彼だけ少し〝ピンぼけ〟している。石の兵隊たちと一緒に背後霊のようにいる。

――これじゃ、彼だけ訪中団ではなくて、石の兵隊の仲間だ。

それを見ながら彼女、

「本当におかしな写真でしょ。私、これを見たとき、笑っちゃったわよ。彼だけうしろにいて、石の兵隊のようになっているのだもの」

とかなりバカにした口調でいう。たしかに、なんとも威厳のない情けない姿だ。

彼女に名刺をもらう。「グリーンランドの首相に会えるかな?」と聞くと、「彼は忙しいからそれはわからないわね。明日、さっきいた建物にいってみるといいわ」という。

オフィスをあとにする。直感的に彼女は、あまり好ましくない人間のタイプだと思う。眼鏡をかけたインテリ気取りの政府機関の女、というのが偏見に満ちあふれた私の感想だ。われらのポール(知事)を、くそみそに彼女が評論したせいで、そう思うのかもしれない。

――なんで、おれ、こんなにヌナブトに肩入れしてんだろう?


「われわれはグリーンランダーズだ」というけれども、民族的には一緒だ。


町を歩いてみた感想。

純粋のイヌイットは、そんなには見かけない。早くからヨーロッパと接触しているせいもあってか、カナダに比べてコーカソイドとの混血が多い。

「われわれはグリーンランダーズだ」

というけれども、イヌイットはイヌイットだ。れっきとした、〝グリーンランド・イヌイット〟である。カナダには、さまざまな〝極北の先住民〟がいるが、おおまかにまとめると〝カナダ・イヌイット〟だ。そして、アラスカにいるのは〝アラスカ・イヌイット（エスキモー）〟。東シベリアにいるのは〝シベリア……〟とにかく、イヌイットはイヌイット。ただ、グリーンランドに住んでいるからグリーンランダーズ。今日話した彼女は、ほかのイヌイットとは違うということを強調した。ヌナブトにいるイヌイットも、そのうちほかの〝極北の先住民〟との違いを強調して、「われわれはヌナブッターズ」（私が勝手に考えた造語）という日がくるのだろうか。

この国のイヌイットを見た私の感想。

人間というのは目標があるとき、そしてそれを達成したときはいい顔をする。10年まえのイカルイトにいたイヌイットたちは、なぜか暗かった。目標は持っていたのだが、その実現の予測がつかないことで顔に暗さがにじみ出ていた。今のヌナブトのイヌイットたちは、去年ほどではないが明るい。でも少し町に活気が出た分、顔は暗くなったかな。ここのグリーンランダースは、10年まえに見たイヌイットと似た顔をしている。なにか活気のない顔。目標がないというわけではないと思うが、心なしか暗く感じる。

――なんか元気がないんだよな。どこかで、目標を失ったのかな？

宿泊費　7803円（510クローネ）※1泊255クローネ、3901円■タクシー代（飛行場～ヌーク観光案内所Nuuk Tourism）　約1836円（120クローネ　チップ代含む）■タクシー代（ヌーク観光案内所～ユースホステルのあるIndoor Sports Arena "Godthab Hallen）382円（25クローネ）■宿泊費　4360円（285クローネ、3日分）※1泊95クローネ、1453円■食費（コーラ10・5クローネ、ファンタ10クローネ、サイダー10クローネ、マ

⬆ヌークの周辺は、すばらしいところだった。

⬅雪に埋もれた冬のヌークの町。(次ページ写真)

ヨネーズとハムの和え物12・95クローネ、サラミ18・95クローネ) 954円 (62・4クローネ) ■計15335円

暗い町のイメージ一新――ヌナブトに比べて町がきれい。 [3月9日(金)]

朝、ほかの宿泊客がトイレにいったり、キッチンにいったりする音で、9時ごろ目覚める。荷物の整理をしたあと、朝食に玉子スープと、梅がゆを食べる。12時ごろユースホステルを出発する。

まずは見晴らしのいい丘へ。ヌークの町がだいたい全部見渡せる。この丘は海沿いにある。天気がいいせいもあるだろうが、思っていたほど汚くない海が広がる。海の遠くには氷河が見える。そして、左手には雪をかぶった大きい山がふたつほど見える。丘の上には、ハンス・エガデHans Egedeの像がある。町を見渡すと、第一印象で受けた〝暗い町〟と

⬆第一印象とは違って、ヌークの町そのものも北欧的に整った美しい町だった。

ハンス・エガデの像➡

いうイメージが一新する。こうして見ると、イカルイトと比べると、やはり町はきれい。北欧的に整っているといっていいだろう。ただ、
——よくこんなところに人が住むよな。
とは思う。そこで40分ほど写真を撮ったあと、つぎの宿泊場所を探すため、観光案内所にいく。ここでB＆Bの予約をする。

←↑グリーンランド・ナショナル・ミュージアムのイヌイット関連の展示は充実している。

そのあと近くにあるグリーンランド・ナショナル・ミュージアム Greenland National Museum (KATERSUGAASIVIK) へ。かなり充実している博物館だ。グリーンランドの歴史からイヌイットの歴史をすべて網羅している。3体のイヌイットのミイラが印象的。

博物館のふたりの女性スタッフと話をする。ひと

博物館のスタッフの若い女性は、かわいい女《ひと》だった。➡

りは白髪のデンマークからきているという少し年を取った女性（名前を聞くの忘れた）。もうひとりは本当にかわいい。すごくかわいくて、美しい若い女性。彼女の名前はランディ・ブロベルグRandi Broberg（22歳）。イリシマトゥサルフィックIlisimatusarfikという大学に通っている。

——おれって、なんで白髪の女性の名前をチェックしないで、若くて美人の女性の名前とメール・アドレスだけをフィールド・ノートに書くわけ？と、ちょっと反省。

ふたりとも英語をそこそこしゃべる。

以下ふたりの話。

グリーンランドの人が話している言葉は75パーセントぐらいがデンマーク語で、25パーセントぐらいがグリーンランディック（いわゆるグリーンランド語。グリーンランドでのイヌイットの言葉とほとんど思っていい。カナダのイヌイット語と類似点がたくさんある）。ランディは両方しゃべれるが、グリー

↑小学生〜中学生ぐらいまでの男女半数づつぐらいの20人ほどの子どもたちと、スケート場で話をしたのだが、ひとりも英語を喋れる子はいなかった。

ンランディックのほうは、たまにしか使わないという。もうひとりの女性はグリーンランディックをしゃべることができない。グリーンランドの人は、ほとんど両方しゃべることができる。その使い分けはまちまち。グリーンランドのイヌイットは、カラーリットKalaallit（グリンランダーズ）という。単数形はカラーリレックKalaaleq（グリンランダーGreenlander）。イヌイットの単数形がイニュィというようなもんだ。このふたりもカナダのイヌイットと、グリーンランドのイヌイットは類似点はたくさんあるが、やはり根本的には違うものだという。ランディは1年まえにイカルイトに1か月、いったことがあるという。もうひとりの女性のほうは、カナダには住んでいたことがあるが、ヌナブトにはいったことはないという。

ここにくるまえ、小学生〜中学生ぐらいまでの男女半数づつぐらいの20人ほどの子どもたちと、スケート場で話をしたのだが、ひとりも英語を喋れる

子はいなかった。片言すらしゃべれなかった。そこで、ランディに、

「高校のときは、なんの言語を習っていたの？」

と聞くと、

「もちろんデンマーク語は習うでしょ。そして、グリーンランディックも習うわ。英語も習うけど、そんなには詳しくは、習わないわね」

という。

30分ほど話したあと、博物館をあとにする。

——いや、しかし本当に彼女、かわいかったな。メールアドレス、聞いといてよかった……おれって、ほんと現金なやつ。

「飲みにいかないか？」とユースホステルでデンマークからきた男に誘われる。

午後9時ごろ目が覚める。すると、一緒にユースホステルに滞在している男の人が、バーにいくから一緒にいかないかという。これは願ってもないチャンスと思い、一緒にいくことにする。荷物をリュックサックに入れ、カメラを2台持っていこうとすると、この男の人がムッとした顔をし、

「なんでおまえはそんなリュックサックを持っていくんだ。置いていけばいいじゃないか。ここにはおれの弟が残るから心配ないよ」

と強い口調でいう。どうやら、彼らが荷物を盗むのじゃないかとおれが疑っているように思われたらしい。おれはその気は、さらさらなかった。それにリュックサックに入れたのは、カメラ3台、辞書2冊、『ヌナブト・ハンドブック』、父の本だ。カメラはいつでも持ち歩くようにしているし、辞書はコミュニケーションに必要なもの。そのほかの2冊の本は彼らに見せようと思い、持っていこうとしたのに、そんなにも過剰反応されて、私もムッしていい返す。

「そんなことはわかっている。ただ、おれにはこの荷物のすべてが必要なんだ。それに、あんたたちのことなんて疑ってなんかいないよ」

納得したのか、あきれたのか、わからないが、彼はあきらめたような顔をして、それでは出発しようということになった。

私はいつもノートパソコンからカメラなどの大事な物は持ち歩いている。それを彼らが見て、「自分たちが疑われている」という気持ちになり、気分を害していたのだろう。別に疑っていないとまではいわない。そんなこと、なにがあるかわからないから。

基本的に、私は貴重品管理には、いかなるときでも最善の注意をはらっている。このことって、あたりまえのことだと思う。ホテルとかでカギを自分で持っている場合なら話は別だが、このようなユースホステルで、荷物をさらけ出しているような場所で、見ず知らずの人を疑うなというほうが無理な話だ。彼らだって私を疑ってしかるべきだ。そんなところで注意を払わない人間など無知以外のなにものでもない。

ただ単なる危機管理能力の問題である。

⬆弟のペーター（正面左）、ヘンリック（中央）、妻のソニア（右）とお母さんのキリステン（手前の後ろ姿）。

私をバーに誘ったヘンリッキ・ラスムスンは、わるいやつじゃなかった。

――反応が過剰すぎるんじゃない？　そういう態度を取られると、なぜがさらに疑いを持ってしまうじゃないか！

と一旦は思ったが、彼らはわるい人じゃないということが、だんだんわかってくる。むしろ、いい人である。

彼らは4人組でデンマークからきている。

私に話しかけてきた男は、ヘンリック・ラスムッセンHenrik Rasmussen（37歳）。身長180センチほどの、髪をうしろにたばね、眼鏡をかけている男。大工をやっている。グリーンランドには生まれてから7年間住んでいたことがあるそうだ。つづいて彼のお母さんのキリステン・ラスムッセンKirsten Rasmussen（61歳）。少し太めの眼鏡をかけているオバサン。そして、ヘンリックの奥さんのソニア・

モータ・ラスムッセンSonia Mota Rasumssen（42歳）。ブラジルのパラPara州（人口約1000万人）のベレンBelem（人口約300万人）という町の出身。ブラジル人のかなり〝濃いめの顔〟の女性。美人である。ダンスが大好きな女性。ダンスマニア・ソニア夫人。そしてヘンリックの弟のペーター・ラスムッセンPeter Rasmussen（34歳）。コンピューター・エンジニアをやっている。この4人組。

私とバーにいったのは、この弟を除いての3人。

全部で9軒。ヌークのバー大全。

このメンバーでバーにいく。ここからが長丁場になる。1、2時間いて帰るのかなと思っていたら、そうはいかなかった。結局、午後10時から朝の5時までの長丁場となる。ヌークには9軒のバーがあるというのだが、そのうちの5軒を〝はしご〟するはめになる。クレスティナムットKrestinamut➡ロック・カフェ➡タクススTakuss➡ダービーズDabbys➡ゴッドサブGodthabまでが〝はじご〟をしたバー（いった順）。これ以外に、スカイ・ラインSky Line、マクシムットMaximut、ボックスリBoxri、シニックSinnikがある。

——友だちと飲んでんじゃないんだから、いいかげんにしようよ。

と思わないではなかったが、徹底的につきあうことにした。

ブラジル女性ダンスマニア・ソニア夫人のダンス相手は、この日本人の男。

最初にいった店はクレスティナムットというバー。ロック・カフェというバーと併設している。カウンターで荷物を預ける。ここは、大工のヘンリックが払ってくれる。そのお返しにと思い、つぎの店のみんなの一杯目は私がおごる。入口を入ると3台のスロット・マシーンが左手にある。そして、入口正面にバーカウンターがある。入口を右手に進むと、ダンスを踊る踊り場がある。その踊り場のまえの一段高くなったところで、歌い手たちが歌っている。バーカウンターと4人がけの机が10ぐらいある。各テーブルでみんな盛りあがっている。人は50人ほどいるだろうか。カラーリット（イヌイット）が8割ほどしめている。もう酔いつぶれて寝ている人もいる。私たちは踊り場のすぐ横あたりに座る。隣の席では、カラーリットの男4人、コーカソイドの男ひとり、カラーリットの女性ひとりの計6人が座っている。しかし、この観察も当てにならない。なぜなら、入れ替わり立ち代り席をみんな移動するからだ。机の上にはビールのあき瓶《びん》が20本ほど、乱雑に転がっている。これからシャンパンを飲もうという段階だ。

いろいろな話をしていると、ダンスマニア・ソニア夫人がダンスを踊ろうという。私はダンスなんて踊れないが、断るのもわるいので、一緒にダンスを踊る。ヘタなダンスを踊る。踊っているとひとりのカラーリットの男性が彼女に絡んできた。彼女がいやな顔をし、席に戻る。男はビールのあき瓶《びん》を持ったまま、席についてくる。しつこく彼女にダンスを踊ろうと強要するのを、夫の大工のヘンリックが追い払う。それでも、なおもしつこくせまってくる。やがて、諦めたのか席を離れる。そのあともダンスマニア・ソニア夫人は

⬅ヌークのバー風景あ・ら・かると。

HOTEL GODTHÅB

Daddy's

ふたりほどのカラーリットの酔っ払いに絡まれ、嫌気が差している。機嫌もわるい。大工のヘンリックに、

「酔っ払いが多いね」

というと、

「そうだね。彼らのところに酒が入ってきてまだ50年足らず。無理もないけどね」

と少しさげすむようないい方をしたあと、つづけて、

「それに彼らのなかには、私たち（デンマーク人）を嫌いなやつも多いからね。そういったことで絡んでくるのもあると思うよ」

という。

ダンスマニア・ソニア夫人はその憂さ晴らしにか、ブラジル女性らしく、情熱のダンスを踊る。それに毎回つきあわされるのが、この日本人の男。合計10曲ほど、40分ぐらい踊らされる。

席に戻って休んでいると、大工のヘンリックとダンスマニア・ソニア夫人がなにやら話している。彼らが話すときはポルトガル語だ。だから、私はまったく理解できない。しかし、節々に〝エスキモー〟という単語が入っているのが、理解できる。あまりにも彼女が大声で話すので、彼女がそれをいうたびにカラーリットたちがちらりと彼女を見る。すると、彼女が席を立ち、どこかにいってしまった。大工のヘンリックを見たら、どうしようもないという顔をしている。時間は11時40分。


ソニアが、私のためにハントしてくれた女性と痛飲、話、そしてダンス、ダンス。

ダンスマニア・ソニア夫人がおもむろにふたりの女性をつれてくる。つれてくるやいなや私に向かって、高いトーンで「エスキモー↑」（語尾があがる）という。どうやら彼女は私がカラーリットたちと話したがっていると思い、気をきかしてつれてきてくれたみたいだ。

——ヘンリックは、きっとそれに反対して、もめていたんだ。

ふたりの女性のうちひとりは見るからにカラーリット。少し太めの黒い髪に黒い目。もうひとりは見るからにデンマーク人。金髪の髪に青い目。椅子を持ってきて、私たちの席に座る。黒髪のほうの彼女の名前はベネディクト・ダール Benedikte Dahl（1966年生まれの34歳）。ヌークより北の町——グリーンランドで第2に大きい町シシミュートSisimiut（彼女によると、人口5643人）から2か月まえにここにきたという。職業はコック。今は美容師の学校で勉強中だという。もうひとりはドロシー・オイセン Dorte Oisen、1967年生まれの34歳。職業はグラフィック・デザイナー。3児の母（長男13歳、長女10歳、次男8歳）。夫はいない。別れたらしい。昨日の夜、9歳年下のボーイフレンドとも別れたという。

金髪碧眼《へきがん》ドロシーに、

「あなたはデンマーク出身なの？」

と聞くと、ムッとして、

「私はエスキモーよ。ねっからのエスキモー。ここにだって生まれたときから住んでいるわ」

と答える。もう1回彼女に、

「あなたはイヌイットなわけね？」

と念を押すと、

「そう、私はエスキモー。そう、イヌイットよ」

と答える。彼女がなぜエスキモーといったのか、その心理はわからない。ダンスマニア・ソニア夫人が「エスキモー、エスキモー!」と叫んでいたせいだろうか。彼女のお父さんはシシミュート出身。お母さんはシシミュートよりもさらに北の北緯70度線の真下にあるディスコDiskoという島出身。ここの旧名はQeqertarsuaq、〝大きい島〟という意味なのだそう。この島はなんかオランダと関係があるとかいっていたな。彼女のお母さんポーリン・オルセンPauline Olsenはこの町でも有名らしい。なぜ有名かというと、子どもたち用の歌(童謡)をつくっているのだという。

金髪碧眼《へきがん》ドロシーがつづけていう。

「あなた、この髪と目なのに、不思議に思うでしょ。私のお母さんもお父さんも黒髪のイヌイットだわ。現に私の妹は黒い髪に、黒い瞳だもの」(あとで妹と会うのだが、黒髪に黒目の美人)

「なんであんたは金髪に青い目なんだ」

「そんなこと、私だって知らないわ。でもね、(両手の指を出し、左手の親指は私、右手の親指はデンマーク人といいながら)こういうことなわけよ。私の血にはデンマーク人の血が入っているんだわ。祖先がデンマーク人とFUCK(彼女はこういった)したのよ」

それにしても、そんなに遠い昔に血が混じって、黒髪の親からこんなに金髪の青い目の人間が生まれるだろうか、まことに不思議だ。

彼女といろいろな話をする。

彼女いわく、

「若い人の自殺は本当に多いわ。理由？　私が思うに、グリーンランドは急速に発展しすぎたわ。1978年にできた法律、ホームルール・アクトにより、私たちは独立をしたわ。町の名前からなにからなにまで変わった。発展するにあたって、あなたたちだったら20年かかることを、私たちは1年でやった。つまり、ここ約20年間の発展はあなたたちにとって、大げさにいえば、約200年ってことよね。そんな急速な発展についていけると思う？　ついていけるわけないわ。若い人の親の世代は、独立するまえの世代。今の20歳前後の子たちは独立後の世代。いろいろとそんなかで葛藤し、悩み、死にたいと思う子がいるんだと思うわ。本当に大きな問題よ」

テーブルにはさまざまな言語が飛び交う。ダンスマニア・ソニア夫人と大工のヘンリックは、ポルトガル語で会話している。ダンスマニア・ソニア夫人と私（彼女は少しだけデンマーク語を理解することができる）を抜かしたあいだでは、デンマーク語。金髪碧眼《へきがん》ドロシーと黒髪ベネディクトのあいだでは、グリーンランディック。そして、私を交えたときは英語。まことに国際的なテーブルだ。

合計10曲、40分間、踊らされる。

新たに加わったふたりもダンスが好きだ。またもや私がその被害者になる。また合計10曲ほど、40分間、踊らされる。みんなこれっといったステップでダンスを踊るわけではない。リズムにあわせて好き勝手に踊る。本格的なダンスを踊っている人もいれば、私みたいにロボット・ダンスを踊っている者もいる。

ダンスマニア・ソニア夫人はさすがにダンスがうまい。大工のヘンリックもうまい。金髪碧眼《へきがん》ドロシーは年齢を感じさせないハードなダンスを踊る。体を上下に振りながら激しく踊る。黒髪ベネディクトは落ち着いたダンスを踊る。

大工のヘンリックの母親——キリステンお母さんはダンスなんか踊らず、黙々とタバコを吸う。もう1箱は吸っている。ようやく解放されて席に戻ると、デンマーク語で親子の口論が始まる。私とダンスマニア・ソニア夫人は参加しない。というかできない。どんな内容かわからないが、多分私をめぐっての口論だ。ときどき、ちらりと大工のヘンリックが私を見る。なにをいわれていたのだろうか。今となってはもうわからない。そうそう、やはりイヌイットたちには〝ヒ〟の発音ができない。黒髪ベネディクトは私を〝キヅキ〟という。何回も〝ヒ〟に重点を置き、名前を叫ぶ。それでも、頑張らないと彼女は〝ヒ〟の発音ができない。ハイトーンで「ヒ（ここをとくに強く）ヅキ」といわないとうまくいかない。ちなみに、〝キヅキ〟という意味はグリンランディックで〝小さいボール（金玉）〟だということでバカにされる。時間は夜中の1時半。飲んだビールは瓶《びん》7本ほど。私と大工のヘンリックが交互にビールを買ってくる。

徹底的にバー・ホッピング……午前2時半。

中身が残っている瓶《びん》ビールを持ってつぎの店へ。つぎは隣にあるロック・カフェー。ここは若い人が中心に集まってくる。店のなかは暗く、簡単にいえば日本のディスコだ。激しい音楽にあわせ、みんなが踊り狂う。ここには立ち寄らず、通過しただけ。

そして、つぎの店はタクスス。ここは音楽もかかっていなく、わりと静かなバー。ビリヤード台が奥に4

台ほど置いてある。ここも通過しただけ。どこのバーも超満員だ。人があふれている。そして、つぎはダービーズ。席があいていたので、座ることにする。私が6本のビールを買う。

ダンスマニア・ソニア夫人の機嫌がわるい。ダンス好きな彼女。どうやら、ロック・カフェーでダンスを踊りたかったらしい。通過したダンスバーに比べたら静かな今のバー。不満みたいだ。そっぽを向いて、つんとしている。ここで少し話をしたあと、彼女の機嫌もわるいし、大工のヘンリックたちは帰るという。私はせっかくのチャンス（なんのチャンス？）だし、金髪碧眼《へきがん》ドロシーたちと残ることにする。

時間は2時半。最後のバーゴッドサブへ。ここが、またすごい人気ぶり。彼女らによると、ここがいちばん人気のバーだとか。金髪のロック歌手が歌い狂っている。その音楽にあわせるように、100人ほどの人が踊り狂っている。どのバーも3時に店を閉めるらしい。そのせいもあってか、最後の時間を楽しもうとして、みんな踊り狂っている。ここで、昨日別れたはかりだという金髪碧眼《へきがん》ドロシーのもと彼氏と会う。名前はアンダース・ベンジャミンセウスAnders Benjaminseus（彼のメールはABEで始まる。ちなみにこのABEというのはグリーンランディックで〝猿〟という意味だとか）、25歳。見た目は純正なカラーリット。ちょび髭《ひげ》が生えたけっこうな男前。アニンガーサーシオルネックAningaasarsiorneq（Economy Education）で働いているとか。

金髪碧眼《へきがん》ドロシーと熱いキスを交わす。

――おい、おい、いいかげんにしてくれよ。本当に昨日、別れたのかよ。

ちょっと白ける私。

その後、3人で席に座って話す。彼が金髪碧眼《へきがん》ドロシーと会ったのは、ちょうど1年まえ。はじめは彼女

をやはりデンマーク人だと思ったらしい。彼女も、

「だいたい、私に話しかけてくるやつは、デンマーク語で話しかけてくるわ。だから、私はグリーンランディックで答え返してやるの。そうすると、みんなびっくりするわ」

という。

アンダースがおもむろに私のノートに、私あてのメッセージを書く、

『I hope that you had a good experience in Greenland. But I want to ask you, how did you expect Greenland before you arrived to Greenland.（きみがグリーンランドですばらしい体験をしますように。ひとつ、聞きたい。きみはグリーンランドにくるまえに、ここをどんなところだと思っていたの？』

この質問をしつこく聞いてくる。答えに窮し、

「アイス、イヌイット、コールド」

などというと、ふたりしてゲラゲラ笑う。

時間は4時。バーの閉店時間は3時ごろなのだが、みんなだらだらといつまでも残っている。4時ぐらいまでバーに残っている。眠りこけて、倒れている者もいる。コーカソイドの姿はみかけない。倒れているのはカラーリットの女性が多い。

午前4時。金髪碧眼《へきがん》ドロシーの妹の家へ……午前5時半、ユースホステルへ。

店をあとにして、金髪碧眼《へきがん》ドロシーの妹の家にいく。ここには、彼女の妹と黒髪ベネディクトが住んでいる。外観の雰囲気はあまりよくない、落書きが多い雑居ビルみたいな感じ。少し話したあと、ユースホステルに帰る。時間は午前5時半。さすがに疲れた。ちなみに帽子と手袋をどこかでなくした。どこかのバーに置いてきてしまった。

——こんな寒いところで、手袋を忘れるなんてなんてこった！　2回目の北極圏彷徨《ほうこう》も終わりに近づいて、ちょっと気がゆるんできたな……引き締めなくっちゃ。

気のゆるみを深く反省。

アンダースに日本語が話すことができるという芸術家を紹介してもらう。名前はカーラル・アンドレアセン Kaarale Andreassen（ヌーク・イメック Nuuk Imeq［瓶《びん》にビールを詰める工場］勤務）という人らしい。

宿泊費（日曜日～火曜日、前払い）　9180円（600クローネ）※1泊、4590円（300クローネ）、B&B■おみやげ代（鹿の骨のキーホールダー）　1530円（100クローネ）■昼食代（ラーメン、牛肉の炒め物、ライス、コーラ）　1178円（77クローネ）■買い物代（TUBORGビール4本）　1044円（68.25クローネ）※1本　224円（14.65クローネ）■飲み代（パブでビール15本）　8262円（540クローネ）※1本550円（36クローネ）■計21194円

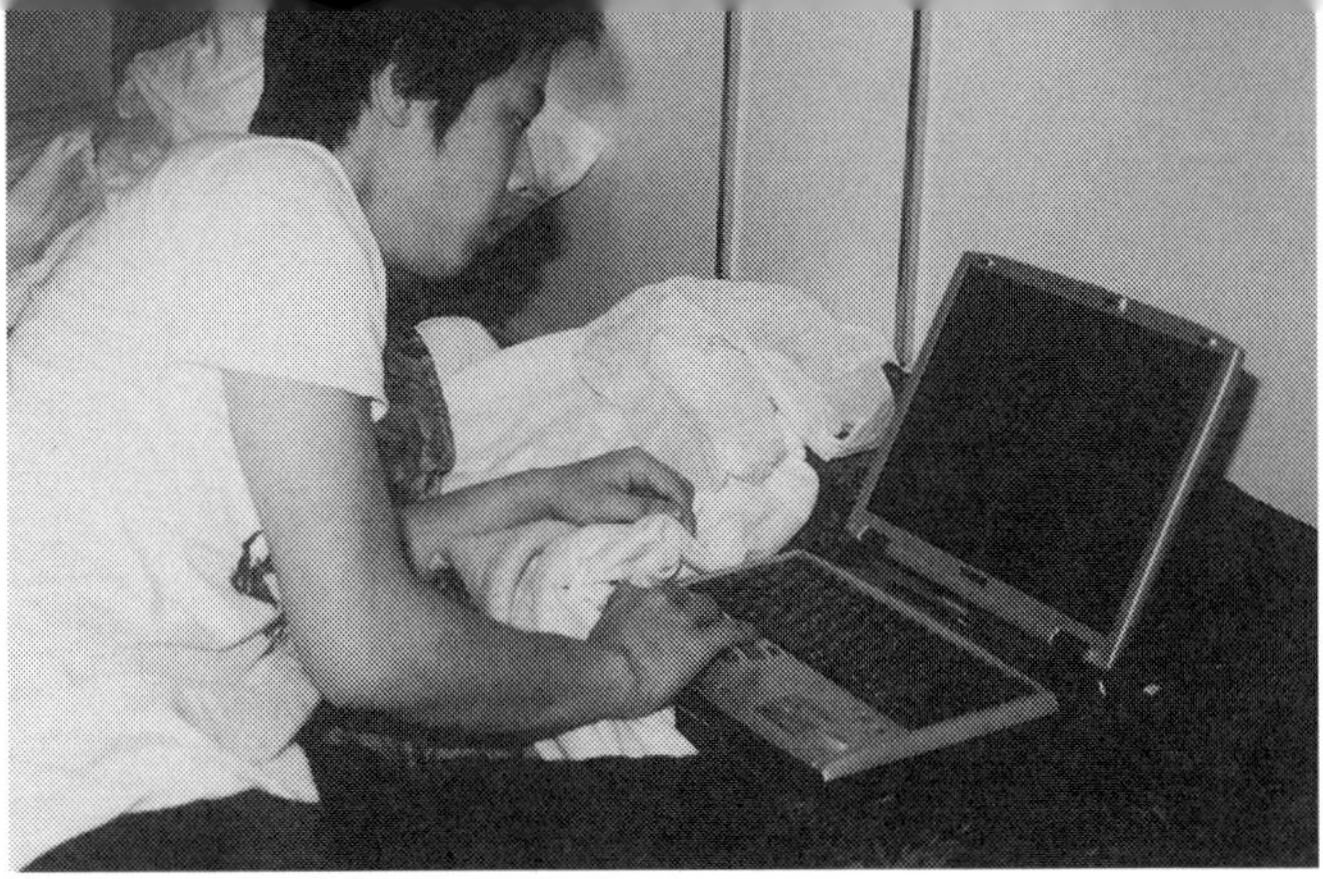

⬆終日、日記書き。

終日、日記書き。　［3月10日（土）］

午後2時ごろ目が覚める。1日じゅう昨日の日記を書いて過ごす。とくに書くことなし。

＊出費なし

ユースホステルで午前5時まで酒盛り　［3月11日（日）］

昨日の夜（厳密には、日曜日が始まった直後から）はすんなり終わらなかった。

夜中の1時ごろ大工のヘンリックたち4人がバーから帰ってきた。起きていた私は彼らと1杯やることにした。彼らが半分ほど残っているウオッカのボトルを持ち出し、こちらは4分の1ぐらい入っているラム酒のボトルを用意。それに、りんごジュースとコーラが2本。

3時ごろダンスマニア・ソニア夫人が寝て、4時ごろ弟のピーターとキリステンお母さんが寝る。私と大工のヘンリックは5時ごろまで。幼児期にいったことがあるデンマークのコペンハーゲンにある遊園地チボリTivoliの話だとか、スウェーデンのストックホルムの博物館にある〝沈んだ船〟（戦艦バーサー号　１６２８年沈没）の話だとか。今日もバーで金髪碧眼《へきがん》ドロシーたちと会ったらしい。妹も一緒にいたとか。

日本人は礼儀正しくて、あまり議論をしないよね、あなたたちは魚を食いすぎだ、捕鯨問題とグリンピースなどの話もする。

新しい宿泊先のB＆Bへ移ったあと、アザラシ、鳥、魚などの解体所見学。

昼の12時起床。荷物の仕度をして、新しい宿泊先へ向かう。観光案内所のお姉さんが車で送ってくれる。新宿泊先のB＆Bはヌークの町から車で7分ほど。歩くと、中心街からは30分ほどのところにある。モリエールMoller家。子どもふたりに夫婦の４人家族の家（住所：Avalequt35 3905 Nuussuaq 34341ph携帯：552467）。今はデンマークからおばあちゃんがきている。大きい家。奥さん以外英語をしゃべることができない。荷物を置き、歩いて町に向かう。魚肉市場Kalaaliminneerniarfik（Local Fish And Meat-Market）にいく。アザラシ、鳥、魚などの解体所だ。ツーンとした生臭い臭いが立ちこめる。死んだアザラシが床に転がっている。血だらけの肉が売られている。5、6人の男たちが黙々と黒い鳥を解体している。けっこう、生々しい。アザラシだろうとなんだろうと経験上〝肉、脂肪〟の部分は食おうと思ったら食えることは知っている。しかし、あのどろどろとした内臓類を食うには決心がいるな。あれもみんな食うんだも

⬆魚肉市場は、海に近い旧市街の片すみに、ひっそりとあった。

⬆魚肉市場内部。

⬇市場の北の海の魚は凍っていた。

ここでは、アザラシ、鳥、魚などが解体して売買される。⬇

んな。

食欲をなくして、この場所をあとにする。といっても朝からなにも食っていないので、飯を食う。そのあと、写真を撮るため岬に向かう。昨日ダンスマニア・ソニア夫人と大工のヘンリックはクジラを見たといっていた。私もクジラを見ることができないかなと思い、必死で望遠レンズでクジラ、アザラシを探す。しかし、そんなに都合よく現われるはずがない。歩いてB＆Bに戻る。時間は午後6時。食事が余ったから、おすそわけしてもらう。そのあと就寝。

昼食代（ホットドック、コーラ、バーガーミール）　1530円（約100クローネ）

グリーンランドの首相には会えなかったが、政権政党の議員と話す。

［3月12日（月）］

朝11時ごろ起床。パンを食べる。B＆Bなのに、随分質素な朝食だ。基本的にこっちの家庭ってシリアルだからな。1時ごろ出発。クレスティナムートKrestinamutというまえにいったレストランに向かう。まえにいったとき、チーフ・マネジャーがいろいろと話を聞かせてくれるといっていたからだ。彼の名前はカート・ペターソンKurt Petorsen。

グリーンランド、またはここのアルコール問題について。

「けんか、殺人？　そんなの数えきれないね。殺人はそんなにないけど、けんかなんかしょっちゅうだ。デンマークは酒を飲み始めてから、300年間。ここは戦後、できたばかりの町だ。お酒だって入ってきてか

↑進歩党議員のミカエル・ペターソン（左）と同党秘書オベ・ポールセン。

ら、たったの50年間しかたっていない。酔っ払うのだってしょうがない。たしかにアルコール問題はグリーンランドの大きな社会問題だと思う。しかし、私たちはお客さんにお金を払ってもらっている立場。なんともいえないね」

そのあと、大工のヘンリックたちと合流し、カフェでコーヒーを飲んだのち、別れる。

彼らには本当に親切にしてもらった、なにからなにまでありがとう。最初は少し疑ったけど……。お金をおろしたあと、政府の建物へ。グリーンランドのボスと会えないかチャレンジしてみる。結果は……ボスには会えなかったが、彼らの政党進歩党の議員と話す。この政党で党秘書Party Secretaryをやっているオベ・ポールセンOve Poulsenという男が親切にいろいろと説明してくれる。政党のマッグカップとワイシャツまでもらってしまった。彼がミカエル・ペターソンMikael Petersen（議員Parliament of Greenland）を紹介してくれる。

彼のヌナブトに関する見解は、初日に会った女性とは違っていた。

「私たちはデンマーク、ヨーロッパの人間。彼らはカナダ、アメリカの人間。基本的には違う」という言葉から始まる。たいてい、このあとは、いつものパターンで……「しかしね、私たちは〝イヌイット〟なんだよ。シベリア、アラスカ、カナダ、グリーンランドのどこに住んでいようが、私たちはイヌイットには変わりはないんだよ」というおきまりのセリフ。

私が、

「でもみんながカナダの〝イヌイット〟とグリーンランドの〝カラーリット〟たちは違うっていうよ」

という疑問を投げかけると、

「いや、呼び方は違っても、基本的には〝イヌイット〟であることに変わりはないんだ。だから、私たちは協力をしなければならない。これからも、ヌナブトとは積極的に協力をしていきたいね」

とうれしい言葉が返ってくる。

たしかに〝イヌイット〟は〝イヌイット〟。彼の言葉はうれしかった。そのあと、徒歩でB＆Bに帰る。

そして、就寝。

カヤックの勉強をしにきている日本人女性がいる！——宿泊先の家族の話。

今日、宿泊先の家族といろいろ話をする。

ヌークにはひとりの日本人女性がきているらしい。彼女はカヤック（注1）の勉強をしに、カナックというところにいたらしいが、今は地元の猟師と結婚し、ヌークにいるとか。カナックまで往復するには約2万クローネ（約30万円）かかるらしい。

子どもたちの教育について。

この家族の子どもは小学生ぐらいだが、まだ英語を習っていないらしい。

母親いわく、

「デンマーク語を習っても意味がないというのが、政府の方針だわ。第一にグリーンランディック、第二に英語。これが、いちばん好ましいと思うわ」

そしてデンマークについて。

「私たちグリーンランドに住んでいる人間のほとんどがデンマーク嫌い。少なくとも私は好きじゃないわ」

ちなみに彼女の母親はイヌイット。父親はデンマーク人。旦那はイヌイットというわけだ。彼女はハーフの顔立ちをしている。

彼女の家の様子について。

なにからなにまでそろっている。リビングには大きなテレビとウインドウズ98が入ったコンピューターが置かれている。それで、たくさんあるDVDを楽しむ。こんなこと今さら書く必要もない。しかし、グリーンランド＝未開の国、イヌイット＝未開人、とまだ思っている人のために。

結論。グリーンランドとヌナブトは、やはり違う。

ここグリーンランドの人間はかわいい子が多いように思える。これは、私の独断と偏見なのだが、イヌイットと欧米人のハーフの子は、〝かわいさ〟基準でいうと極めて極端。〝どうしようもないほど容貌に恵まれていない男女〟が生まれるか、すごい美男、美女が生まれるかのどちらか。しかし、グリーンランドでは何世代にもわたってうまく血が配合しているためだろうか、比較的平均的にかわいい子が多い。男のハーフはなかなかむずかしい。これはという美男は、なかなかいない。親が純粋のイヌイットと欧米人だとむずかしいのだろうか——以上、私の独断と偏見。

そしてここの若者の服装について。

イカルイトと違い、みんなオシャレに凝っている。洋服店もたくさんある。やはり、ここグリーンランドはカナダに比べて〝都会化〟がかなり進んでいると見てよい。しかし、町の7割ぐらいの人が着ているメーカーはザ・ノース・フェース The North Faceというアウトドア・ブランド。町を歩いていても、ほとんどの人が着ているといってもよい。これには不思議でたまらなかったが、大工のヘンリックからもいい回答が得られなかった。

グリーンランドで純粋なイヌイットを見つけるのは、けっこうむずかしいと思われる。みんなどこかで、かならずコーカソイドの血が入っている。これは詳しく調べないとわからないが、カナダに比べても、見た感じだけでイヌイットとわかる人は少ない。また、見かけはイヌイットふうの人でも、コーカソイドの血が入っていることが多い。

結論。グリーンランドとヌナブトはやはり違う。

タクシー代（宿泊先〜ヌークの町まで）　902円（59クローネ）■コーヒー代　214円（14クローネ）■計

1116円

注1　カヤック　kayak　イヌイットが昔から使っている小舟。1本の櫂《かい》でこぐ。

ヌナブトに帰る。滞在先はスーザン・サーモンズ先生（アークティック・カレッジ教授）宅。［3月13日（火）］

午前11時ごろ起床。質素な食事をする。そして、ヌークを去る。

飛行機はグリーンランド・エアー（GL568便）、15時35分発、16時30分着（55分のフライト）。飛行機はカンゲルルススアークへ。そして、カンゲルルススアークからファースト・エアー（7F　1869便）、17時25分発、16時50分着（1時間25分のフライト、時差があるため）の飛行機でイカルイトへ。

入国審査で入念に調べられる。私だけひとり残され丹念に……。なんとかカナダに入ることができる。が、じつはお金がない。デンマークの通過はたくさん持っているのだが、カナダドルがない。空港のどこかでお金を換えることができる場所がないか聞いてみるが、ここにはないらしい。銀行も午後5時半をまわっているため閉まっている。この状態では、今日滞在予定のスーザン・サーモンズ先生のところへタクシーでいくことができない。ピックアップしてもらわないと……。先生のお宅に電話をするが、だれも出ない。

スーザン先生は、ヨーロッパ系カナダ人。アークティック・カレッジの教授である。去年、イカルイトにやってきたときに、父とアンさんと一緒にアポなしで押しかけて、いろいろお話を聞いた先生である。この先

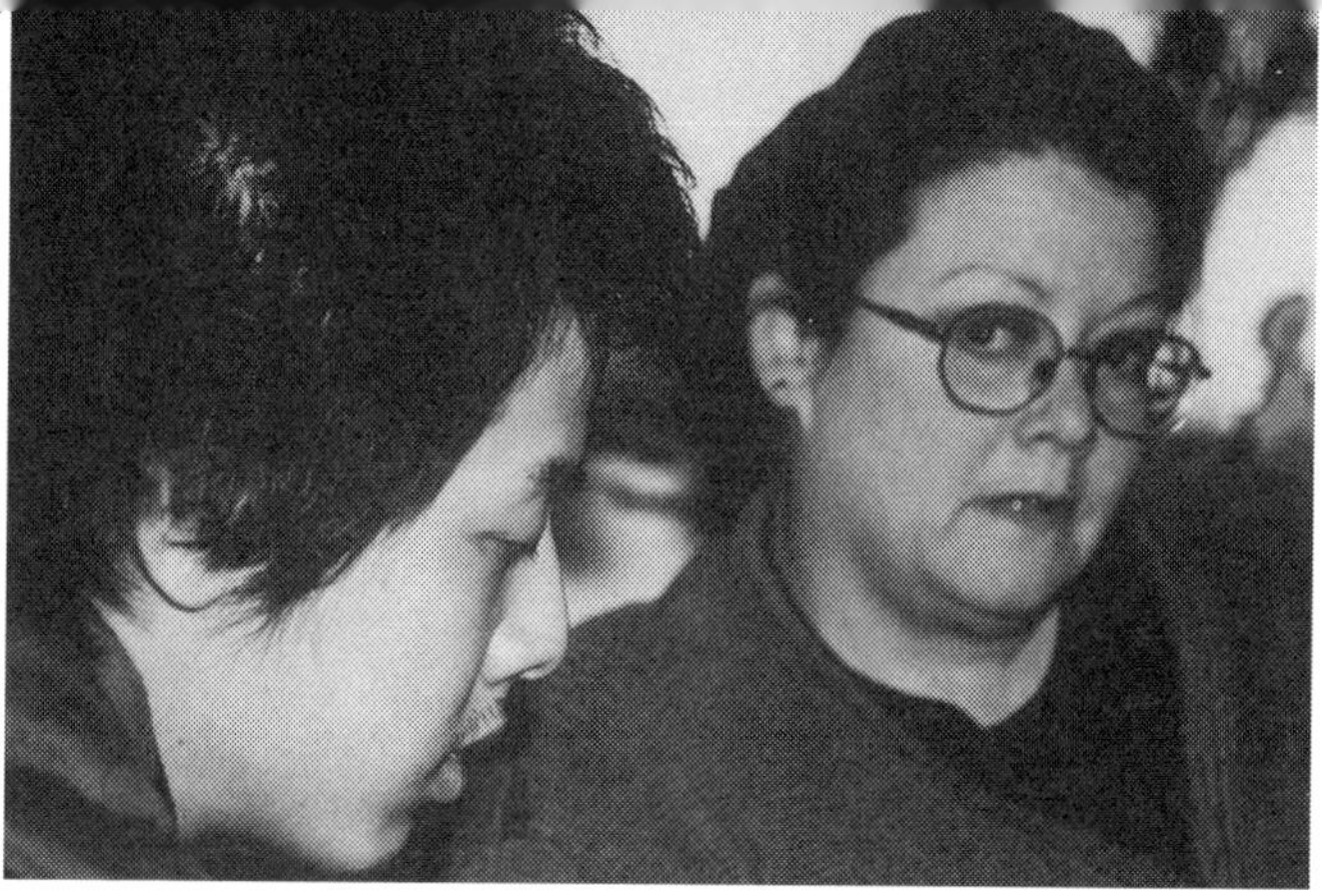

⬆去年、お世話になったおなじみスーザン先生（右）と私。

生に、私はずうずうしくも日本からメールでホームステイのお願いをして、最後の3日を自宅にきてもいいという許可をいただいていた。

ところが、このていたらく。

——今日はどこにも泊まることができないんじゃないか。いざとなったらきまじめポールのところへ電話をしなければ……。

ちょっとあせる。

6時ごろやっと電話がつながる。旦那さんのペーターPeterが迎えにきてくれるという。5分ほどして、迎えにきてくれる。ヌナブトのオフィスではなく、カナダ政府のオフィスで働いているイヌイットのインテリ。

荷物をつんでスーザン先生の家にいく。家はかなり広い。部屋の至るところに剥製やらシロクマ（北極グマ）の毛皮やらがある。私は息子と相部屋生活だ。息子の名前はナナークNanauq——きまじめな感じの今日15歳になったばかりの高校生。オーストラリアに1年間いくことを熱望しているが、親に反対されている。学校でサッカーとレスリングをやっている。ポジションはゴールキーパー。高校時代にサッカーをやっていた私もゴールキーパーだったので、話があう。高校卒業後は大学進学をするといっている。そして、娘のクッキーKUKIK、11歳。ミドルスクールにいっている。4人家族。2匹の犬がいる。

イカルイトにいる子どもたちの多くはイヌイット語を話すことができない。

食事をする。スッパゲッティーとサラダに、優等生ナナークの誕生日ということもあってケーキが出る。いろいろと話をする。とくに印象的なのは、ここの子どもたちに限らず、イカルイトにいる子どもたちはイヌイット語を話すことができないということだ。学校でもイヌイット語は習わないらしい。スーザン先生いわく、イヌイットの先生がいないとか。レゾリュートとは大違いだ。ここの家庭はすべて英語。イヌイット語が出る場はない。

そして、私。スーザン先生に〝r〟と〝l〟の発音を注意される。さすが、学校の先生！ 食事後20分ぐらいにわたって発音講義がつづく。だいぶよくなったと誉められる。〝r〟は舌を喉のほうに丸めて、くっつけないようにし、喉をできるだけ閉じていう。そして〝l〟は舌を歯につけてはっきりと。

ここの家はカカア天下。旦那さんが家事をやる。スーザン先生はタバコを吹かしてその様子を見ている。彼女は以前ミシガン大学で教えていたし、ミギール大学でも教えていたとか。とにかく、イヌイット研究の世界では、有名な人である。

部屋の様子。

かなり広い。2台の車、1台のスノーモービルを所有している。そして、家は2階建て。1階はきまじめ優等生ナナークの部屋と、広いリビング・ルームがある。そして、そのリビング・ルームの横にトイレと旦那さんの書斎兼コンピューター・ルームがある。このリビング・ルームには大きな狼の剥製と、狐の剥製。そしていたるところに民芸品みたいなものが置いてある。2階にあがる途中にはシロクマ（北極グマ）のかなり大きい毛皮とトナカイの頭の剥製が飾ってある。2階にはダイニングキッチンもいれて5部屋ある。まずはダイニングキッチン。そして、ここもバッファローやらたくさんの剥製と民芸品が置いてあるリビング。そして、スーザン先生とピーターとクッキーの部屋。さらに、バス・ルーム兼トイレ。とにかく、至るところに剥製やら民芸品が置いてある。ご夫婦、どちらの趣味なのかは不明だが、こうした品々を集めるのが好きみたいだ。この趣味に対して私の〝評論〟を差しはさむのは、控えよう。

部屋で日記を書いたあと、11時ごろ就寝。さすがに疲れた。そして、なんか風邪をひいたみたいだ。猛烈に喉が痛い。換気がわるいせいもあるかな。

おみやげ用ツボルグ・ビール Tuborug Beer18本　2203円（144クローネ）

念願の北極イワナの燻製《くんせい》とカリブーの生肉を入手。これを食べるのが楽しみだったんだ。

［3月14日（水）］
朝10時ごろの起床。もちろん、みんないない。12時ごろ、優等生ナナーク以外のみんなが昼食を食べに帰

ってくる。

ピーターが車で町を案内してくれる。彼は15年まえにランキン・インレットからイカルイトにきた。ヌナブトができてから、なにが変わったと聞くと、

「そーだな、家が増えたかな。そして、人も増えたな」

と少しはぐらかされる。

スーザン先生が私に、

「もしあなたが来年イカルイトにくるならば、私の授業を取れるわ。3週間がひとくぎりになっていて、だいたい授業料も滞在費も含めて、400ドル〜500ドルぐらいね。もちろん、食事もつくわ」

という。

3週間500ドルなら安いもんだ。ぜひ取ってみたい。イグルー(雪の家)のつくり方、天候の見方などのイヌイット文化や伝承技術の実践的な授業である。

ひとまわり町を案内してもらったあと、政府の建物のところで降ろしてもらう。

タウン・オフィスにいき、市長とのアポイトメントを取る。明日の午後3時半の約束をする。そのあと、イカルイト・エンタープライズにいき、念願の北極イワナの燻製《くんせい》とカリブーの生肉を手に入れる。

——これを食べるのが唯一の楽しみだったんだ。

4時ごろスーザン先生の家に戻る。このふたつの食べ物を醤油につけながら楽しむ。そのあと、きまじめポールの家にいき、グリーンランドで買ってきたおみやげのビールを渡したあと、スーザン先生の家に戻って夕食を食う。

←北極イワナの燻製《くんせい》をむさぼるように食べている私。

食後、部屋で優等生ナナークと話をする。

高校について。

今、彼は高校に通っている。そして、生徒数は約500人。そのうち1年間で100人ほど辞めるという。1学年90人中、卒業できるのは20人から30人だとか。辞めた学生の一部はアルバイトをしているという。いわゆるフリーターである。でも、ほとんどの人は仕事なしでぷらぷらしているという。優等生ナナークはかなりまじめな青年だと思う。母親が大学の先生、父親が政府のオフィスで働いているということもあり、勉学には非常に熱心だ。学校を辞める気もないと思う。彼に、

「イヌイット語は習いたくないの？」

と聞くと、一瞬ためらい、

「ああ、できれば習いたいと思うよ」

という答えが返ってくる。私にはその答えが、

——イヌイット語できても意味ないじゃん。

というように聞こえた。彼は第二言語にフランス

語を取っている。彼の同級生もほとんどイヌイット語をしゃべれないという。

——都会ではイヌイット語は、ほとんど全滅だな。

というのが私の率直な感想。

車の免許について。

16歳以上が免許を取ることができる。優等生ナナークも来年取る予定。試験は毎週、火曜日。予算は60ドルとかいっていたな。とにかく、簡単に取れるらしい。

タクシー代　320円（4ドル）■食費代（カリブー肉、スモーク・チャー）　1200円（約15ドル）■計1520円

［3月15日（木）］

新任そうそうのイカルイト市長の話を聞く。

朝10時ごろ起床。どこにいく気もしなくて、スーザン先生の家でだらだらする。鬱病《うつびょう》気味な私の性格もさることながら、かなり疲れが溜まってきているようだ。

午後3時に昨日約束したイカルイト市長に会うためにタウン・オフィスにいく。市長の名前はジョン・マッシューズJohn Matthewsさん、55歳。去年市長になったばかりの人だ。任期は3年間。

たどたどしい英語でいろいろと質問する（注1）。

4時ごろタウン・オフィスをあとにし、政府の建物へいく。ミーティングは開かれていない。ここで警備員に話しかけられる。カメラを3台も持っていたので、ただの観光客とは思わなかったみたい。事情を説明すると、ひとりの男を紹介してくれる。彼の名前はトニー・ローズTony Rose（広報官Public Affairs officer)。髭《ひげ》が生えている大柄な男。この男、まえにもここで見かけたことがある。おそらく南からきているであろう大勢の観光客に、この建物についていろいろと説明をしていた。そのときの印象はよくなかった。なにかいばっている感じがした。しかし、この人、直に接してみると、なかなかきさくで気分がいい男。なぜかフィーリングがあう。もし議会の写真が取りたいのならば、明日開かれるので、9時半（議会が始まるのは10時）に、ここにくるようにいってくれる。もちろん、ふたつ返事で快諾。

5時ごろスーザン先生の家に帰る。アメリカのボストンからお客さんがふたりきている。彼らに関心がなかったので、名前は忘れてしまった。私の最後の晩、または、お客さんがきているということもあってか、食事が豪勢である。北極イワナのオーブン焼きがメイン・ディッシュ。コーン、ライスなどもテーブルの上に並んでいる。

ここで、余談。

スーザン先生はどんなものにでも、「これでもか！」というほど、調味料を振りかける。初日のシーザー・サラダにはチーズを、スッパゲッティーにもチーズをふんだんにかける。今日のライスには胡椒と塩をご飯の色が変わるぐらいにかける。ご飯の色がもはや白ではなく、茶色に変色している。それに対して、家族はなんの反応も示さない。毎日この光景を見ていれば、そうなるに決まっている。しかし、スーザン先生の隣に座っているボストンからきている女性と、私はその光景を少し嫌悪感を示した顔で見ている。しかし、面と向かって「かけすぎだよ！」とは、いえないし……。

食事が終わり、私は早めの就寝。さすがに疲れた。9時には寝る。

タクシー代　320円（4ドル）■おみやげ代（スモーク・チャー16ドル35セント、スモーク・チャー13ドル50セン

ト、カリブー肉3ドル20セント、カリブー肉3ドル10セント）小計36ドル15セント　2892円■本（ヌナブトについて）　2567円（32ドル9セント）■電池代　281円（3ドル52セント）■計6060円

注ー　イカルイト市長とのインタビューもテープに録音した。まえにもイエローナイフ市長のインタビューのときに書いたが、いろんなところでやった市長・町長のインタビューに関しては、またあらためてまとめたいと思っている。

ヌナブト州議会傍聴で写真をパチパチと撮りすぎて怒られて……。［3月16日（金）］

朝8時50分ごろ起床。用意をして政府の建物へいく。だれもいない議会の写真を撮る。しばらくすると議員たちが集まりだす。カメラを3台も持っている私を警戒する。扉を入って真んなかに座っているのが議長。その補佐役が脇に3人いる。向かって左が知事をはじめとするヌナブトのミニスターたち（知事を入れておそらく8人）の面々。右側がMLA（欠席者もいたので正確な人数は不明）だ。8人のうち見た目の判断では、あきらかにイヌイットと思える人は6人。あとのひとりはヨーロッパ系カナダ人で、ひとりは中国系だとトニーの話。右側のMLA席はほとんどがイヌイット。ミニスターのうち、ひとりがアザラシ皮のチョッキを着ており、プリミアーは青い民族衣装を着ている。あとはみんな背広。MLAのうちふたりがアザラシ皮のチョッキを着ており、ひとりは白い民族衣装。あとは背広。

10時ごろ議会が始まる。〝ヌナブトの精鋭〟たちの白熱の議論が始まる。私は写真をフラッシュなしなら

↑ヌナブト準州の議会は、このなかで開かれる。

撮ってもいいといわれていたので、知事たちとは反対側の席に座り、写真を撮る。すると、トニーが議長のサブ役の人に呼ばれる。なにやら怒られているようだ。

トニーは5分後ぐらいに私のもとにくる。そしていう。

「おれ、君に写真を撮ってもいいっていったけど、どうやら駄目みたいなんだ。議会の連中がやめさせろっていうんだ」

——おい、おい、担当の広報官が一旦、許可を出しておいて、それはないだろう。

と思ったが、写真を撮るのをやめにする。

議会の話を聞く。しかし、ほとんど理解できないため、ある〝いたずら〟をやってみた（スミマセン、厳粛な議会の最中《さなか》に）。ある〝いたずら〟とは、たいしたことはないのだが、議事が英語でやりとりされているときには通訳器をつけ、イヌイット語のときは通訳器をつけないという他愛のない〝いたずら〟。

非常にくだらないことなのだが、ほんの少し英語を理解するよりも、これによって、一旦は公式に許可を出しておきながら、もったいをつけて写真撮影を禁じた〝やつら〟がどんな反応をするのか見たかった。傍聴席には私も含めて3人しかいない。嫌でも目立つ。それを繰り返すこと30分。プリミアーと隣に座っていたミニスターー（中国人）がこっちを見て、なにかこそこそと話している。身振りは翻訳器を取りはずしの仕草をしている。なにやら不思議そうな顔で、こちらを見ている。私の目のまえに座っているMLAのハンターー・トゥトゥという男がこっちを見てにやりとする。連中がなにを思い、なにをいっているのかはわからないが、こちらの存在は示せたようだ。

〝権威〟による撮影許可取り消しに対する幼い〝抗議行動〟としてのこの他愛のない〝いたずら〟に満足した私は議会場を出る。

——ちょっと度がすぎたかな？

と反省をしながら。

トニーと会ったので、ためしに知事と会えないかといってみると、

「それは絶対に無理だね。会わせたいのはやまやまだけど、彼は今忙しすぎる。今すぐのアポイトメントなんて、とても取れないよ」

といわれる。

イカルイト、二度目のさようなら！

スーザン先生の家に帰って荷造りをする。余った日本食は荷物になるから持っていきたくなかったので残していく。

ピーターに空港まで送ってもらう。別れを告げる。

空港の温度計は、3度を指している。マイナス3度ではなく、3度なのだ。この季節にしたらまれなことである。日本の冬とたいして変わらない。乾燥している分、むしろこっちのほうが暖かく感じるぐらいだ。春の訪れとともに、イカルイトをあとにする。

エドモントン。もう詳しいことは書くまい。ホテルにいって寝るだけだ。

タクシー代（家〜政府の建物） 320円（4ドル）■食費（オレンジジュース、サンドイッチふたつ） 697円（8ドル72セント）■冷凍用のバック 1283円（16ドル4セント）■おみやげ代（クジラの肉） 800円（約10ドル）■ホテル代（送迎のチップ代こみ） 8000円（100ドル）■計11100円

軽くヌナブトの総括。
「ヌナブトができてよかったな」という単純な気持ちから、「イヌイットはコーカソイドの世界（カナダ）に正式に組みこまれたんだな」という感想に。

［3月17日（土）］

今、バンクーバー空港でこの日記を書いている。日本ゆきの飛行機がくるまでに約4時間も待ち時間があるからだ。机に座ってラップトップに向かっている日本人青年を、めずらしいものを見るかのような顔をし

て、たくさんの日本人が横を通りすぎる。

ここで軽くヌナブトの総括。

今回の旅を通して、ヌナブトへの見方はけっこう変わった。ヌナブトができた1999年、そしてつぎの年の2000年は、

——イヌイットの国ができたんだな、よかったな。

と単純に思っていた。今でもその気持ちは変わらない。アメリカの先住民政策に比べて、はるかにカナダの政策のほうが、数段上だという感想も、はじめと変わらない。しかし、それに加えて、

——イヌイットはコーカソイドの世界（カナダ）に正式に組みこまれたんだな。

という印象も持つようになった。これはあたりまえのことなのだろうけど、今回の旅で子どもたちと接触することで、その気持ちは強いものとなった。

失われいく言語の問題の追求——「テーマ探しの旅」の「思いつきテーマ7」

子どもの言語の問題——イカルイトには英語しかしゃべれない子どもたちがいる。親がイヌイットなのに。これは、けっこう悲しい事実でもあった。スーザン先生の家で強く感じた。ピーターはイヌイット。スーザン先生はヨーロッパ系カナダ人だがイヌイット語も話すことができる。その人の子どもがイヌイット語を話せない。この状況を見て、イヌイットの父とヨーロッパ系カナダ人の母は、どう思っているのだろうか？　学校に教える「先生がいないから」だけですまされる問題なのだろうか。ピーターは子どもたちにイ

ヌイット語を話して欲しい、とは思わないのだろうか。彼ら全員の国籍はカナダである。カナダの公式の母語は英語とフランス語ということになっている。イヌイット語はカナダの言葉ではないということなのか？しかし、先住民のイヌイットの母語であるのは、厳然たる事実である。

私が親だったら……無論、子どもに便利な英語を話せるようになって欲しいという願いもあるが、やはり自分たちが、先祖代々しゃべってきたイヌイット語を話して欲しいと思うだろう。これは理屈抜きの気持ちである。あえて屁理屈をこねれば、自分たちの言語を失ったら、よって立つところのアイデンテティーの喪失を招き、しいては自分たちの文化も失ってしまうような気がしてならない。これは第三者の勝手な気持ちなのだろうか。

私はやはり学校ではイヌイット語を第一に教育すべきであると考えている。

若者の自殺問題、麻薬（薬《グラス》）問題、セックス問題（ローティーーンの妊娠問題）、飲酒問題についても、いろいろ考えさせられたが、これらの問題は、この2回程度の〝ヌナブトちょいと見旅行〟をした帰りの空港でラップトップに、もっともらしいゴタクを打ちこむには、ちょっと重すぎるので言葉の問題だけにしぼって書く。

イカルイトの場合を見てみよう。

学校では英語しか習わない。例えば両親が純正イヌイットだとする。家ではイヌイット語を教えられ、それをしゃべるようにいわれる。学校では英語……。こういった環境において、葛藤し、悩み、苦しみ、自殺する若者もいるのかなと、ふと自殺問題に結びつけてみたが……これはちょっと論理の飛躍がありすぎか……とにかく、もっと、もっと、たくさんの若者と会ってケース・スタディーをしないと……軽がるしい感想を述べるのはやめよう。

やっぱりいくら英語が便利だからといっても学校ではイヌイット語を教えて欲しい。まだ消滅すべき言語ではない。それともこれは私の取り越し苦労であろうか。若者の世代にイヌイット語をしゃべれる者が減っているのは事実である――と、ここまで書いたところで、出発の時間だ。

ヌナブト、一旦、さようなら！

――なーに、急ぐことはないさ。私には時間だけは、たっぷりある（金はないけど）。もっと、もっと、たくさんの人たちに会って、じっくり話を聞いてから、また、考えればいい。

ヌナブトのみなさん、ありがとう。もちろん、イエローナイフのみなさんも、グリーンランドのみなさんも。みんなみんな、大好きだ！　外からきた人たち（の大多数。偏見を持っていない人に限る）、そこで生まれた人たち、すべて！　また、やってきますから、仲間にしてください。

さあ、出発だ！

EPILOGUE

「テーマ探しの旅」が終わり。そして……。

エピローグを〝おわりに〟と結びたくない。新たな始まりにしたい……。
その始まり——カナダから16人のイヌイットの学生が日本を訪れたことが……。

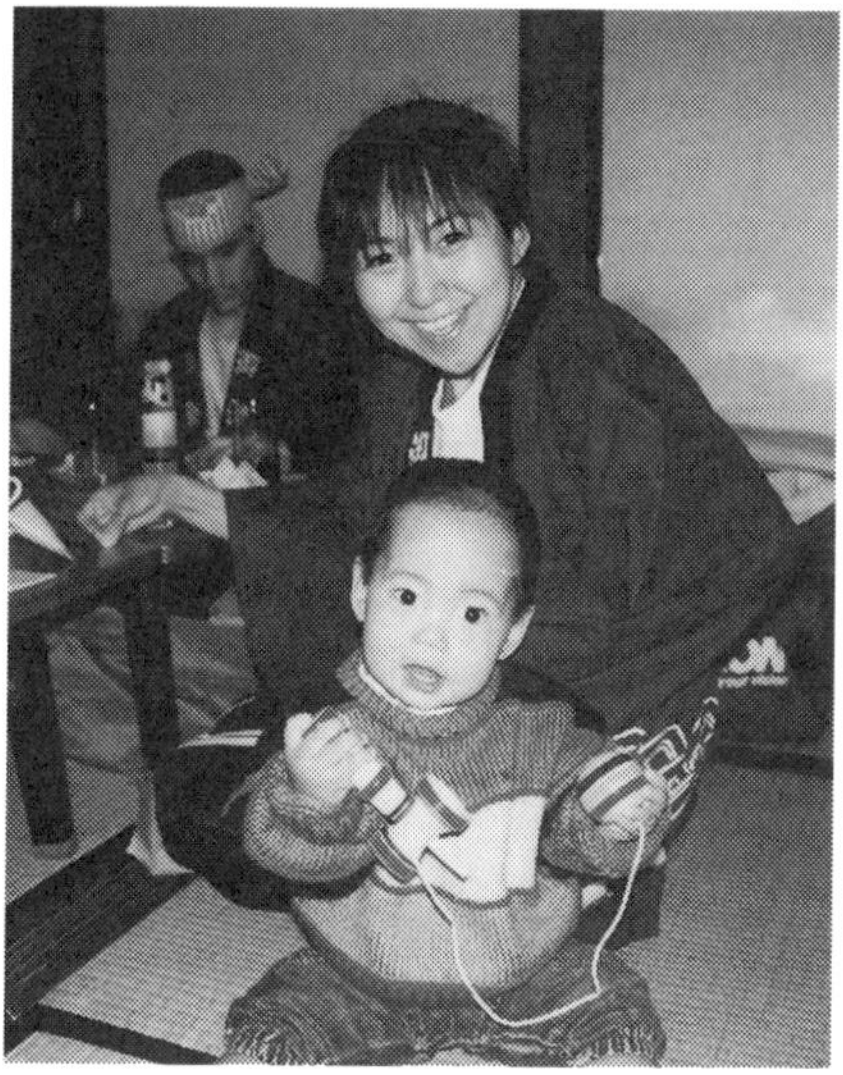

⬆イヌイットたちの手ではじめてつくられた全編イヌイット語の長編劇映画『Atanarjuat（the Fast Runner）』（ザカリアス・クヌック監督）の主演者のひとり、ルーシー・トゥルガルジュックLucy　Tulugarjukも、自分の子どもをつれて日本にやってきた。可愛い女《ひと》だった。この映画はカンヌ国際映画祭で新人監督賞（カメラドール）を取った。私も見たが、はじめに想像していた以上にすばらしい映画だった。イヌイットの伝説に基づいた映画で、イヌイット社会に波風を立てる宗教家と2人の兄弟の戦いを描いた作品。制作費は200万ドル（約2億5000万円）。

人との出会いに恵まれている私——カナダ大使館のバーネットさんのおかげで、日本にやってきた16人のイヌイットの学生と旅をする。

本当に私は運のいい男である（少なくともこれまでは）。人との出会いに恵まれている。アンさんの紹介で知りあったカナダ大使館参事官（広報・文化部長）のブルース・L・バーネットさんが、「5月の連休に、『ヌナブト・シブニクサブト・プログラム』（注1）でイヌイットの学生が日本にやってくる。よかったら、彼らの旅に同行してみないか？」

という提案をしてくださった。もちろん、私は即座に、この提案を快諾した。

盛岡、白老、札幌、函館とアイヌ民族ゆかりの地をまわった。

2001年4月28日から5月10日まで、ヌナブトの17歳から25歳までの学生16人（つき添いの教師3人）が日本にやってきた（イカルイト3名、ランキン・インレット4名、ジョア・ヘブンGjoa Heaven1名、ケンブリッジ・ベイCambridge Bay1名、ホエール・コーブWhale Cove1名、ポンド・インレットPond Inlet2名、イグルーリックIgloolik2名、パグニアタング1名、キムレットKimmirut1名）。彼らは東京を起点にして北海道にアイヌの人たちを訪れ、アイヌ民族の過去の歴史を東北で探った。

彼らは、東京ではカナダとご縁の深い高円宮殿下と妃殿下に元赤坂の赤坂御用地内の高円宮邸でご接見し

⬆「ヌナブト青年団ご一行様」――訪日したイヌイットの若者と引率の先生たち。

⬅（次ページ）彼らは日本滞在を楽しんでくれた……と思いたい。それぞれの本音は、次回、私がヌナブトを訪れるときに、じっくり聞こうと思っている。（明治神宮にて）

たあと、明治神宮などにいった。その後、彼らは赤坂プリンスホテルの「文化交流サロン&カルチュアクラブ　カナダ」で、のど歌、ドラム・ダンス、ゲームなどを披露してくれた。エドワーズ前駐日カナダ大使をはじめ、カナダ大使館の方々も出席したこのディナーショーに招かれた私は、司会のバーネットさんから、おおぜいのお客さんのまえで、

「ヌナブト研究をしている慶應大学の学生です。これから、カナダのためになることをしてくれるでしょう」

と紹介されて、

――ちょっとバネットさん、そんなたいそうなこと、いわないでくださいよ。

と思った。

それはとにかく、彼らは、盛岡、白老、札幌、函館とアイヌ民族ゆかりの地をまわった。

『苫小牧民報』（5月7日）は、白老町での彼らの活躍をこう伝えている。

御祭禮

⬇訪問先の各地でイヌイットの遊び、のど歌、ドラムダンスを披露した。

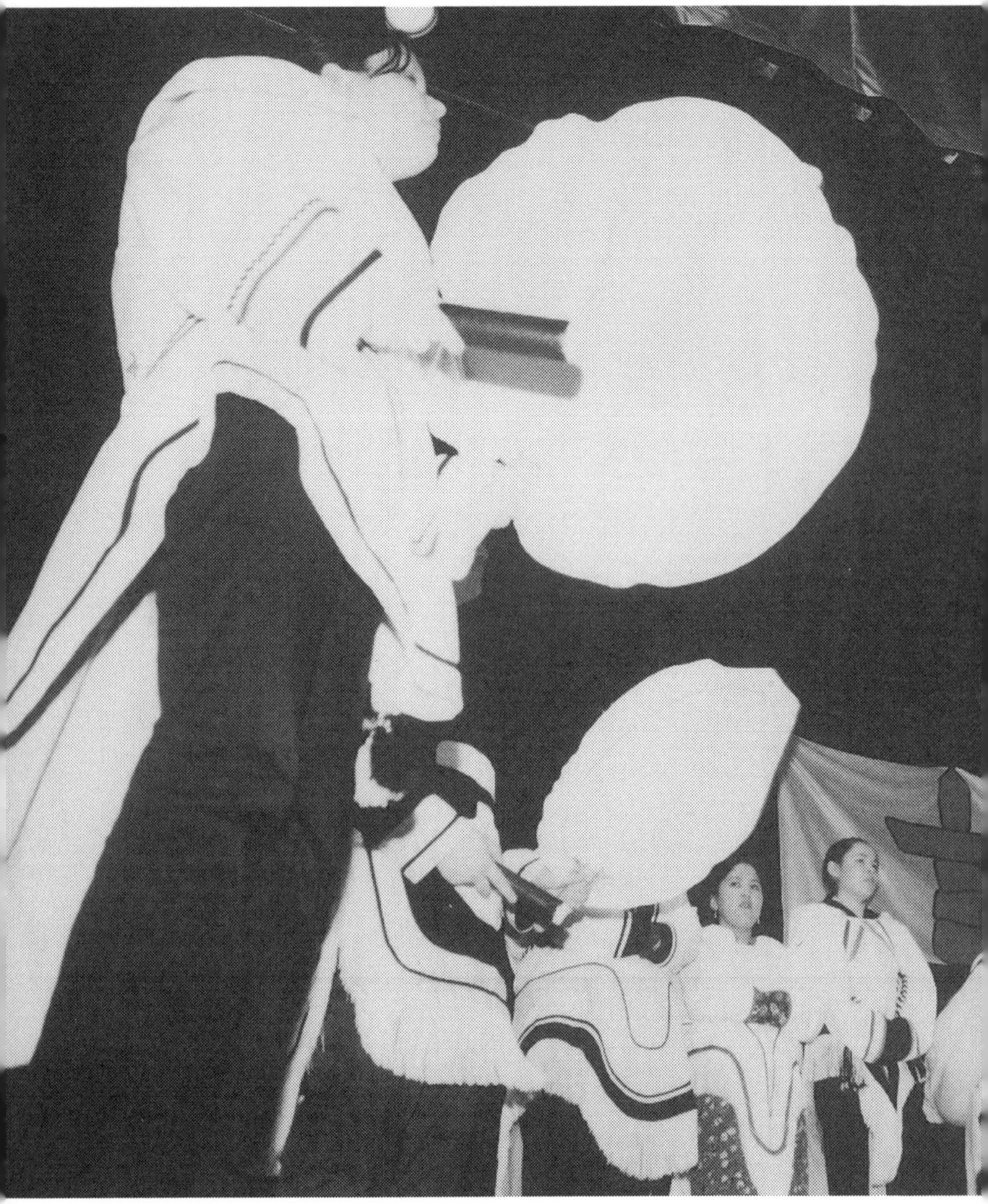

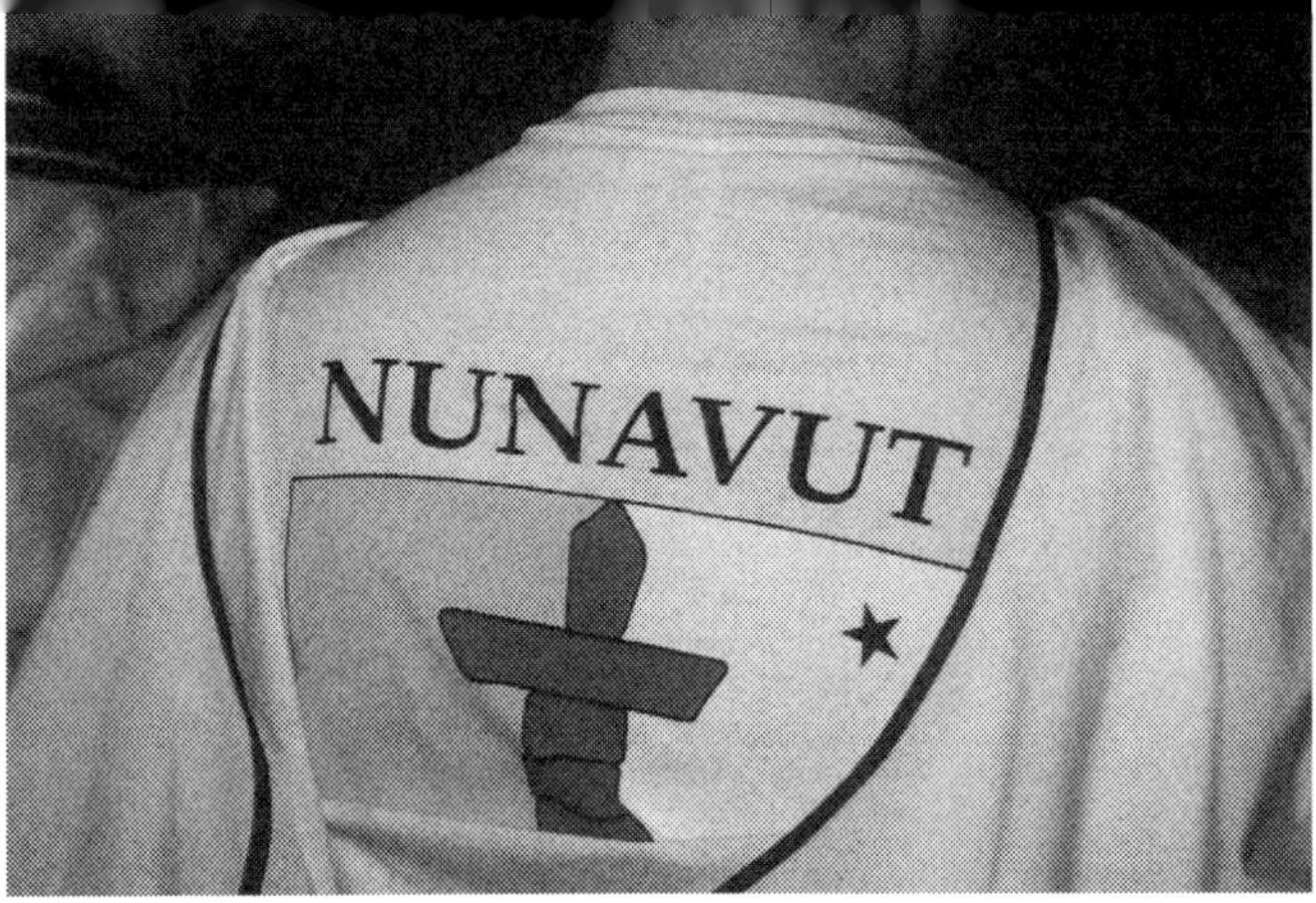

⬆ヌナブト準州旗つきのおそろいの衣装も用意して……。

『白老町を訪れているカナダ・ヌナヴト準州のイヌイットの若いリーダーを招き、5日アイヌ民族博物館でイヌイット文化セミナーが開かれ、伝統の遊び、歌、踊りが披露された。

セミナーでは15人の学生が、大地の恵みを糧として生活していたかつてのイヌイットの生活と信仰、アジアを目指したヨーロッパ人との接触と交易の始まり、商人による略奪型交易、さらに石油など地下資源開発による自然破壊と生活基盤の喪失などの歴史と、イヌイットが自治権を持つ準州が誕生した背景を分かりやすく説明した。

午後はアイヌ文化体験としてムックリの製作と演奏を経験。屋外ではイヌイットの遊び、のど歌、シャーマンのドラムダンスを披露した。日本のお手玉に似た遊びや、動物の鳴き声をまねるのど歌、おかしなしぐさで相手を笑わせる遊び（**日本のにらめっこに似た遊び=筆者注**）に、日本の遊びとの共通性も多くあり、来場者が興味深く観賞した。』（**原文ママ。**

⬆「イヌイットの伝統芸能を楽しむ夕べ」のあと、カナダ大使館地下のロビーで歓談する人たちのなかに、お世話になったバーネットさん（左）の姿もあった。

「イヌイットの伝統芸能を楽しむ夕べ」が終わったあと、カナダのテレビのインタビューを受ける私（右端）。⬇

http://www.tomamin.co.jp/2001/tp010507.ht)

旅の最後の5月10日にはフィナーレとしてカナダ大使館主催の「イヌイットの伝統芸能を楽しむ夕べ」(「見えてくる、カナダ2001」フェスティバルの一環行事)に彼らは出演した。

イヌイットの若者とアイヌ民族と、アイヌ民族と日本と……。

この旅のことについて、くわしいことを書くのは、またの機会にしようと思うが、印象深かったことが、ふたつある。

そのひとつ目は、イヌイットの学生たちが各地のアイヌ民族関連の博物館を見学して、

「使っている道具、生活スタイルなど、いろいろ似てるよね。血のつながりを感じる」

という感想を目を丸くして述べたことである。

もうひとつは、北海道ウタリ協会(注2)副理事長の阿部一司さんが、

「私たちのアイヌ語はもうほとんど絶滅しているといってもいいでしょう。現に私もアイヌ語をしゃべることができません。あなたたち(イヌイット)は、まだそのような状況ではありません。私たちのようにならないようがんばってください」

と彼らに話したことである。

ヌナブトとイヌイットをテーマにするまえの私がそうであったように、一般の日本人はアイヌ問題に無関心な人が多い。余談になるが、アイヌ民族に関して、どうしてもこれだけは、ここで書いておきたい。

１８９９年（明治32年）に制定された『北海道旧土人保護法』（傍点筆者）が、通称『アイヌ新法』――正確には『アイヌ文化の振興並びにアイヌの伝統等に関する知識の普及及び啓発に関する法律）』が、１９９７年（平成９年）７月１日に施行されるまで、なんと１００年近くも生きつづけていた事実だけは！

アイヌの人たちを指して土人という表現は……情けないうえに悲しさを覚える。

日本は明治時代から、『アイヌ新法』施行で単一民族国家感を法的に否定するまで、ずっと〝差別意識を基調にした同化政策〟を取ってきた結果、２００１年現在、10人ほどの人しかアイヌ語を流暢《りゅうちょう》にしゃべることができない。そのいずれも70歳以上の熟年世代である。この事実が阿部さんのうめきにも聞こえるコメントになったわけだ。

私たちの世代に限らずオジサン・オバサン世代に日本単一言語・単一民族説を信じている〝和人〟が、けっこう多いのに私は驚いている。国民の代弁者、国会議員のなかにも、そう思っている人が多いのは、驚きをとおりこしてあきれ返ってしまう。アイヌモシリ（北海道）出身の鈴木宗男代議士の単一民族説的発言は、「やっぱり」という感じで驚かないが、小泉「改革」内閣の平沼赳夫経済産業相や、今や国民の〝一番の代弁者〟、人気者気取りの田中真紀子外相など大臣レベルの人が、そうした発言をするのを聞くと、悲しくなる。

――オッサン、オバサンたち、日本は「レベルの高い、きちんと締まった」「一国家、一言語、一民族」の「単一言語・単一民族国家」なんかではない！　しっかりした認識を持ってください！

これからの〝ヌナプトめぐり〟のテーマ決定。ずばり、「若者！」

話が横にそれた。テーマに戻る。この旅の全行程に同行させてもらった私は、〝ボランティアお世話係〟に徹したことで、イヌイットの同世代の若者たちと本当の意味で親しくなれたと思っている。

そのときの観察記を〝その日、その日〟日記に書いてこの本に加えようかと思ったのだが、この本の出版はすでに決まっており、初校のゲラが出た段階だったことと、イヌイットの同世代の若者たちと10数日寝食をともにしているうちに、これからの〝ヌナブトめぐり〟でなにをやるか重大なヒントをえて、彼らのことはつぎの報告のときにくわしく書いたほうがいいという結論に達したので、この本には書かないことにした。

彼らとともに過ごしてひらめいた重大なヒントとは、ひとことでいえば、「同世代の若者を、これからのテーマにしよう」ということである。2回の旅で、ヌナブト各地の町長や市長などをはじめ行政官たちに会って、いろいろ話を聞いてテーマを模索した。彼らは、みんな親切で丁寧に応対してくださった。そんな人たちから、たしかに、いろいろ有意義なお話をうかがうことはできたが、言葉のハンディキャップがあるうえに、やっと20歳を越えたばかりの私は、どこか背伸びをしてその人たちと接していたような気がする。なにか無理があった。ところが、日本で接したイヌイットの同世代の若者たちに対しては、多少の言葉のハンディキャップがあっても、本当に密な関係を築くことができた。イヌイット研究を専門にしていらっしゃる諸先生方のようなフィールド・ワークの技術を持たない私の場合、同時代を生きる若者相手に、その技術不足をおぎないながら、ヌナブトに迫っていくのが、いちばん手っ取り早いのではないか？　今しかできないことを今やる。これだ！　ヌナブト各地から日本にやってきた若者たちのほとんどが、「今度くるときには、うちでホームステイしてもいいよ」といってくれている。私にとって頭が痛いのは極北の地にフィールド・ワークにいったときに、宿泊費が高いことだ。この問題を解決したうえに、彼らのところにホームステイさせてもらい、彼らの友だちにも会って一緒に時を過ごしながら、いろいろ話を聞ければ一石二鳥ではないか！　「ヌナブトの若者」、これをテーマにしよう！

「ヌナブトの若者」といっても、いろいろ切り口がある。じつは、具体的なテーマは、すでに頭のなかにあるのだが、実際に現地に出かけてみないと私の思っているとおりにやれるかどうかわからない大きいテーマなので、今、ここで公表するのはやめようと思う。

極寒のヌナブトに2回も「テーマ探しの旅」に出かけたのに、結局、わが日本で、これからのテーマを探り当てたというのは皮肉な話だが、これまでの2年間にわたって現場主義をつらぬいた過程があったからこそ、日本にやってきたヌナブトの若者たちと会うチャンスに恵まれ、この結論に達したのだと思いたい。

……どこまでテーマを追えるかどうか、わからない。でも、2001年8月18日、私はみたび、ヌナブトに向けて旅立つ。

〝リベンジ精神〟が私の支え。

私は、なぜ、一般の人があまりいきたがらない厳冬期の北極圏に2度出かけ、つたない文章ではあるが、どうやら「本」をこうやって書き終えたあと、どうしてまた極限の地に出かけようとしているのだろうか？　エピローグをここまで書き終えた私は、自分に聞いてみる。

そう、私を支えているのは〝リベンジズム〟——〝リベンジ精神〟だ。

私は高度成長期に生まれ、日本じゅうの大人たちの大多数が浮かれていたバブル期に小・中学生時代を過ごした。そんな日本に背を向けて環境保護の問題そのほか、金満物質主義に毒された日本に警鐘を鳴らしながらアウトサイダー的生き方をしていたニコルさんや父の影響もあるだろうが、私は子供のころから、なんか素直に〝物質至上主義の一般世間の常識〟と〝同調〟できないところがあった。

私たちの世代に〝負の遺産〟を残すことなど、まったく考えないで金と物を一直線に追いかけていたオッサンやオバサンたちから、私たちの心情をろくに知りもしないのに、「今の若者は……」と説教をされるたびに、心のなかで、「今に見ていろ!」とリベンジを誓った。年長者だけでなく、同世代の若者たちに対しても違った〝リベンジ感覚〟があった。私は優等生ではない。仲間からほめられるような立派な人間ではない。ときには、仲間から「なにをやるときも真剣さがなく、努力をしない人間」という評価を受けることもあった。そんななかで、〝私のような人間でも〟他力本願ではない自分で決めたテーマに対しては、真剣に向きあっている姿を同世代にも見せたかった。〝ちょっと世間常識からはずれた〟こんな優等生ではない若者がいてもいいだろうということを示したかった……「今に見ていろ!」……今の私を支えているのは、その〝リベンジ精神〟。

……とこう書くと、なんか私はいつも口を〝への字〟に結び目を吊りあげて、肩をいからせてギスギスと構えているように思われる方もいらっしゃるだろうが、これは〝ディープ・インサイド・フィーリング〟であって普段の私は、けっこうなまけもので、だらだらと日常生活を送っている。私が通っている大学は、ちょっと手を抜くと、すぐに落第点を〝さらりとプレゼント〟してくれる厳しい大学なので、そこそこ学校の授業には出ている(出ざるをえない)が、テーマにしているヌナブトの研究と現地でのフィールド・ワークを熱心にやる以外は、できればできるだけさぼって遊んでいたい。友人たちと合コンを楽しんだり、飲みにいったり、フリマ(フリーマーケット)にいったり、バイトをしたり、ときにパチンコやスロットをしたり、テレビの俗悪番組を見たり、テレビ・ゲームをしたり……そう、〝ちょっとできのわるいただの学生〟――それが私である。

みなさん、ありがとう!

テーマに戻る。この旅に参加させてもらったことでカナダ・イヌイット研究の大家、スチュアート・ヘンリ先生(昭和女子大学大学院教授)とお知りあいになれたことも、うれしかった。先生に今後いろいろと指導してくださるとおっしゃっていただいて、うれしかった。先生、今後とも、よろしくお願いいたします。

少年時代からお世話になっているC・W・ニコルさん、SFC(湘南藤沢キャンパス)入学のまえから、このつたないヌナブト・プロジェクトのすべてにわたってお世話になったアンさんことアン・マクドナルドさん、このつたない本に「序文」を寄せてくださったブルース・L・バーネットさん、お書きになったほとんどの論文のコピーをこころよく私にご提供くださったうえに、いろいろとアドバイスをしてくださった岸上伸啓先生をはじめ日本でお世話になったみなさまがた、ありがとうございました。とくに現地のみなさまがた、こんな私の旅を理解して支援してくれた父をはじめとする私の家族のみんな……本当に本当にありがとうございました。心から感謝を捧げます。校正を手伝ってくれたSFC(湘南藤沢キャンパス)の平高研究会(ゼミ)の先輩秋山知之さんと高校時代の友人桑原康介(東京造形大学)にも「ありがとう」を。このふたりは、〝校正〟だけでなく、実質的な〝編集作業〟にも参加してくれた、というのがより正確な表現だろう。「つたない文章だ」と自分でわかっていても、ゲラという形になってしまうと、いろいろな思いが交差して、なかなか自分の文章を削るというのは、大変なことだということに、今回、はじめての本を書いて気がついた。『PART 二』と『PART 2』、それにあとから書き足した『まえがき』『PROLOGUE』『EPILOGUE』を加えると400字原稿用紙に換算すると基本稿がゆうに800枚を超えてしまったのでイヌイットとヌナブトに、まったく関係のない記述を自分でもかなり削ったが、ふたりは私の要請を受けて、さらに無駄と思われる部分を削る作業にも参加してくれた。本当にありがとう。

この本の制作にあたって、DTP（コンピューター編集）のADとレイアウト以外の編集・校正には、いわゆるプロの編集者は参加していない。プロの編集者の手を経れば、〝ちゃんとした本〟になることは百も承知だが、私家版に近いこの本に関しては、「学生仲間だけで、すべての編集・校正をやる」というわがままを版元に呑んでもらった。言い訳がましいが、もしプロの手でできた通常の本よりも誤字・誤植・脱字が多いとしたら、そのせいである。私なりに仲間とともにベストは尽くしたが、いき届かなかったところは、許してください。

（2001年7月23日）

●

3回目の〝ヌナブトめぐり〟が終わりかかっている。

今、カナダのヌナブトのジョア・ヘブンにいる。7月23日に書いた『EPILOGUE』で宣言したようにヌナブトの若者たちの実態を取材（調査）しビデオを撮るのが目的の旅だった。

8月22日に着いたヌナブトのアッピアットが今回の旅の始まりだった。アッピアットから、ホエール・コーブ⬇ランキン・インレット⬇ケンブリッジ・ベイ⬇ジョア・ヘブンを訪れた。

今回の旅はまえ2回の旅とは比較にならないほど充実したものとなっている。なかでも、いちばん印象深

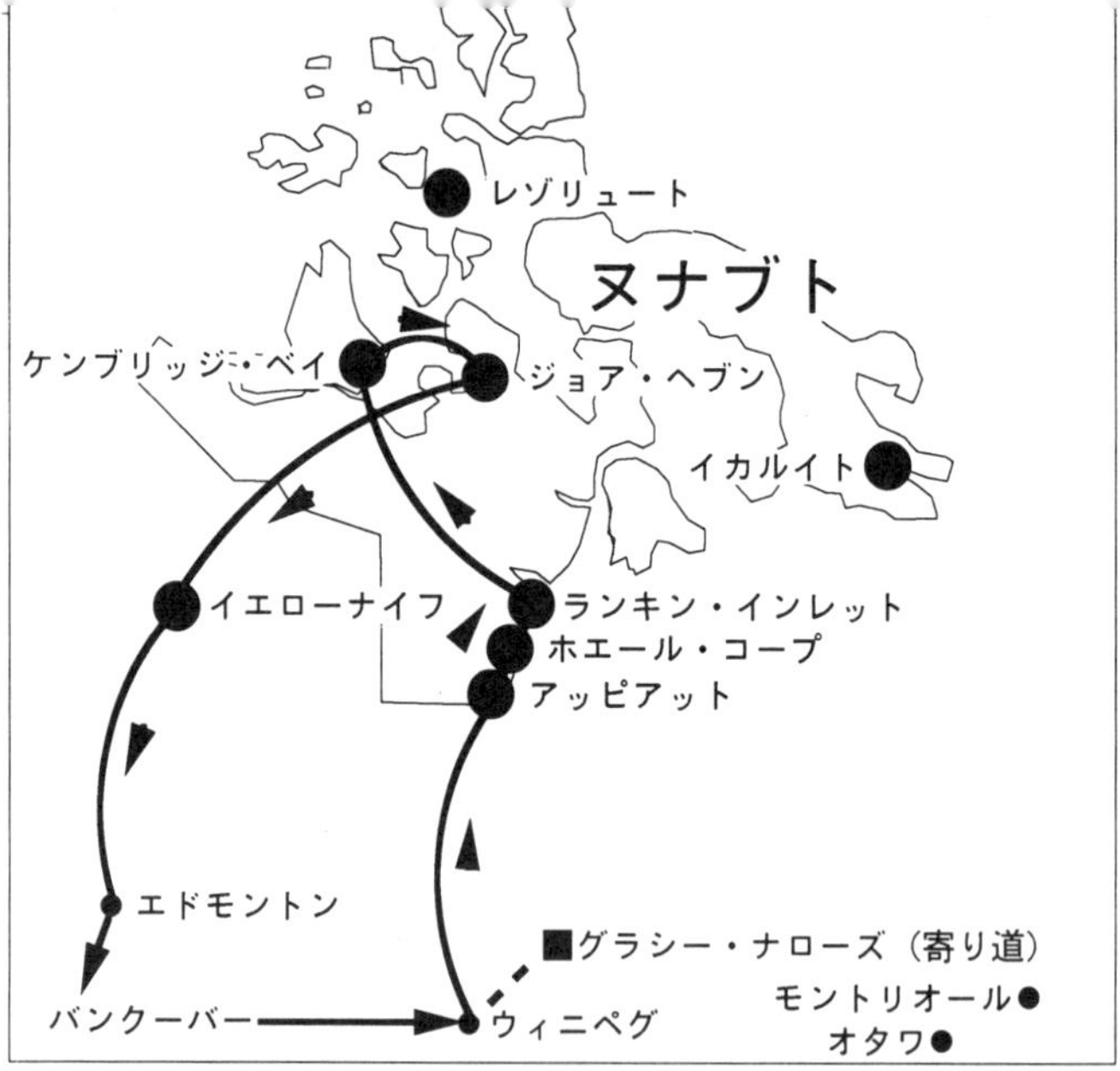

⬆3回目のヌナブトめぐりのコース。

かったことについて書きたいと思う。

ホエール・コーブ。

ここでホワイト・ホエールことベルーガ（注3）漁を行った。朝の10時から夜の9時まで5艘のボートで11時間の〝戦い〟ののちに身長3メートルほどのベルーガをつかまえることができた。モリが刺されたあと、3発ほどの銃弾を浴びながら、ベルーガはまだ動いている。切り刻まれながらも、内臓などが動いている姿は、すさまじいのひとことにつきる。私にとって印象深かったのはベルーガを見たことでも、ベルーガ漁に参加したことでも、その解体を克明にビデオに撮ったことでもない。ベルーガをつかまえるときに20歳以下の若者たちにイヌイット流の狩り（漁）の仕方を伝承しようとしているベテランの狩人（漁師）の姿だった。正直いって若者たちの狩り（漁）の能力は熟練した大人たちにとうてい及ばない。ベルーガをつかまえることだけが目的ならば、大人たちがパッパとやり、あっというまに狩り

(漁)を終わらせてしまっただろう。ところが、モリを打ちこむ役を徹底的に若者にやらせ、伝統的なクジラ漁の方法を若者たちに伝承しようとしている熟練狩人(漁師)の姿に心底心打たれた。何度も何度も若者にモリ打ちをチャレンジさせる。そんな彼らのひたむきな姿が、私の脳裏に焼きついている。

今回の旅、どの地でもシブニクサブトのメンバーの紹介でイヌイットの家庭にホームステイをすることができた。どちらかというと今までの旅は、ヨーロッパ系カナダ人の目から見たヌナブトという感があった。しかし、今回の旅では、イヌイットの目から見たヌナブトを感じ取ることができている。

これで「テーマ探し」の旅は完全に終わった。やっと私のヌナブト研究もスタートラインに立てたのかな、という思いがある。本当にシブニクサブトのメンバーには感謝のひと言である。それを最後のあいさつにしたいと思う。そして、最後の最後に、こんな私をSFC(湘南藤沢キャンパス)に入れてくださった面接官の3人の先生(久保幸夫教授、古石篤子助教授、小熊英二助教授[当時専任講師])に心からの感謝を。AO試験の面接のときに、〝大口をたたき大風呂敷を広げた〟私としては、あのときの「大学に入ったらヌナブトをテーマにします。私はかならず初志貫徹します。目的に向かって邁進《まいしん》します」という三流政治家ふうの〝公約〟を、まだ〝入り口〟に入りかけているだけだが果たしつつあることに、ほっとしている。私は私が入った大学に心から満足している。日本にいるときの日常の〝大学生活〟を、私はエンジョイしている。本当に自分がみずから定めたテーマの〝基礎〟を学ぶには最高の学府だと思っている。

明日、イエローナイフ経由で日本に帰る。

2001年9月15日　ジョア・ヘブンにて　　礒貝日月

注1　ヌナブト・シブニクサブト　『カナダのヌナブト準州出身のイヌイットの学生達が自らの歴史や文化を勉強し、将来ヌナブト準州で働くために必要な事柄を学ぶオタワのカレッジ・プログラムです。また、カナダ政府や様々なイヌイットの団体が後援しているこのプログラムにより、学生達はカナダ極北地方以外の世界を経験し、自立する術を学ぶことができます。学生達は世界各地を旅行し、イヌイットの文化への理解が深まるよう活動すると共に、各国の先住民の代表者達と会い、積極的に文化交流を図っています。』（原文ママ。カナダ大使館の公式ウェブサイトhttp：www.canadanet.or.jp/index.htmlより抜粋）

注2　北海道ウタリ協会というのは、1946年3月13日に設立された社団法人北海道アイヌ協会を前身とする『アイヌ民族の尊厳を確立するため、その社会的地位の向上と文化の保存・伝承及び発展を図ること』を目的とした北海道在住のアイヌ民族が組織した社団法人である（1961年4月13日に、北海道ウタリ協会と改名。余計な解説だろうが、アイヌとは、アイヌ語で人間の意。ウタリは、同胞）。この社団法人は、約2万4000人（2万5000人説もある）の北海道内のアイヌ民族の最大組織である（会員数、4682人。家族を含めると1万4673人が参加［2001年1月1日現在］）。

注3　ベルーガ　学名、Delphinapterus leucas。英名、Beluga、White Whale。漢字表記、白海豚。ハクジラ亜目（Odontoceti）イッカク科（Monodontidae）。最大身長4・5メートル。体重1・5トン。生まれたときは灰黒色・灰褐色で、だんだん灰白色になり、成長すると白・乳白色になる。平均寿命、30～35歳。北極海、ベーリング海、オホーツク海などに分布している。アラスカ・カナダ周辺に約2万7000頭、全海域でおよそ5万5000頭生息していると推定されている。（『鯨とイルカのフィールドガイド』［大隅清治監修　笠松不二男・宮下富夫著財団法人東京大学出版会］『クジラ・ウォチング』［構成　中村康夫　平凡社］）　（本文中、ときどき敬称略）

····to be continued.

解説

あん・まくどなるど

まず、この本の著者が慶應義塾大学総合政策学部のＡＯ試験を受けるときに、わたしに依頼した『志願者評価書』をそのまま、ここに公開したいと思います。以下、その内容です。

●どの位の期間、志願者（議員日月）を知っていますか。

1989年の夏から今日（1999年11月14日）までの10年間。

●どのような立場で志願者を知っていますか。

わたしが在籍していた5年間は、農村塾『富夢想野塾《とむそうや》』（黒姫）に幼稚園時代から冬・春・夏休みと週末に最年少塾生としてやってきていた彼と年間60日ほど共同生活をした。初めは丸太小屋造りを共に手伝い、最後の3年間は、わたしが塾頭として指導。1996年夏、アメリカ西海岸・カリフォルニア半島縦断農村調査隊（陸路）に高校生の彼を助手として同行（デジタル写真担当）。

●選考に当たって有用と思われる志願者の学力・人柄についてあなたの意見を書いてください。

子どものころから、びっくりするくらい自立心の強い子である。努力型というよりもヒラメキ型。興味がない場合には、積極的に行動しない。ただし、一旦、自分がこうと決めたら徹底的にやるタイプ。彼が小学校4年生のときに、わたしのカナダの実家（マニトバ州ウニベグ市）に彼の兄（現早稲田大学アジア太平洋研究科大学院生）とともにホームステイしたつぎの日、わたしの父（元マニトバ大学理工学部学部長。現カナダ栄養協会会長）が庭にベランダを作る大工仕事の手伝いを命じたら、彼の兄は忠実にそれに専念したが、彼は命令を無視。着いたばかりで西も東もわからない町へだれにも告げずプイと出かけてしまって行方不明。わが家は大騒ぎ。2時間後、口のまわりをチョコレートだらけにして帰宅。わたしの母に、ひどく怒られた彼は、「だってチョコアイスが食べたかったんだもん。あっちこっちコンビニを探してたんだ」と平然――わが家には、これまで世界各国から何十人というホームステイの若者（博士号を外国から取りにきている大学院生をホームステイさせていた）が滞在したが、このエピソードのおかげで、わが家族にとって彼は忘れられない存在になった。事の善し悪しはとにかく、着いたつぎの日に、これだけ〝自主的〟な行動を起こしたホームステイの子どもは、大学院生まで含めてだれひとりいなかったというのが父の感想。ようするにわたしの家族が感心したのは、小さな子どもなのに、そのすごい行動力とコミュニケーション力である……母からのメールには、ときどき、「あの子、どうしてる？」という一行が入っている。

正義感の強い子である。ただ単に弱者に優しいというのではなく、バランスの取れた彼なりの哲学から生まれる彼の正義感には感心する。自分の損得を考えないで、正義のために戦える子。社交的に振る舞うのだが、多少シャイで人を見る目を持っている。

瞬発力でものごとを片づけるのが得意。幼稚園のころから彼の父が自力で建てた5棟の丸太小屋造りの手伝いを彼も学校が休みのときにはやっていた。幼い子どもにやれる作業は、コンクリートの基礎の鉄骨をハリガネで結ぶ作業と丸太の皮むきと防腐剤塗りしかないわけだが、仕事に馴れている彼は自分のノルマをサッサと片づけてしまうと、そのあと自分の好きなように余った時間を過ごす。草むらのなかに消えて虫を追っかけたり、飼っていたタヌキと遊んだりするのである。小学生から中学生にかけて、自然のなかにいるのが好きな子だった。そう、『富夢想野《とむそうや》塾』にひっかけて、しゃれるわけではないが、日本版ハックルベリー・フィンみたいな子どもだった。そのころの気持ちを彼は今も心のなかに持ちつづけている。

最後に彼の英語力について触れると、長文の読解力は、かなりある。基本的に彼は、いわゆるナチュラル・ランゲージ・アビリティー（キャパシティー）の持ち主である。いわゆる学校で勉強した会話力というのでなく、天性のコミュニケーション力がある。外国の僻地（メキシコ）のフィールド・ワークに彼をつれていったときに、そのコミュニケーション力に私は感心した。

ときに人は子どものころの原体験に一生を支配されることがある。彼にとっての強烈な原体験は、小学生4年生のときの北極圏生活（カナダ北極圏のバフィン島とユーコン・テリトリーとアラスカ各地）である。わが母国カナダが、1999年4月にやっとイヌイットの自治権を認めて新しく作った準州ヌナブトを、原体験を踏まえて、これからの勉強のテーマにしたいから、『志願者評価表』を書いてくれと彼がいってきたとき、カナダ人として、わたしは嬉しかったし感心もした。

評価表を書くにあたって、私は念のために彼の『志願理由書』と『活動報告書』を読ませてもらった。わたしは、ふたたび感心してしまった。問題の本質がよくわかっている、と。

彼も書いているように、『北極と北極圏をめぐる環境は、ありとあらゆる意味でセンシティブである』。そのことに、しっかり視点を据えたうえで、ゼロ・スタートしたばっかりの準州ヌナブトの諸政策（問題）を同時進行で研究するにあたって、彼は現場主義で、大学が休みのときは、できるだけ足繁く現地に通ってフィールド・ワークを中心にして勉強していきたいという。それに、日本にいるときは、現地で知り合ったイヌイットの人たちとメールなどのコンピューター通信を使って交流し、モダンな技術（道具）を使って同時進行で机に座っているときも新しいかたちのフィールド・ワークをやりたいという。大学にイヌイット・カヤック（海洋）のサークルを作る夢も持っている。大学4年生を終わるまでには、なんとかイヌイット語も日常会話ぐらいは、現地でマスターしたいというのにも、感心してしまった。

外国のことを勉強する場合、自国をよく知ったうえで、取りかかるべきだというのが私の持論である。彼は父親につれられて幼児のころから諸外国を歩いているが、日本も北は北海道から南は沖縄まで、あっちこっちに出かけていて年齢の割りには、日本をよく知っているのも、私が彼を強く推す理由のひとつである。私は、これからの学者は、自国をしっかり踏まえたうえで外国のことを研究し、〝橋渡し〟の役割りをすべきだと思っている。彼は、その有資格者である。

彼は幼少のころから、北極探検家（作家）として有名なC・W・ニコルさんに可愛いがられている。彼の今回の決意には、ニコルさんの影響もかなりあったのでは、とわたしは推測している。

じつは、彼は中学校を卒業するとき、ニコルさんに、北極圏内のバフィン島（現ヌナブト）のイヌイットが多数通う高校に留学するように強く勧められた。ニコルさんは、ホームステイ先の手配を初め、あらゆる準備をしてくれるとまでいってくれたそうだ。随分迷っていたが、パイオニア・ワーク大好き人間の彼は、東京に初めてできた総合高校に1期生として入学し、そこにサッカー部を作ることを高校時代のパイオニア・

ワークの目標に定め、そのときは、北極圏行きは断念した。そして、実際に彼は仲間たちとチームを作り、一年生が3年生を主体とした強豪チームと戦うという、とんでもないことをやってのけた。英語以外の勉強には、ほとんど力を入れず、高校3年生の秋まで、サッカーに明け暮れる生活を送った彼は、今、大学で原体験を甦《よみがえ》らせようとしている。彼が目指している方面の学問分野の専門家は、カナダにも少ない。もし、わたしが学部で、もう一度勉強するとしたら、テーマにしたいぐらいだ。それはとにかく、あるいは、ひょっとしたら、インターナショナル版柳田國男が生まれるかもしれない。そう、わたしはおおげさでなく、このような若い学徒を日本の大学が受け入れることは、日本のためだと思う。

——以上が、わたしが書いた『志願者評価書』です。「原文ママ」としましたが、じつは、『そう、わたしは……』以下の最後の一節を、はじめ『今の偏差値至上主義で入試をやっている日本の大学のあり方に、わたしはきわめて批判的である。積極的な意味で、そのシステムからの〝はぐれ者〟である彼のような若い学徒は、もし日本の大学がありのままの彼を受け入れなければ、さっさと日本を捨てて、彼が大学で学ぼうと目的を定めたテーマを追って、外国の大学に行ってしまうだろう。日本の大学のあり方が彼を失望させ、彼のような青年を外国の大学に追いやるようなことがあれば、それは日本の大学、いや日本の損失だと、おおげさでなく思う。しっかりとした目的意識を持っている若者にチャンスを与えることのできない社会（国）は、やがて衰退するというのは、かねてからのわたしの持論である。』と書いたのですが、〝推薦文〟としては、あまりにも過激だと思い直して、表現を少しやわらげたのです。

この本の著者についての『解説』は、これで十分だと思います。しいてつけ加えるとすれば、彼が今回書いたこの本の原稿を読んで、あらためて感心したのは、「なんて、ものおじしない子なんでしょう!」ということ。幼年期から、彼は行動派の父のそばにいて、日本だけでなく世界各国各界の〝いわゆる大物〟に接していて慣れているせいか、ヌナブト準州各地の町長や市長をはじめとする〝現地の大物〟に会って話すことを、なんとも思っていない。たんたんと、その人たちと接する。その一方で、〝いわゆるヌナブト準州の常民たち(おもにイヌイットの人たち)〟に対しても、おなじ目線で接する。そのうえで、彼はいつも〝弱者〟の側に立っている。その思いが、彼の書く文章の端々に、さりげなくにじみ出ている。なんの偏見も持たないで、ありとあらゆる階層の人と接し、その感想を力まないで文章にするというのは、できそうで、なかなかできないことです。このことに私は感心したのです。彼の心の内側にある〝古今東西人間チョボチョボ感〟〝弱者側感〟を、わたしは支持します。彼の書く文章のなかから、さりげなくにじみ出てくる彼のするどい感性に、「えっ!? この子、本当に二十歳なの?」

と思うことがあります。

彼がテーマにしているヌナブト準州のことに、ちょっとだけ触れておきましょう。

彼もこの本のなかに書いているように、わたしも急に思い立って2000年の冬にちょっとだけヌナブト準州のイカルイトにいってきました。私がマニトバ州駐日代表をやっているときに知りあったヌナブト準州知事ポール・オカリックを彼に引きあわせようと思いついて起こした行動でしたが、私自身、カナダに生まれながらこれまでヌナブト準州に一度もいったことがなかったので、ぜひ一度、この目で見ておきたいという気持ちもあったのです。いろいろと忙しい時期で、短期間しか現地にいることができなかったうえに、わたしが現地にいたときは、急用でオカリック知事はアメリカにでかけており、紹介することができなかったのですが、州都イカルイトは想像どおり非常に興味深いところでした。なによりも自治権を獲得したイヌイットの人たちが、生き生きとしている姿に接して嬉しかった。と同時に、ちょっと見ただけでも、いろいろな問題を抱えている社会だということも強く感じました。ようするに、イヌイットの人たちの30年越しの強い要望にカナダの連邦政府が応えたのはいいのですが、中途半端な〝半独立〟を彼らに〝与えた〟ことが、かえって諸問題を複雑にしていると感じたのです。連邦政府側がイヌイットの人たちを、ちょっと表現はわるいのですが、〝自治権というエサと目先の金銭で釣った〟側面に、どうしてもわたしの目はいってしまうのです（注1）。

わたしの基本的なスタンスは、ひとことでいうと、わが母国カナダは、もっともっと彼らに抜本的な諸権利を〝返す〟べきだというものです。〝あとからやってきた侵入者のわたしたち〟は、過去のつぐないを、もっときっちりとしなければいけないとわたしは思っています。まあ、アメリカのネイティブ・アメリカンに対する諸政策に比べれば、わが母国のやりかたは、数段まさっているとは思いますが……なんにせよ、先住民権問題は複雑でやっかいな問題を多々抱えています。

さて、ヌナブト準州の研究は彼にまかせるとして、私自身、ここ数年、カナダからアメリカにかけて、かなり広い範囲に住むファースト・ネーション、オジブウェ族（アメリカではチペワ族）とかかわりを持っています。わたしが接しているのは、カナダのオンタリオ州グラシー・ナローズというバンドの人たち（約８００人）です。文明の侵入（導入）によって〝生き方〟を翻弄《ほんろう》された人びとです。第一段階は、１９５０年代の後

↓グラシー・ナローズのリーダーのひとりスティーブ（左）とその母親。

半に、水力発電ダムが建設されたことです。そのため、彼らの集落は、水没の憂き目を見ました。それが、そもそも、けちのつきはじめでした。家々が沈んだあと、水面に祖先の棺桶が浮かんでいる光景を目の当たりにしたオジブウェ族の人びとは、それを「われらの終焉《しゅうえん》の予言」だと思ったそうです。

1960年に、カナダ政府の指導で、彼らは新しい土地に移動させられました。新集落の〝基本コンセプト〟は、いわゆる西洋型農村（農耕社会型モデル）でした。それは、もともと狩猟採集民族である彼らになじむものではありませんでした。

最後に暗い〝影〟が、決定的なものになったのは、1972年に、湖が水銀に汚染されたことです。湖の水を使って生活していた人びとは、水銀中毒におかされました。いわゆる水俣病の発生です。湖は立ち入り禁止になり、伝統的なオジブウェ族の〝湖の文化〟に幕がおりました。

この話を書き出すと長くなるので、ここではこれ

↓グラシー・ナローズに立ち寄った筆者（左奥）。↓美しい湖の水が……。

以上触れませんが、わたしはこのバンドを研究対象にした総合教養講座を宮城大学に1999年から開き、毎年、学生を現地に連れていってフィールド・ワーク技術を現地で教えながら調査をしています。

なぜ、わたしがながながとこの話をここに書いたのかというと、この本の筆者はこのプロジェクトに強い興味を持ち、2001年の夏、ヌナブト準州に向かうまえに、ここ（グラシー・ナローズ）のフィールド・ワーク現場に立ち寄ったのです。彼が参加したのは、ほんの2、3日の短いあいだでしたが、ここでの人びととの接し方、コミュニケーションの取り方、ポイントの探り方、問題点の的確な把握力、自主性にわたしは、あらためて感心しました。彼は

〝現場主義〟をキャッチフレーズにしていますが、たしかに彼の現場における能力は、今までこうしたフィールド・ワークの現場でわたしが接した若者のなかで、トップ・クラスに入ると思います。

『志願者評価書』を書いた段階で、わたしは彼のす

ぐれた資質は、すでに認めていましたが、フィールド・ワークの現場で、その実力に磨きがかかっているのを見て嬉しく思いました。

わたしにとって彼の父親はわたしの恩師のひとりで、今日、わたしがそれなりに日本で活動ができるのは、彼の父親のおかげである部分が多々あるのですが、そのこととは関係なく彼のために慶應義塾大学に向けて『志願者評価書』を書いてよかったと、今しみじみと思っています。そして、彼のすぐれた資質を見抜いて彼にAO入学を許した慶應義塾大学のSFC（湘南藤沢キャンパス）の先生方の見識に敬意を表します。

これからマニトバ州のウィニペグ経由でヌナブト準州に向かうという彼とここで別れたのですが、彼は別れ際にこういっていました。

「ヌナブトでやるテーマ、やっと見つけました。これからです」

「がんばってね！」

この若き学徒に心からエールを送ります。

2001年9月18日　グラシー・ナローズにて

注1　ヌナブト土地所有協定　1982年に1万8000人のイヌイットを代表するTFN（Tungavik Federation of Nunavut）が設立された。土地所有に関する協議をする組織である。13年間にわたって、カナダ政府とTFNのあいだで徹底的な協議が行われ、1990年に基本合意に達した。さらに2年間の協議ののち、1992年9月に最終合意案が締結された。その2か月後にイヌイットの住民投票が実施さ

れ84・7パーセントの信任を得て、1993年6月にこの最終合意案は法制化された。その合意事項は、『イヌイットが自分たちの手で自分たちの未来を決定できることを保証する』ことを主旨として、『35257平方キロメートルの鉱物採掘権を含む35万5842平方キロメートルの土地をイヌイットが所有する権利』（イヌイット側に立って考えるとこの協定には、じつは大きな問題点がある）『1993年から14年間にわたり、連邦政府は総額1110億ドルの補助金を拠出する（傍点、筆者。以下同様）』（「補償金を支払う」ではない）『官有地から採掘する石油・天然ガス・鉱物資源によりあがる収入の一部を分配する』（これまたイヌイット側に立てば問題）『ヌナブト居住地（陸上・水中）のあらゆる野生生物利用に関する権利』（あたりまえ。もともと彼らは狩猟採集民族である）などなど多項目にわたっている。もちろん、カナダが平和裡に先住民たちと交渉を進め、国家地図をこのように塗り替えたことは、先住民（権）問題を抱える世界中の国家に範を垂れたすばらしいパイオニア・ワークだが、深く細部に立ち入って分析すると、これは玉虫色の法制化ともいえる。このことを論ずると本1冊分の分量になってしまうので、この注ではこれ以上、この問題には触れないが、イヌイット側が抜本的な問題点について〝血の出るような妥協〟をしたことによって成り立った合意であるという側面は拭い去れない。

（作家・県立宮城大学特任助教授／上智大学コミュニティー・カレッジ講師／元カナダ・マニトバ州駐日代表）

⬆カナダの水俣病を調査中の解説者。

ヌナブト　イヌイットの国その日その日　テーマ探しの旅

発　行　二〇〇一年十一月三十日　第一刷
著　者　礒貝日月
発行者　あん・まくどなるど
発行所　株式会社　清水弘文堂書房
郵便番号　一五三－〇〇四四
住　所　東京都目黒区大橋一－三－七　大橋スカイハイツ二〇七
電話番号　〇三－三七七〇－一九二二　FAX〇三－三七七〇－一九二三
郵便振替　〇〇一八〇－一－八〇一二三
Eメール　simizukobundo@nyc.odn.ne.jp
編集室　清水弘文堂書房ITセンター
郵便番号　二二二－〇〇一一
住　所　横浜市港北区菊名三－三－一四　KIKUNA N HOUSE 3F
電話番号　〇四五－四三一－三五六六　FAX　〇四五－四三一－三五六六
郵便振替　〇〇二六〇－三－五九九三九
HP　http://homepage2.nifty.com/shimizu
kobundo/index.html
印刷所　株式会社　ホーユー

ISBN 4－87950－547－1－C0095